이 책에 쏟아진
교육·입시 전문가들의 찬사

◇◇◇◇◇◇

늘 그렇듯이 권오현 교수는 이 책에서도 단순한 '입시 전략'이 아니라 '교육 전체'의 관점에서 시대와 인간의 문제를 고민한다. 내가 보기에 그의 글은 언제나 넓고, 깊고, 특히 올바르다. 루소는 교육론『에밀』의 도입부에서 모든 인간에게 최초의 선생님인 부모의 역할이 얼마나 중요한지를 강조했다. 권오현 교수는 학생이나 교사에 앞서 학부모에게 교육과 입시 전략을 이야기한다. 그러니 이렇게 표현해도 좋지 않을까. 이 책은 '대입 준비의『에밀』'이다. 교육론이 본래 아이보다 부모에게 주는 조언이라는 의미에서……

_ 유기환(한국외대 교수, 前 전국대학입학처장협의회 회장)

입시는 교육이요, 진로요, 삶의 과정이라고 말한다. 고3보다는 고1이나 중2~3학년 학부모에게 권하고 싶다. 흔한 배치표에 맞춘 특정 대학 합격 비법을 꽂아주는 수험서는 아니다. 이 책은 보다 거시적 관점에서 입시 준비와 자녀교육의 방향을 생각해 보게 한다. 대학 입시 실무경험을 살려, 최신의 입시 트렌드와 이슈, 대입 준비 방법을 상세하고 생생하게 정리했다. 고등학교 과목 선택부터 활동, 학교생활 전반에서 준비해야 할 것들을 망라하고 있다. 더불어 입시를 통한 자녀교육, 입시 준비를 통한 자녀의 성장, 바람직한 진로 교육에 대해 다시 생각해 보게 한다. 저자는 '학부모에게 부모가 되어야 한다'라고 말하고 있는 것 같다.

_ 임진택(경희대학교 입학사정관, 한국대학입학사정관협의회 초대회장)

한 권으로 끝내는

입시
전략

— 한 권으로 끝내는 —

입시

내 자녀를 원하는 대학까지 단숨에

전략

권오현 지음
(서울대학교 사범대학 명예교수)

21세기북스

차례

입시를 제대로 이해하고 100% 활용하라

고교학점제, 입시 전략의 성패를 가르는 절대 공식

학생부종합전형, 원하는 대학으로 통하는 완전 활용법

제6부 결국 성공하는 아이에게는
멘토 같은 부모가 있다

모두가 대학입시의
챔피언이 될 수 있습니다

오늘날의 학생부종합전형이 탄생하기까지

"나이가 들면 자기 방에서 나와 발코니로 가라."라는 말이 있습니다. 방이 자신의 전공 영역에 깊이 몰입하는 공간이라면, 발코니는 관심 분야를 토대로 주변 세계 이곳저곳을 조망하는 장소를 말합니다. 발코니에 있으면 시야가 넓어집니다. 그래서 그동안의 관심사를 찬찬히 정리해보거나, 가까운 부분만이 아니라 먼 지점까지 눈길을 보내는 마음의 여유가 생깁니다.

저의 지난 세월을 되돌아보니, 대학에 재직하는 30여 년간 삶에 가장 밀착되고 치열하게 관심을 쏟던 분야는 전공을 제외하면 단연 대학입시(이하 '대입')였습니다. 대입이라는 무거운 주제도 발코니에서 생각하면, 세상 사람들과 나누는 잔잔한 이야깃거리로 느껴지니 참 신기합니다.

2009년에 우연히 당시 정부가 의욕적으로 추진하던 전국 입학사정관 양성 업무를 맡았습니다. 그 후로 고교 교육과정과 대입전형 관련 정책 연구, 대학의 입학본부장 보직을 비롯해 전국을 다니며 강연과 간담회를 진행했고, 국가 위원회 활동까지 여기저기 참 많이 뛰어다녔습니다. 이런 다양한 활동에는 일관되게 관통하는 주제가 있었죠. 그것은 점수에 따른 한 줄 세우기 입시가 아니라 수험생이 받은 다양한 학교 교육의 경험을 자연스럽게 대입전형으로 연결하는 '학교 교육 중심의 대입'을 정착시키는 일이었습니다.

'학교 교육 중심의 대입'은 학교와 대학이 공동의 목표와 책임 의식 아래 협력적으로 사회 각 분야 인재를 키워내는 소위 '고교 – 대학 연계교육'에 기반을 둡니다. 그러니 학생들은 별도의 시험을 준비하기보다는 자신의 미래 진로와 대학에서의 학업을 염두에 두며 평소에 학교 수업과 활동을 충실히 수행하면 충분합니다.

이러한 연계교육을 대입에 적용하려는 시도는 벌써 꽤 오래전부터 있었습니다. 한국교육개발원이 2004년에 '고교 – 대학 연계를 위한 대입제도 종합방안'이라는 주제로 일명 'KEDI 8년 연구'를 오랜 기간 수행했습니다. 이후 입학사정관제가 도입되고 오늘날 '학생부종합전형(이하 학종)'으로 자리를 잡으면서 학교 교육 중심의 대입전형은 학생들에게 진로 맞춤형 대학진학의 가능성을 높여줄 뿐만 아니라 학교 교육과정의 정상적 운영에도 기여하는 대입제도로 인정받고 있습니다.

대학입시, 왜 이렇게 불안할까

그러나 아무리 좋은 대입제도라 하더라도 학부모의 마음과 함께하지 않으면 한국에서는 정착하기 어렵습니다.

수년간 전국을 다니며 대입제도 관련 강의를 하면서 많은 부모님과 대화를 나누는 기회를 얻었습니다. 그런데 초·중·고 학부모 모두 입시에 관한 관심이 높은 만큼 불안감 또한 크다는 사실을 알 수 있었습니다. 부모로서 자녀에게 나름 기대치를 갖고 있는데 학교나 대입이 그것을 만족시켜주지 못한 경우가 허다하기 때문이죠. 이러다 우리 아이가 원하는 대학에 못 가는 것은 아닌가 하는 불안감이 생겨나고, 어떻게 돌파구를 마련해야 할지 몰라 많은 분이 대입만 생각하면 가슴이 답답해진다고 하십니다.

자녀가 공부를 잘하든 잘하지 못해서 힘들어하든, 부모님이 초조한 마음을 갖는 이유는 대개 비슷했습니다. 왜 그렇게 초조해하시는지 여쭈어보면 대체로 이런 대답을 합니다. "한국에서는 대입이 중요할 수밖에 없죠. 어느 대학을 나왔고, 무엇을 전공했느냐에 따라 아이 미래가 달라지니까요. 대입이 아이 인생의 큰 전환점이 된다는 걸 알기에 신경 쓰지 않을 수 없습니다." 학부모 대부분은 경쟁이 치열한 한국 사회에서 대입을 자녀의 미래 삶을 결정하는 가장 중요한 관문으로 여깁니다. 이때 부모로서 역할을 제대로 해주지 못하면 평생 후회가 될 거라 생각하는 것 같습니다.

언제가 학부모와 간담회에서 대입과 관련해 어떤 점이 마음을 초조하게 하는지 자유롭게 이야기를 나눈 적이 있습니다. 그때 여러 부모님들께서 불안한 마음을 갖게 하는 요인들을 허심탄회하게 말씀해 주셨습니다. 이를 요약하면 다음 세 가지로 정리됩니다.

첫째, 대입제도가 너무 복잡하다는 생각에서 오는 불안입니다. 국가 정책적으로는 수험생의 기회를 다양화하려는 목적으로 수시엔 학교생활기록부(이하 '학생부') 위주 전형, 정시엔 수능 위주 전형으로 나누어 운영합니다. 그런데 교육수요자는 이를 기회의 확대로 여기지 못했습니다. 그보다는 어떤 전형을 중심으로 준비해야 나에게 유리한지 혼란스러워하며 오히려 선택과 결정의 부담감이 가중된다고 느끼는 경향이 강했지요.

둘째, 주위 학부모들은 유익한 정보를 얻어 일찍부터 준비하는데 나만 대입 관련 정보를 늦게 파악해 너무 안일하게 대비하는 것이 아닌가 하는 생각에서 오는 불안입니다. 예를 들어, 언론에서 초등학생 대상 의대 준비반 혹은 영재고 준비반 등에 관한 기사를 접했다고 해보죠. 그러면 마냥 손을 놓고 있는 자신을 질책하며 상대적 박탈감을 느끼는 분들이 많습니다.

셋째, 대입제도가 너무 자주 바뀌어 따라가기 힘들다는 생각에서 오는 불안입니다. 우리나라는 대입에 대한 국민적 관심이 워낙 크고 예민합니다. 그러다 보니 새로운 교육과정에 맞춘 변화뿐만 아니라 사회적 이슈에 응답하는 대입 개편도 자주 행해집니다. 최근의 무전공 선발이나 의대 정원 확대 등도 이런 사례들입니다. 학부모 입장에서는 제도가 바뀌면 아이에게 유리한지 불리한지 따져보게 되는데, 이때 명확한 결론이 나오지 않으면 초조한 마음이 들 수밖에 없습니다.

대입 관련 일을 하는 사람으로서 생각하면 학부모의 초조한 마음이 충분히 이해됩니다. 사랑스러운 자녀의 미래를 소중히 여기는 만큼 그 미래에 유익한 내용이라면 무엇이든 정보를 얻어 자녀에게 도움을 주고 싶어 하는 것은 모든 학부모의 공통된 소망입니다. 그러나 눈앞의 성과만 보고 불안감과 초조함에 휩싸여서는 바람직한 해결책을 찾기 어렵습니다. 그보다는 마음의 여유를 갖고 긴 호흡으로, 자녀가 지속해서 성장할 수 있도록 곁에서 도움을 주는 것이 더욱더 효과적입니다. 그러기 위해서는 부모로서 무엇을 알아두어야 하며, 자녀에게 어떤 조언을 해주어야 할까요?

대입 앞에서 초조한 학부모들을 위한 기본 길잡이

이 책은 대입 준비와 관련해 학부모가 느끼는 초조한 마음과 궁금증을 조금이라도 풀어드리려는 의도로 기획했습니다. 앞서 언급했듯이 불안한 마음을 갖게 하는 세 가지 요인, 즉 '대입제도가 복잡하다', '남들보다 준비에서 뒤처진다', '자주 변하는 대입제도를 따라가지 못한다'라는 느낌에서 오는 불안감을 이겨내려면 어떻게 해야 할까요? 최근의 이슈들에 대한 정보를 얻는 것도 필요하지만 학교 교육과 대입제도에 대한 기본적인 내용부터 먼저 알아두는 것이 가장 중요합니다. 학교 교육과 대입제도에 대해서는 일상생활에서 많은 이야기를 나눕니다. 하지만 정작 이들의 기본 취지나 세부 내용들이 서로 어떻게 연결되어 있는지에 대해서는 모르는 경우가 많습니다.

그래서 이 책은 '학교 교육과 대입제도', '진로 설계와 자녀교육'을 서로 연결해 가장 기본적인 내용들을 체계적으로 정리하고 설명하는 데 중점을 두고 있습니다. 그렇게 함으로써 부모님들이 자녀 맞춤형으로 구체적인 진로진학을 설계하고 미리 준비하실 때 도움이 되는 친근한 안내자가 되려 합니다.

길잡이가 되겠다는 취지에 맞춰 이 책은 특히 다음 세 가지에 중점을 둡니다.

첫째, 학교 교육에 대한 이해도를 높여줍니다. 오늘날 대입을 준비하는 가장 효과적인 방법은 학교 교육에 충실하며 교실 수업을 잘 활용하는 것입니다. 그러기 위해서 고등학교 교육의 취지와 구성 요소들 그리고 고교학점제 도입에 따라 유의할 점 등 최근의 변화에 관해 설명합니다.

둘째, 대입제도의 기본적 내용과 변화 및 논란이 되는 이슈들을 정리해 안내합니다. 대입제도는 법적 근거와 정책적 방향 속에서 운영되기에 먼저 이러한 내용들에 대해 상세히 설명합니다. 그리고 우리나라 대입제도의 최근 변화 방향, 2022 개정 교육과정에 따른 대입 개편 내용, 개편에 따라 특히 유의해야 할 점 등을 알아봅니다.

셋째, 학종을 대비한 진로 설계와 진학 준비 방향입니다. 요즈음은 전국적으로 정시보다는 수시 비중이 큰 편이죠. 현재 수시와 정시 비율은 대략 8 대 2 정도입니다. 따라서 전략적으로 수능에만 올인하는 것은 위험하며, 정시를 준비하더라도 학교 교육을 열심히 받아두어야 합니다. 특히 수시 학종은 성적을 기계적으로 반영하는 방식이 아니라 대학에서의 학업적합도를 봅니다. 따라서 학생들은 미래 진로를 설계하고, 희망전공에 부합하는 학업을 고교에서 수행해야 합니다. 이를 위해 '진로 설계 – 학업 수행 – 학종' 사이의 연관 구조에 대해 자세히 설명합니다.

오늘날 대입을 준비하기 위해서는 학교 교육과 대입의 관련성을 총체적으로 이해해야 하므로, 학부모 입장에서 궁금해하는 점이 많을 수밖에 없습니다. 그 궁금증을 풀어내려면 먼저 학교 교육이 어떻게 바뀌고 있는지, 교육과정에는 어떤 변화가 있는지 알아야 합니다. 또한 대입과 관련해 자녀를 지도하는 데 활용할 기본 지식과 안목도 필요하지요.

이 책에서는 이런 자질을 어떻게 갖추면 좋을지, 자녀를 지도할 때 학부모로서 어떤 점에 주의를 기울여야 하는지에 대한 전반적인 내용을 정리해 최대한 쉽게 설명하도록 하겠습니다.

'아이들은 누구나 챔피언이 될 수 있습니다'

이 책을 읽으실 때는 우리 자녀가 다음에 언급된 두 챔피언 중 하나라 생각하시는 것이 좋습니다. 지금 공부를 잘하고 성적이 우수한 아이는 '현재 챔피언'이며, 당장은 성적이 기대에 미치지 못하지만 앞으로 노력을 기울이면 언젠가는 챔피언이 될 수 있는 잠재력을 가진 아이는 '히든 챔피언'이라 부를 수 있습니다. 이런 점에서 현재 상황과 상관없이 아이들은 모두 챔피언이 맞습니다.

- 그룹 1: 현재 챔피언 학생
- 그룹 2: 히든 챔피언 학생

자녀를 미래가 기대되는 챔피언으로 느끼시려면 학부모부터 아이의 부족함을 지적하기보다는 잠재력과 성장 가능성을 믿어주어야 합니다. 지금 당장은 아이가 원하는 만큼의 성과를 거두지 못한다 해도 고등학교, 대학교를 나와 직업 세계를 거치며 언제든 달라질 수 있단 이야기입니다. 아이가 성장하면 그룹 1과 그룹 2가 같아진다는 뜻이죠.

우리 주변에도 큰 인물로 성장한 분들을 보면, 중·고등학생 시절에는 학업에 어려움을 겪은 사례들이 많습니다. 수학의 노벨상이라 불리는 필즈상을 받은 허준이 교수님도 고등학교 시절은 특히 수학 문제 풀이에 어려움을 느껴 자퇴까지 했습니다. 하지만 대학과 대학원을 거치며 수학의 최고봉에 서는 인물로 성장했음은 잘 알려진 사실입니다.

부모로서 아이의 성장을 도와주기 위해서는 아이가 가진 장점에 주목해야 합니다. "단점을 보는 것은 본능이고 장점을 보는 것은 재능이다." 일본의 여류 작가 소노 아야코Sono Ayako가 한 말입니다. 표면적으로만 보면 아이의 단점만 보이고 장점은 잘 안 보일 가능성이 큽니다. 이때 부모가 할 역할이 있습니다. 우리 아이가 지닌 독특한 특성과 장점을 찾아내어, 그걸 기반으로 지속적인 성장을 해나가도록 격려하고 조언해주는 일이죠. 허준이 교수님도 학창 시절에 수능식의 문제 풀이 수학에는 약했지만 수학의 원리에 대해 혼자 깊이 생각해보는 습관을 지녔다고 했습니다. 이처럼 남다른 장점을 잘 살린 것이 세계적 수학자로 우뚝 서게 된 바탕이 되었다고 합니다.

'헬리콥터 부모'가 아닌 '멘토 같은 부모'로

자녀가 지속해서 성장하도록 곁에서 도와주기 위해서는 '멘토' 같은 부모가 되는 것이 무엇보다 중요합니다. 한때 '헬리콥터 부모'라는 말이 유행했는데, 멘토 같은 부모는 헬리콥터 부모와 반대의 위치에 있습니다. 자녀교육에 지나친 관심을 가져 헬리콥터처럼 자녀 머리 위를 맴돌며 세세한 부분까지 통제하는 부모를 '헬리콥터 부모'라 부릅니다. 최근에는 헬리콥터 부모가 대학까지 진출해 자녀 학업을 관리한다는 언론 보도도 있더군요. 실제로 대학의 신입생 중에는 부모의 강요로 대학이나 전공을 선택한 학생들도 많습니다. 이런 학생들은 자기결정이 주는 뿌듯함을 놓친 데 대해, 대학 생활을 하는 동안 늘 마음 한 켠에 허전함을 갖고 지내는 듯하더군요.

반면 '멘토 같은 부모'는 판단에 도움이 되는 경험과 지식을 바탕으로 자녀를 격려하고 조언해주는 사람을 지칭합니다. 멘토 같은 부모는 자녀가 경험이 부족하다 해도 부모 자신이 일거수일투족을 통제해야 하는 수동적 존재로 보지 않습니다. 그보다는 자녀를 스스로 생각하고 선택하며 성장해나가는 독립된 주체로 인정합니다.

물론 10대 자녀들은 아직 경험이 부족하기에 당연히 부모의 도움이 필요하겠죠. 그렇지만 여러 가지 사안과 마음가짐에 대해 옆에서 조언을 해줄 뿐 최종 선택과 결정은 자녀가 하는 모양새를 만들어주는 것이 성장에는 더욱 도움이 됩니다. 자신에게 맞는 학습과 성장이 이어지도록 가까운 거리에서 조언을 해주는 믿음직한 선배 같은 존재가 바로 멘토 같은 부모입니다.

멘토 같은 부모가 되려면 자녀에게 조언해줄 때 참고가 될 만한 다양한 정보를 먼저 습득해야 하겠죠. 또한 개별 정보들의 가치와 효용성을 정확하게 판단하는 안목을 갖추는 것이 중요합니다. 그리고 자녀와 더불어 진로와 진학에 대한 전체 로드맵을 설계한 후 그에 따라 단계별 활동을 계획하고 차근차근 이행해가는 과정이 필요합니다. 그럴 때 이 책의 관심 부분을 차분히 읽으면서 정보와 안목의 공백을 메우고, 전체 진로진학 로드맵을 구상하는 데 활용하시기 바랍니다.

앞서 말씀드린 것처럼 이 책은 다양한 경험을 모아둔 사례집이 아니라 학교 교육과 대입에 대한 핵심적 내용을 정리한 진로진학 길잡이에 가깝습니다. 그러니 이 책에서는 판단에 도움이 되는 기본적 사항들에 대한 정보만 얻으시면 됩니다. 자녀의 구체적 진로와 대입 준비는 이 책의 정보를 바탕으로 삼되, 자녀의 상황을 고려해 개별 맞춤형으로 설계하시기 바랍니다. 제 경험으로는 기본적인 사항을 아는 것이 언제나 가장 중요하더군요. 기본을 모르면 구체적 전략이 만들어지기 어렵고, 잘못된 방향에 매달리는 위험한 선택을 하는 경우가 많았습니다.

　이 책은 여러분이 자녀를 키우는 동안 학교 교육과 대입 준비에 관한 궁금증이 생길 때 언제든 부담 없이 읽을 수 있는 머리맡의 길잡이가 될 것입니다. 그리고 이 책에 제시한 내용이 학부모에게는 멘토 같은 부모가 되는 계기가 되었으면 합니다. 또한 자녀에게는 이 책이 자신에게 맞는 행복 루트를 찾아 준비하는 유익한 안내자가 되길 기원합니다. 책이 만들어지는 과정에 도움을 주신 모든 분에게 깊은 마음으로 감사를 드립니다.

제1부

자녀 '교육'에 대한
인식 전환이 필요하다

고등학교 3년,
골든타임에 대비하라

오늘날 대입을 체계적으로 대비하려면 어떤 준비들을 해야 할까요? 고등학교 교육이 무엇이며 어떤 점에 유의해야 하는지를 먼저 알아 둘 필요가 있습니다. 대입은 주로 고등학교 3년간의 학업만을 근거로 진행되니까요.

물론 고등학교 학업을 잘하기 위해서는 초등학교와 중학교에서 단단한 바탕을 쌓아두어야 하지만 실제 대입의 성과는 고등학교 3년간의 학업에서 판가름납니다. 그래서 고등학교 교육의 특성에 대해 가장 기본적인 사실부터 알아두는 것이 대입을 준비하는 든든한 출발점이 됩니다.

인생의 무기는 고등학교 때 만들어진다

우리나라 고등학교는 특수한 위치에 있습니다. 대학진학 이전에 누구에게나 일반 교육을 제공하는 중등학교의 성격도 지니며, '고등'이라는 명칭에서 보듯이 비교적 높은 수준의 학업을 수행하는 상위의 단계로 인식하기도 합니다. 그래서 많은 분이 '고등학교 교육'과 '고등교육'이 같은 뜻이라 착각하기도 하는데, 두 개념은 완전히 다릅니다. '고등학교 교육'은 중학교와 대학 사이의 학업을 의미하고, '고등교육'은 대학에서 하는 학업을 뜻하는 말입니다.

고등학교 교육의 의미는 무엇보다도 '중학교 - 고등학교 - 대학교' 사이의 연계교육 관점에서 바라볼 필요가 있습니다. 어느 나라든 일정한 학제를 두어 학교 교육이 단계적으로 이루어지도록 합니다. 그 취지는 학교급 사이에 교육 내용이 영역, 수준, 범위, 학습량 등에서 바르게 연계되도록 하는 데 있습니다. 국가가 교육과정을 설계·운영하는 이유도 이 때문이죠. 교육과정은 학교들이 전체 구조 속에서 일관성 있는 교육을 하도록 그 내용과 방향을 국가 차원에서 미리 정해둔 제도적 기준을 말합니다. 즉 교육과정은 각 학교(급)에서의 교육이 중구난방으로 진행되는 것을 방지하고 올바른 방향과 내용 체계 속에서 전개되도록 하는 지침서 역할을 합니다.

오늘날 학교 교육은 성격이 많이 바뀌었습니다. 이제 고등학교 교육은 그 자체로 완결되는 것이 아니라 자녀가 평생토록 성장해가는데 필요한 기본 자질과 내적인 힘을 기르는 과정이라 생각해야 합니다. 이전에는 고등학교가 일정한 수준의 자질과 능력을 갖추도록 해주는 '완성교육'의 성격을 지녔습니다. 그래서 졸업장에 큰 의미를 부여했던 것이죠. 하지만 오늘날은 그렇지 않습니다. 고등학교에서의 학업은 그다음 단계의 학업인 대학이나 직업 세계에서 활동하는 바탕을 넓혀주는 '성장교육'의 성격을 갖습니다.

그러니 고등학교에 다닐 때는 당장의 성과에만 매달리지 말고 미래의 삶 전체를 바라보며 긴 호흡으로 학업을 설계하고 수행하는 자세를 키워가야 합니다. 특히 고교에서의 생활과 앞으로 받을 대학 교육 사이의 연속되는 학업을 염두에 둔 채 나에게 맞는 진로를 차근차근 마련해나간다는 마음가짐을 갖는 것이 무엇보다 중요합니다. 그런 점에서 고등학교 시절은 자신의 삶 전체를 알차게 준비하는 결정적 시기, 즉 일종의 '골든 타임'이라 할 수 있습니다.

스스로 '과목'을 고르기만 해도 뿌듯함은 쌓인다

학교에서 교사가 가르치고 학생이 배우는 분야를 나타내는 용어에는 '교과'와 '과목'이 있습니다. '교과'는 국어, 영어, 수학, 사회, 과학처럼 큰 단위의 분류를 의미하며 '과목'은 교과 내의 영역을 구성하는 세부 분야를 말합니다. 우리나라는 초등학교와 중학교는 주로 '교과' 단위로 가르치는 반면에, 고등학교는 '과목' 단위로 나누어 운영합니다. 다시 말해 수업에서 '수학'이 아니라 세부 분야인 '확률과 통계', '미적분I', '기하', '경제 수학' 등을 배우도록 합니다. 독일처럼 초등학교에서부터 고등학교까지 시종일관 '수학' 교과를 가르치는 방식과는 무척 다릅니다.

이처럼 고등학교는 '교과' 분야를 세부적으로 구분해 운영하다 보니 학습 단위인 '과목' 수가 무척 많으며 그 수가 교육과정 개편 때마다 늘어나는 추세를 보입니다. 예를 들어, 2025년 고1 학생부터 적용되는 2022 개정 교육과정의 고등학교 과목 수는 155개인데 이는 이전보다 50여 개나 증가한 수치입니다. 그러나 부담을 가질 필요는 없습니다. 과목 수의 증가는 학습량의 확대를 의미하는 것이 아니라 선택의 폭이 넓어진다는 뜻이니까요. 또한 이전에는 개별 과목을 1년 동안 가르쳤는데, 이제 학기별로 개설하다 보니 교육과정에서 과목 수가 늘어난 것일 뿐입니다. 3년 동안 학생 각자가 이수해야 할 학점 수는 오히려 12학점이나 줄었습니다.

고등학교는 과목 수가 대단히 많기 때문에 150여 개의 과목을 교과뿐만 아니라 성격에 따라서도 적절히 분류해 운영합니다. 우선 공통과목과 선택과목으로 나눕니다. 공통과목은 1학년 때 모든 학생이 동일하게 이수하며, 선택과목은 2~3학년 때 학생 각자가 맞춤형으로 골라서 학습할 수 있습니다. 이는 고등학교를 일반교육의 완성을 추구하는 '초반부 공통교육'과 진로진학 맞춤형 학습을 수행하는 '후반부 선택교육'으로 나눈 것과 맥을 같이 합니다.

먼저 고등학교 1학년 때 배우는 공통과목이 뭔지 알아둡시다. 공통과목은 지금까지 해온 '교과' 학습이 한곳으로 모이는 담수지이며, 개별 '과목' 학습으로 넘어가는 브릿지 역할을 한다고 생각하면 됩니다.

초등학교와 중학교에서 여러 해 동안 학습한 국어, 수학, 영어 등 교과별 내용이 고1의 공통과목 속으로 모두 흘러듭니다. 그러니 공통과목을 배우는 고등학교 1학년은 학습하는 내용을 '교과' 단위로 최종 정리하고 자신의 관점에서 한 번 더 자유롭게 생각해보면 됩니다. 그래서 저는 공통과목을 '담수지'라 부릅니다. 그리고 1학년 과정은 담수지에서 공부한 내용과 나의 생각을 바탕으로 2학년 때 다양한 과목을 선택하고 맞춤형으로 학습하는 단계로 넘어가는 다리 역할을 하기에 '브릿지'라 할 수 있습니다.

2~3학년 때 주로 배우는 선택과목은 130개 이상이 되는데, 이들은 다시 '일반선택과목', '진로선택과목', '융합선택과목'으로 나누어집니다. 선택과목 분류별로 주요 특성을 정리하면 다음과 같습니다. 상세한 내용은 제4부의 '과목 편제표' 부분에서 다시 설명하겠습니다.

고등학교 선택과목 분류별 주요 특성			
선택과목 분류	주요 특성	과목 예시 (수학)	비고
일반선택 (35개 과목)	각 교과의 기본 영역을 과목으로 설정	대수, 미적분Ⅰ, 확률과 통계	수능 과목은 주로 일반선택과목임
진로선택 (64개 과목)	심화와 진로에 대한 관심사를 과목으로 설정	기하, 미적분Ⅱ, 경제수학	대개 일반선택보다 난이도가 높음
융합선택 (38개 과목)	융합과 실생활에 대한 관심사를 과목으로 설정	실용 통계, 수학과제 탐구	탐구형 과목들이 많이 편성됨

표 '고등학교 선택과목 분류별 주요 특성'을 보니 선택과목이 참 다양하군요. 교과의 기본 영역을 과목(미적분)으로 만들기도 하고 교과

내용을 학생의 관심 분야와 연결해 새로운 과목(경제수학)으로 편성하기도 합니다. 그 속에서 고등학생은 공부할 내용을 자율적으로 선택할 수 있습니다.

　이처럼 자기결정에 따른 선택 행위는 삶의 기회를 확대시켜줍니다. 선택choice이 곧 기회chance라는 뜻입니다. 지금까지는 학생을 불완전한 존재로 여기며 교사의 지시에 따르도록 하는 것이 안전한 길이라 생각해왔죠. 이제는 다릅니다. 학생이 스스로 선택하고 자기가 한 선택에서 뿌듯함을 느끼고, 그런 경험이 내면에 쌓여 정신적 성장이 일어나도록 합니다.

학업 마인드부터
바꿔야 한다

고등학교에서는 어떤 마음가짐을 갖고 임하느냐에 따라 학업의 결과가 달라집니다. 그리고 학생들이 유념해야 할 점들도 많습니다. 학교교육을 통해 자연스럽게 대입 준비를 하려면 고등학교 학업에서 특히 어떤 점에 유의해야 할까요?

과목을 고르는 안목이 중요하다

중학교 때는 11개 정도의 교과를 배우다가 고등학교에서는 150여 개에 이르는 과목을 선택해 학습합니다. 과목 수가 갑자기 늘어난다는 것은 그만큼 선택의 폭이 넓어진다는 의미죠. 그런 점에서 고등학생이 되면 우선 '과목 마인드'를 갖출 필요가 있습니다. 과목 마인드는 다니는 학교의 과목 구성에 관심을 갖고 이들 중에서 최선의 조합을 선택해 자신에게 가장 잘 맞는 학업에 집중하는 태도를 말합니다.

중학교까지의 '교과' 단위 교육은 '교사 – 교과'가 중심을 이루며 이러한 교육 체제 아래에서는 모든 학생이 동일한 교육을 받습니다. 반면 '과목' 단위 교육은 '학생 – 과목'이 중심을 이루기에 학생 각자가 맞춤형 학습을 할 수 있습니다. 이런 이유로 '과목' 체제에서는 '교과' 체제 때보다 학생이 학습을 계획하고 실행하며 나중에 되돌아보고 개선해가는 자세, 즉 과목 마인드가 중요해집니다.

이러한 과목 마인드는 고등학교 교육의 특화된 역할이 무엇이냐 하는 문제와도 직결됩니다. 고등학교는 대개 세 가지 기본 취지로 교육을 합니다. 첫째, 일반교육의 심화입니다. 둘째 대학진학의 준비입니다. 셋째, 깊은 사고력 함양입니다.

이를 위해서 특히 다음의 세 가지에 집중하기 바랍니다. 첫째, 초·중학교에서부터 지속해온 교과별 내용을 정리하고 심화시켜야 합니다. 둘째, 자신의 진로진학에 맞게 선택과목을 이수하고 학업성취도를 관리해야 합니다. 셋째, 교과 지식을 자신의 관점에서 성찰하고 다양한 상황과 연결지어 깊이 있게 사고하는 자질을 갖추도록 노력해야 합니다.

이러한 고등학교 교육을 효과적으로 수행하려면 '과목'에 대한 이해와 활용 의지 및 자신만의 전략을 갖출 필요가 있겠죠. 그래야 고등학교의 취지에 맞는 공부를 효과적으로 할 수 있으니까요.

꼭 필요한 공부만 똑똑하게 하자

과목 마인드를 갖춘 다음에는 직접 과목을 선택해 학업을 수행해야 합니다. 오늘날 고등학생들이 과목을 선택하는 기준은 수업의 난이도, 개인적 관심, 교우관계 등 다양하지만 진로진학을 위한 맞춤형 학습이 선두를 차지합니다. 대입에서 전공적합성(진로 역량)이 주요 관심사로 떠오르면서 자신의 진로진학에 맞춰 선택과목을 골라 이수하려는 학생이 많이 늘어난 것이죠. 그러나 수많은 전공이 있는데, 각 전공을 준비하려면 고등학교에서 어떤 과목을 이수해야 하는지 학생과 학부모는 혼란스러울 수밖에 없습니다.

우선 학생 스스로 장차 지원하려는 대학의 학과 홈페이지에 들어가 전공의 필수 강좌가 어떻게 구성되어 있는지를 확인할 필요가 있습니다. 그리고 그에 부합하는 기초과목들을 고교 단계에서 이수해두면 좋습니다. 희망하는 대학전공의 강좌 목록들을 살펴보면 '고등학교에서 이런저런 과목을 이수하면 도움이 되겠구나' 하는 느낌이 올 것입니다. 그리고 각 교육청이 대학의 개별전공과 관련되는 선택과목들이 무엇인지 정리해둔 가이드북을 참고하거나 담임교사와 진로교사에게서 유익한 정보를 얻을 수도 있습니다.

한편 최근에는 서울대 등 대학이 직접 나서서 각각의 전공 학과에 진학하기 위해 미리 공부해두면 도움이 되는 과목 리스트를 사전에 발표하고, 이를 모집요강에도 밝혀두니 꼭 참고하도록 하세요. 이를 대학이 지정한 '핵심 과목' 혹은 '핵심 권장과목'이라 합니다.

고등학교 선택과목은 영역 간에 서로 연결되어 있기에 학생들이 선택한 과목들의 조합은 자연히 진로진학 준비와 같은 상위의 목적을 구현할 가능성을 지닙니다. 하지만 진학하려는 전공에 대한 적합성을 마치 전공마다 과목 조합의 정답이 있는 것처럼 여기며, 모든 과목에 예민하게 반응하는 것은 좋지 않습니다. 우선은 수학이나 과학 교과처럼 고등학교와 대학에서의 학업 사이 연계성이 강한 과목부터 관심을 갖도록 하세요. 고등학교에서의 맞춤형 과목 이수는 대입 자체보다는 추후 전공 학업을 수행하는 데에 긍정적 영향을 준다는 생각으로 선택과목 이수를 관리하기 바랍니다.

맞춤형 진로 설계로 공부 효율을 높이자

미래 삶을 집중적으로 준비하고 기반을 다지는 골든 타임인 고등학생 시절에는 학생들이 '디자인적 사고력Design thinking'을 가지면 큰 도움이 됩니다. 여기서 디자인은 미술에서의 디자인과는 다른 뜻입니다. 디자인적 사고력은 미리 결정된 사항을 어쩔 수 없이 따르는 것이 아닙니다. 그보다는 본인에게 맞는 기본 방향을 먼저 구상하고 '계획 – 실행 – 검토 – 개선' 과정을 거치며 가장 적합한 진로와 학업을 점차적으로 완성해가는 접근법을 말합니다. 이런 점에서 디자인적 사고력은 '우리는 대대로 의사 집안이니 너도 의대를 가야 해'와 같이 하나의 길을 고정해 제시하는 '정답적 사고력'과 반대 개념입니다.

이제 고등학생이 되면 진로, 학업, 미래 삶을 스스로 디자인한다는 생각을 갖도록 하세요. 그러기 위해서는 고등학교 3년 동안의 학업을 자기주도적 프로젝트를 진행한다는 마음가짐으로 수행하는 것이 좋습니다. 3년 재학 기간은 3년 프로젝트, 1학년은 1년 프로젝트, 국어 수업은 국어 프로젝트 등과 같이 생각하는 것입니다. 프로젝트는 주위 사람들의 조언을 들으며 개별 사안에 대해 스스로 계획을 짜서 실행하고 이를 돌아보며 개선하는 활동을 의미합니다.

이처럼 프로젝트를 수행한다는 마음으로 고등학교 과정에 임하면, 개별화된 진로 탐색과 이에 맞는 학습을 수행함으로써 점점 성장하는 자신의 모습을 보게 될 것입니다. "디자인은 꿈이 진실이 되게 하는 과정이다(Design is a process of making dreams come true)."라는 말이 있습니다. 이처럼 '막연한 꿈'을 현실로 만든 이들의 이야기를 들어보면, 학업을 결과 중심의 성적이 아니라 과정 중심의 프로젝트로 생각한 이들이 많습니다.

상위권 대학 합격으로 이끄는 '자기주도 학습'

끝으로 다양한 과목들을 학습할 때 자기주도적으로 탐구하는 태도를 갖추기를 권합니다. 사실 이 부분이 가장 중요합니다. 고등학생은 학교에서 선생님이 전해주는 지식을 자신의 관점에서 바라보고, 때에 따라서는 적극적으로 새로운 지식을 탐색할 줄 알아야 합니다. 즉 학업의 중심은 '나' 자신이며, 수업의 주인공도 '나'라는 의식을 갖는 것이죠.

오늘날 교실 수업에서 중요한 것은 자신에게 의미 있는 지식을 선별, 융합, 적용하는 자세와 자기주도적으로 지식을 생활세계에 실천하려는 적극성입니다. 이러한 학습을 두고 새로운 교육과정은 '깊이 있는 학습'이라 부르기로 했습니다. 깊이 있는 학습은 학생들이 수업하며 배운 내용에 대해 스스로 질문하고 탐구함으로써 더욱 깊게 사고하고 다양한 상황 속에 적용해보는 공부 방식을 말합니다.

현대는 교사가 학생들에게 동일한 내용을 전수하는 시대가 아니라 학생 각자가 교과 내용을 습득하며 스스로 개념이나 원리를 자기 지식으로 만들어가는 시대입니다. 이러한 변화에 적응하기 위해서는 먼저 자기주도적 공부 습관을 갖추지 않으면 안 됩니다. 선생님이 전해주는 지식을 암기로만 끝내지 말고 자신의 사고 틀 속에서 한 번 더 생각하고, 때에 따라서는 새로운 영역들과 연결해보는 적극적인 학습의 힘을 길러야 합니다. 물론 어린 학생들이 처음부터 잘할 수는 없겠지요. 그래도 괜찮습니다. 우선은 그러한 학습을 하려는 마음가짐부터 갖추도록 하세요. 그러고는 개별 교과마다 배운 내용에 대해 자신의 생각을 넣어보는 연습을 해보기 바랍니다.

자기주도적 탐구학습 경험들은 학생부의 '세부능력 및 특기사항(이하 '세특')'에 기재되어 대입의 학생부평가에도 활용됩니다. 특히 자기주도적 탐구학습 경험을 쌓지 않으면 상위권 대학에는 합격하기 어렵습니다. 향후 시대적·교육적 환경 변화를 고려해볼 때 대입에서 세특의 영향력이 더욱 강화될 가능성이 높습니다. 그러니 탐구학습에 대한 의지와 습관을 꼭 갖춰나가기를 바랍니다.

아이는 저절로
인재가 되지 않는다

고등학교 교육의 일반적 특성을 이해한 다음에는 아이를 어떤 사람으로 키워야 할지에 대해 생각해봐야 합니다. 그러면 현대사회는 어떤 인재상을 중요하게 여길까요?

'똑똑한' 아이보다는 '필요한' 아이로

2000년대 들어서면서 인재상과 교육의 방향에 대전환이 일어납니다. 과거 산업사회에서 중시했던 분야별 사고와 지식에서 벗어난 것이지요. 다양한 내용, 사실, 원리를 엮어서 자기만의 생각과 활동의 공간을 만들고, 이를 바탕으로 바람직한 결과를 끌어내는 소위 '역량 중심 인재상'이 주목받습니다.

인재상은 국가나 사회 혹은 학교가 추구하는 바람직한 사람의 모습을 나타냅니다. 이런 인재상 앞에 미래를 붙이면 지금 당장의 모습보다는 미래 사회에 기대되는 능력과 자질을 이상적으로 충족시키거나 그럴만한 잠재력을 지닌 사람을 뜻하게 되겠죠. 따라서 우리 아이들이 학교에 다니고 대입에 도전하는 것은 바로 '미래 인재상'을 갖추는 과정이라 할 수 있습니다.

우리나라에는 한자가 다른 두 가지의 인재라는 말이 사용됩니다. 인재人才와 인재人材가 그것입니다. 전자는 '재주 재才' 자를 쓰고, 후자는 '재목 재材' 자를 쓰는데요, 이 둘은 어떻게 다를까요? 인재人才는 다른 사람보다도 탁월한 재주나 능력을 지닌 소위 '똑똑한 인물'을 의미합니다. 대부분의 학부모도 인재를 이런 뜻으로 사용하죠. 반면에 인재人材는 똑똑함이 핵심이 아닙니다. 그보다는 각 분야에 필요하고 유익한 '쓸모 있는 인물'을 지칭합니다. 즉 인재人才는 능력이 타인과 비교해 우위에 있는 사람을 의미하는 용어라 한다면, 인재人材는 다른 사람과의 비교를 전제하지 않고 각 분야에서 자신과 공동체에 바람직한 역할을 수행하며 도움을 주는 재목材木을 나타냅니다.

요약하자면 똑똑한 인재와 쓸모 있는 인재는 다르다는 뜻입니다. 인재라 하면 학부모님은 대개 머릿속에 인재人才를 떠올리는데, 학교는 인재人材를 키우는 곳이라는 점에 주목해야 합니다. 예를 들어, 학교 교육이 추구하는 목표를 나타내는 '인재상人材像'이라는 말은 오로지 인재人材만을 의미하며 '재주 재才'를 사용하는 '인재상'은 없습니다. 비교 우위적 우수함을 뜻하는 인재人才는 개인적으로 추구하는 목표일 뿐이며, 학교나 대입이 공식적으로 추구하는 인물상은 각 분야에 필요한 재목감을 나타내는 인재人材임을 꼭 알아두시기 바랍니다. 그리고 여러분의 자녀도 인재人才에 머물지 않고, 더 나아가 인재人材로 성장하도록 곁에서 자극과 도움을 주어야 합니다.

사회의 트렌드를 읽으면 교육의 변화가 보인다

우리 자녀들은 인터넷과 매체 환경이 최고로 고도화된 초연결 시대를 맞아 초지식 사회를 살아갈 것입니다. 여기서 초연결 시대는 첨단 지능정보 기술을 활용하며 데이터, 사람, 제도들이 무한히 연결되는 네트워크 시대를 의미합니다. 그리고 초지식 사회는 분야별 지식의 활용을 넘어 학생이 AI 등 다양한 공간에서 자기주도적으로 지식을 공유, 융합, 재생산하는 사회를 의미합니다.

일반인의 상상을 뛰어넘는 새로운 지식과 현상들이 속출하고 그 변화가 빠른 속도로 진행되면서 지금 우리가 가진 '분야 중심적 사고'로는 도저히 해결하기 어려운 불확실성이 크게 증가할 것입니다. 이러한 시대를 요즈음 '부카VUCA 시대'라고 합니다. 부카는 'Volatility(불안정성)', 'Uncertainty(불확실성)', 'Complexity(복잡성)', 'Ambiguity(모호성)'의 앞 철자를 따온 용어로서 예측이 어렵고 급변하는 현대사회의 특징을 나타냅니다. 이제 우리의 생각이 시대 변화를 따라가지 못하면 모든 노력과 활동이 방향을 잃고 헛수고가 될 가능성이 아주 커졌습니다.

따라서 부모님들도 자녀에게 멘토로서 조언을 해주려면, 교육의 본질적 요소뿐만 아니라 사회 변화의 메가 트렌드를 고려하며 말씀을 해주셔야 합니다. 시대 변화를 빠르고 정확하게 읽고 새롭게 등장하는 환경에 맞춰주지 않으면 잘못된 길로 안내할 수도 있습니다. 그래서 미래학자 앨빈 토플러Alvin Toffler는 21세기에 '문맹'은 글을 못 읽는 사람이 아니라 과거에 학습한 것을 버리지unlearn못하는 사람이라고 했습니다. 이전에 알고 있는 사실에만 얽매인 채 고정된 생각만 하는 사람은 아무것도 모르는 사람과 다를 바 없다는 뜻입니다. 어쩌면 그보다 못 할 수도 있지요.

변동성이 심한 미래 사회를 고려해보면, 이제 아이들은 고정된 사고에만 머물지 않고 여러 가능성을 열어놓은 채 자신에게 가장 맞는 선택을 자기주도적으로 수행하는 힘을 길러야 합니다. 그러기 위해서는 무엇보다도 시대적 변화, 자신의 특성과 희망, 학교 교육의 기회 등을 종합적으로 반영해 자신에게 가장 맞는 미래 삶을 설계하려는 의지와 자세를 갖추어야 하겠지요.

앞서나가는 입시의 무기가 될 '핵심 역량'

요즈음 '역량', '역량 기반', '핵심 역량' 등의 말을 자주 들어보셨을 겁니다. 주로 지식과 대비되는 뜻으로 많이 사용됩니다. 역량 개념이 유행하고 교육도 여기에 맞추게 된 데는 인터넷의 발달이 중요한 배경으로 작용했습니다. 그전에는 내가 습득한 지식만이 나의 콘텐츠가 될 수 있었죠. 그런데 인터넷의 등장으로 검색이라는 도구를 사용하면서 내가 습득하지 않은 지식도 나의 콘텐츠가 되는 시대가 열렸습니다.

이제는 내가 직접 공부해서 알고 있는 지식인지, 검색해서 얻은 지식인지는 중요하지 않습니다. 그보다는 여러 가지 경로로 얻은 지식을 얼마나 잘 활용해서 나만의 성과를 내느냐, 그리고 그것으로 나의 경쟁력을 어떻게 만들어가느냐가 더욱 중요해질 겁니다. 이제 지식으로만 먹고사는 시대는 끝나간다는 뜻입니다.

이에 대해 제프 콜빈Geoff Colvin은 이렇게 말합니다. "통계에 따르면 미국의 직업 세계가 '인지적 과업 수준'을 요구하는 정도가 2000년 전후에 최고치를 기록한 이후 지속적으로 하락했다. 그리고 2012년에 이르면 이미 1980년대 수준으로 떨어져 있다." 그의 말은 지식기반 사고를 토대로 성장한 미국이지만 2000년 무렵에 정점을 찍은 후 내리막길을 걷더니 2012년에는 인지적 지식을 많이 소유한 것이 더 이상 결정적 장점이 아님을 알려줍니다. 즉 지식기반 사회가 저물고 역량기반 사회가 새롭게 등장한 것이죠. 이러한 현대사회의 기본 인재상을 정리하면 다음과 같습니다.

현대사회의 인재상과 교육의 방향					
분류	인재상 도식	인물	사고방식	교육	평가
현대사회	m	설계형 인물 (역량 중심)	탐구적 사고 (A+B+C)	개별화 교육	종합 평가

현대사회의 인재상은 'm' 자 형이 됩니다. 산업사회에서는 밑으로 내려오는 선(l), 즉 전문성이 하나뿐이었지만 현대사회에서는 전문 분야가 다원화됩니다. 나아가 이들은 모두 서로 연결되어 있지요. 이는 전문 분야를 세 개씩 하라는 의미가 아니라, 다양한 가능성을 찾아 자신의 관심 영역을 스스로 설계하라는 의미입니다. 이러한 자기 설계형 인물이 현대사회가 추구하는 기본 인재상이라 할 수 있습니다.

설계형 인재는 자기에게 맞는 걸 찾아 맞춤형으로 디자인하고, 그 것을 실행해서 좋은 결과를 만들어내는 인물입니다. 이렇게 하는 자질을 무엇이라 할까요? 그것이 바로 '역량competence'입니다. 역량은 자신이 습득한 지식을 바르게 그리고 적극적으로 활용할 수 있는 힘을 말합니다. 이때 지식을 얼마나 많이 습득했느냐는 그다지 중요하지 않습니다. 그보다는 자신의 지식을 활용해 의미 있는 결과를 만들어내는 실행이 중요합니다. 다시 말해 주어진 상황의 맥락을 잘 읽고, 그 맥락에 맞게끔 나의 강점을 활용해 실행함으로써 남들보다 더 나은 결과를 만들어내는 것, 그것을 역량이라 하는 것이죠.

아무리 좋은 능력을 지니고 있다 해도 실행이 따라 주지 않으면 아무 의미가 없습니다. 많은 지식을 갖고 있어서 학교와 수능에서 높은 점수를 얻는다고 해보죠. 이것을 두고 능력이 뛰어나다고 말할 수는 있지만 역량이 우수하다고 말하지는 않습니다. 역량은 많이 알고 있는 것을 넘어 아는 것을 주변 상황과 목적에 맞게끔 실행해 바람직한 결과를 만드는 요인들, 즉 지식, 기능, 태도를 모두 아우르는 복합적 특성을 지닙니다.

역량이 우수한 인재는 남이 모르는 것을 많이 아는 사람이 아니라, 남도 알고 나도 아는데 어떤 것이 사회적으로 더 소중하고 가치 있는 일인지를 잘 판단하는 사람입니다. 예를 들어, 의사가 병원을 운영할 때를 생각해봅시다. 의학적 지식과 상당한 안목을 소유하고 있다면 그는 능력이 뛰어난 의사입니다. 그런데 역량이 뛰어난 의사가 되려면, 의학적 지식이나 안목과 더불어 다른 요소가 필요합니다. 그 지식과 안목을 개별 환자에 맞게 사용함으로써 실제로 치료하고 낫게 하는 데 힘을 발휘해야 합니다.

환자 개개인에게 주의를 기울여 그에게 가장 효과적인 치료법을 시행한다거나, 환자의 고통에 공감하며 환자가 불안해하지 않도록 따뜻한 위로의 말을 해줌으로써 실제 치료 효과를 높이는 의사를 역량이 뛰어나다고 말합니다. 그러면 병원의 명성이 높아지고 환자들은 그 병원을 더 많이 찾게 되겠지요. 이렇게 역량이 뛰어나면 그는 우리 사회에 필요한 사람이 됩니다. 그래서인지 오늘날은 "네가 참 좋아!"라는 말보다 "네가 꼭 필요해!"라는 말이 훨씬 강렬하게 다가온다고 합니다.

우리 아이 역량을 키워주는 개별화 교육

역량의 시대가 옴에 따라 오늘날 학교는 개인이 맞춤형 자질을 계발하도록 '개별화 교육'에 힘을 쏟고 있습니다. 옛날에는 학교에 가면 모두가 똑같은 교육을 받았습니다. 이를 '동질화 교육'이라고 합니다.

사실 인류가 학교라는 공교육 제도를 도입한 취지는 신분, 환경, 지역 등으로 인해 차이가 나는 아이들을 교육을 통해 동일한 수준으로 만드는 데 있었습니다. 그래서 가르칠 내용에 대해 잘 아는 교사가 중심이 되어, 표준화된 지식과 바른 자세를 가르치는 것이 교육의 핵심이 되었죠. 이를 티칭teaching 중심의 교육이라 합니다. 그러나 이제는 티칭, 즉 가르치는 선생님이 중심이 아니라 러닝learning, 즉 배우는 학생이 중심이 되는 학습의 시대가 도래했습니다.

동전의 양면에 비유하자면 이전에는 교육이 윗면이고 학습이 아랫면이었는데, 이제는 위아래가 바뀌었다는 뜻이죠. 오늘날은 각각의 학생이 원하는 학습에 맞춰 교사가 교육을 통해 지원하는 형태가 학교 교육의 본질이 되었습니다. 이를 '개별화 교육'이라 합니다.

역량 중심 인재상은 교사가 중심이 되는 일률적인 교육으로는 만들어질 수 없습니다. 학교에서 각각의 학생이 맞춤형으로 학습하는 개별화 교육이 시행될 때만 가능한 일입니다. 최근의 학교 교육과 대입의 변화를 한번 보시죠. 예를 들면 학생에게 과목 선택권을 제공하는 고교학점제 도입이나, 각자가 경험한 학교생활의 모습과 결과를 보고 학생을 선발하는 학종 등은 모두 이러한 개별화 교육의 큰 물결에 맞춘 제도들입니다. 학생 각자가 서로 다른 학습을 하기에, 동일한 내용과 기준을 적용해 평가를 시행하고 그 결과에 따라 한 줄을 세우는 방식은 이제 의미가 없어졌습니다.

미국 하버드 대학의 토드 로즈Todd Rose 교수는 이를 '평균의 종말'이라 표현했습니다. 참 재미있고 실감 나는 말입니다. 그가 저술한 책 『평균의 종말』은 요즘 고등학생들도 많이 읽더군요. 이 책에 의하면,

산업사회는 구성원을 동질적으로 보고 평균을 산정한 후 이를 기준으로 능력을 상호 비교했습니다. 반면에 현대사회는 '구성원들이 모두 다르다'라는 전제 속에서 개개인의 특성을 중시하기에 평균을 낼 수도 없고 평균을 낼 의미도 없어졌지요. 결국 개별 학생이 지닌 들쭉날쭉한 모습과 장점을 존중해주고 이를 기반으로 성장하도록 지원하는 것이 더욱 중요해졌습니다.

말하자면 학생이 시스템(학교)에 맞추는 시대가 저물고, 시스템이 학생 각자에 맞춰주는 시대가 온 것이죠. 산업사회의 평균주의 학업은 '공부를 잘하면 다른 일도 잘한다'라는 것을 기본적 생각으로 갖고 있었습니다. 이와 달리 토드 로즈 교수의 '들쭉날쭉 원칙'은 '한 가지를 못 해도 다른 일은 잘할 수 있다'라는 열린 마음에 기반을 두며 맞춤형 성장을 지원합니다.

'수능의 시대'는 저물고 '학종의 시대'로

역량 중심 인재상과 개별화 교육으로의 전환은 결국 평가의 변화로 이어집니다. 개별화 교육이 자리를 잡으려면 대입도 그에 맞게 변화해야만 하겠지요. 특히 동질화 교육 시대의 산물인 수능은 기본적으로 같은 콘텐츠를 평가하는 시험입니다. 그래서 시대적 변화의 방향에서 보면 역주행의 성격을 지닌다는 지적을 받습니다. 이와 달리 다양한 학교생활을 각자의 맥락에 맞게 평가해주는 학종이 더욱 타당한 평가 방법이라고 전문가들은 말합니다. 동일한 내용을 테스트해서 채점하고 성적을 내는 지식 평가로는 사회가 요구하는 역량 중심 인재를 육성하기 어렵기 때문입니다.

역량형 인재를 키우기 위해서는 대입도 '종합평가' 방식으로 바뀌어야 합니다. 종합평가란 다르게 이야기하면 다면평가입니다. 학생이 콘텐츠를 얼마나 많이 알고 있는지를 확인하는 것이 아니라 그 콘텐츠와 관련해서 어떤 경험이 있는지, 그 콘텐츠를 가지고 어떤 식으로 활용할 생각이 있는지, 또 그걸 어떻게 확장할 계획인지 등을 폭넓게 점검하고 확인하는 방식을 가리킵니다.

영화 「역린」에도 비슷한 내용이 등장하더군요. 정조 대왕은 신하들 앞에서 '지식 혹은 앎이 있으면 앎으로 끝나지 말고 그것에 대해 깊이 성찰하고, 성찰한 결과를 바탕으로 실천해야 한다'고 강조합니다. 그러니까 '지식→성찰→실천'으로 이어져야 제대로 된 학문의 길이라는 뜻입니다. 정조의 이야기는 지금 우리 학생들에게도 해당됩니다. 교과 내용을 배우면 그걸로 끝낼 것이 아니라, 그 내용이 우리 사회의 어떤 문제와 관련이 있는지를 살피고 성찰해야 합니다.

그리고 우리 사회의 문제를 해결하기 위해 무엇을 해야 하는지 생각하고 작은 일이라도 실행을 해야 합니다. 이렇게 하는 자질을 앞서 역량이라고 했죠. 역량은 '지식→성찰→실천'을 거치는 과정에서 드러나기에 여러 가지 상황과 요소를 종합적으로 판단해야만 합니다.

하지만 역량이 있다 해도 콘텐츠가 없으면 좋은 성과를 내기 어렵습니다. 즉 콘텐츠가 부족하면 역량의 발휘도 그만큼 늦어진다는 말이죠. 따라서 대입에서도 평가의 1차 기준은 교과 내용이 되는 것이 맞습니다. 자녀의 공부에서 교과 내용은 가장 기본이기에 절대 흔들리면 안 됩니다. 학생은 항상 교과를 기준으로 다양한 내용을 학습해 풍부한 지식을 갖출 필요가 있습니다. 그러나 여기에만 머물지 말고 각각의 지식에 대해 자신의 관점에서 깊이 성찰하고 여러 상황에 활용하는 학습태도를 갖춰나가야 합니다.

진로진학을 한 번에 대비하는 일대일 맞춤 전략을 찾아라

지금까지 설명드린 내용을 읽으며 오늘날 학교 교육과 대입의 기본 취지에 대해 이해하셨을 겁니다. 그러면 이를 바탕으로 자녀가 학업과 진로를 자기 맞춤형으로 준비하려면 어떻게 해야 할지 먼저 그 방법과 방향에 대해 함께 알아보죠.

초등부터 고3까지, 교육의 큰 틀을 파악하라

오늘날 학업과 진로를 준비할 때는 '초등학교 – 중학교 – 고등학교 – 대학교'로 이어지는 전체 과정에서 긴 호흡으로 차근차근 계단을 올라간다고 생각하는 것이 좋습니다. 물론 초·중·고를 다니면서 좋은 성과를 내면 금상첨화겠지만, 그렇지 않더라고 너무 실망할 필요는 없습니다. 각 학교급에서 다음 단계의 학업을 위한 기반만 잘 닦아두면 언젠가는 큰 성장이 일어날 수 있으니까요.

사람은 누구나 지식, 생각, 행동, 인품을 담은 그릇을 내면에 갖고 살아간다고 하죠. 그래서 "저 사람은 그릇이 참 크다." 이런 말을 하는 겁니다. 마찬가지로 아이들도 학교에 다니면서 그릇을 넓혀가야 합니다. 학창 시절에는 그릇을 채우는 것도 필요하지만 그릇을 키우는 일이 더욱 중요합니다. 채우기에만 급급하면 그릇이 좀처럼 넓어지지 않습니다. 초·중·고를 다니며 자신의 그릇을 키워두면 나중에 채울 일은 많습니다.

그릇을 키운다는 것은 잠재력과 기본 바탕을 넓혀간다는 뜻입니다. 이렇게 조금씩 성장의 계단을 오르기 위해서는 자신의 진로와 학업에 대한 기본 방향을 설계하고 각 단계의 학교가 제공하는 교육 프로그램들을 최대한 활용하며 자신이 설계한 것을 현실로 만들어가야 합니다.

초등학교부터 고등학교까지 12년 동안 나의 그릇을 키워가기 위해서는 어떤 설계가 필요할까요? 여기에 대해 이야기하기 전에 먼저 초등학교부터 대학교까지 우리나라의 학교 교육이 어떻게 진행되는지를 알아보겠습니다. 이를 통해 전체 학교 교육 단계에서 중학교는 어떤 의미가 있고, 또 고등학교는 어떤 의미가 있는지 유심히 살펴보기 바랍니다.

우리나라의 학교 교육 단계															
초등학교						중학교			고등학교			대학교			
1	2	3	4	5	6	1	2	3	1	2	3	1	2	3	4
유치원	일반교육				자유학기	공통교육과정			선택교육과정	교양교육	대학입시	전공교육 (복수전공)			대학원
공통교육									선택교육 · 전공교육						

우리나라의 경우 초등학교부터 고등학교 1학년까지는 공통교육 기간입니다. 그래서 모든 학생이 거의 똑같은 교육을 받습니다. 그러다 고등학교 2학년, 3학년 때 선택교육을 이수하고 그것을 기반으로 대입을 준비합니다. 초등학교에서 중학교로 넘어간 후에는 자유학기제를 경험하게 되죠. 그리고 위의 표 '우리나라의 학교 교육 단계'에서 초·중·고에 진하게 표시된 학년이 진로연계교육을 받는 시기입니다.

대학교에 진학한 후에는 다양한 전공을 공부하고, 대학을 졸업하면서 학업을 마치거나 대학원에 가기도 합니다. 학교 교육의 큰 틀을 전체적으로 파악했으니 이제 그 내용을 좀 더 자세히 살펴보겠습니다.

자유학기제로 준비하는 대입의 첫 걸음

'중학교 자유학기제'를 실시한다? 이 말이 많은 분에게 참 생뚱맞게 들릴 것 같습니다. 아이를 중학교에 보내 이제 공부 좀 제대로 하게 만들려는데 뜬금없이 자유학기제라니 당황하실 수밖에요. 저도 처음에는 그런 생각을 했습니다. 그러나 찬찬히 들여다보니 꽤 유익한 제도더군요. 자유학기제는 자녀가 아동기에서 초기 청소년기로 넘어가는 과정에 놓인 문지방으로 생각하면 좋습니다. 잘 활용하면 교육과 입시에도 큰 도움이 됩니다.

서울대는 최근 '전공 설계 지원센터'라는 기관을 오픈했습니다. 전에는 없던 이런 기관이 필요한 이유는 무엇일까요? 오늘날은 학생들이 대학의 학업과 전공도 스스로 설계하는 시대이기 때문입니다. 하지만 전공 설계에 대한 학생들의 의지와 태도에는 큰 차이가 납니다. 어떤 학생들은 전공 설계를 선호해 적극적으로 임하기도 하지만 어떤 학생들은 귀찮아하거나 두려워하기도 합니다.

이런 차이는 무엇보다 자기주도성의 차이에서 비롯됩니다. 학교 다닐 때 자신의 진로와 학업을 적극적으로 설계해본 경험이 있느냐 없느냐가 중요한 요인이 되는 것이지요. 그래서 내가 갈 길을 내가 직접 찾아 설계한다는 생각을 되도록이면 중학생 때부터 갖게 하는 것이 필요합니다. 중학교 1학년 시기에 운영하는 자유학기제는 그런 경험을 시작하는 좋은 계기가 됩니다.

앞서 말씀드렸듯이 자유학기제는 초기 청소년기의 성장과 보조를 맞추는 제도입니다. 중학교 1학년은 아동기가 끝나고 청소년기로 들어가는 초입에 해당합니다. 아동기 때 아이들을 성장시키는 동력은 대개 환경이나 습관에서 나오죠. 그러나 중학교에 올라가면 완전히 달라집니다. 청소년을 성장시키는 데는 환경이나 습관이 아니라 본인이 지닌 의지와 경험이 절대적 영향력을 행사합니다.

제 오랜 경험으로 미루어보건대 12년 학교 교육에서 가장 중요한 시기는 바로 이 전환기입니다. 어떻게 하면 아이가 학업에 필요한 의지를 갖추고 이를 토대로 성장할지에 대해 중학교 1학년 때 집중해서 고민해야 합니다. 만약 중학교에 올라갔는데도 성장의 바탕이 초등 시절의 환경과 습관에 머물러 있으면, 학업 이탈이 나타날 가능성이 아주 커집니다. 초등학생 시절에는 공부를 꽤 잘했던 아이가 중학교에 올라가 공부를 힘들어한다면 이런 전환이 제대로 일어나지 않아서일 수 있습니다.

이러한 중요한 전환의 시기에 중학교 교육에서 이뤄지는 것이 바로 자유학기제입니다. 자유학기제는 아무 부담 없이 나에게 필요한 게 뭔지를 찾아보면서 의지와 경험을 만들어가도록 하는 과정입니다. 따라서 자유학기제 시기는 대학의 학종을 준비하는 첫걸음이라 해도 과언이 아닙니다. 실제로 자유학기제와 학종에 대해 설명하는 자료를 비교해 보면, 자기주도성, 진로 탐색, 학생 선택 학습, 참여형 수업 등 공통으로 들어가는 용어들이 정말 많습니다.

사실 중학교 1학년 시기에는 학업의 부담이 상대적으로 적습니다. 그러므로 편안하게 자신의 미래를 탐색하고 설계하며 의지와 경험을 확대할 수 있도록 곁에서 따뜻하게 격려해주세요. 그런 후 중학교 - 고등학교 - 대학교 학업으로 이어지는 긴 학업 단계 속에서 '나는 어떤 가능성을 찾아 성장에 활용할 수 있지' 하는 걸 스스로 알아보도록 도와주세요. 그렇다고 자유학기제를 너무 특별한 것으로 여길 필요는 없습니다. 나는 어떤 꿈을 갖고 있으며, 어떤 자질과 장점을 지닌 사람인지 아이가 스스로 알아보고 자신에게 맞는 진로와 학업을 탐색하기 시작하는 첫 단계라 생각하면 충분합니다.

자유학기제 시기에는 또 다른 값진 경험을 할 수 있습니다. 바로 '주제 선택 활동'입니다. 모두가 공통으로 하는 교과 공부에서 벗어나 관심이 가는 새로운 주제를 학생이 선택해 공부하는 기회를 갖게 되니까요. 미래를 설계하려는 의지는 스스로 선택한 경험이 쌓이면서 형성됩니다. 즉 내가 선택했다는 의식과 자부심은 의지를 키워주는 좋은 보약입니다. 따라서 주제 선택 활동은 관심 분야를 찾아 공부한다는 취지를 지니지만, 주제를 스스로 선택한다는 사실 자체가 교육적으로 더욱 큰 의미를 갖습니다. 그리고 자유학기제 동안 적극적으로 수업에 참여하는 태도와 의지를 기르는 것도 중요합니다. 자녀가 교사 중심의 강의식 수업에만 안주하지 않고, 토론, 탐구, 실험 등의 활동을 통해 자기주도적으로 사고하는 힘을 조금씩 길러가도록 조언을 해주기 바랍니다.

자유학기제만큼이나 중요한 '진로연계교육'

학업 계획은 미래 진로희망이나 앞으로 살아갈 삶의 방향에 따라 달라집니다. 따라서 각자 삶의 목표를 찾아보고 희망하는 진로에 대해 생각하는 시간을 먼저 가져야 합니다. 나는 어떤 삶을 살고 싶은지, 어떤 부분에 남다른 소질이 있는지, 향후 어떤 직업이 유망하며 그중 어떤 것이 나에게 맞을 것인지 등에 대해 깊이 성찰하면서 긴 호흡으로 자신에게 맞는 삶의 길을 걸어가야 합니다.

이를 위해 2022 개정 교육과정은 초등학교 6학년, 중학교 3학년, 고등학교 3학년 각 2학기에 '진로연계교육'을 도입했습니다. 진로연계교육은 초등학교에서 중학교로 올라갈 때, 중학교에서 고등학교에 들어갈 때, 고등학교에서 대학교에 입학할 때, 진학할 학교를 먼저 이해하고 공부할 방향을 생각해보면서 향후 자신이 수행할 활동을 미리 준비하는 단계라 할 수 있습니다.

진로연계교육은 초등학교, 중학교, 고등학교 각 과정을 분리시키는 것이 아니라 서로 연계해서 학생들이 진로와 학업을 직접 설계해보도록 권합니다. 초등학교 6학년 때는 자유학기제를 비롯해 중학교 생활에 대해 미리 알아봅니다. 그리고 중학교 3학년 시기에는 고교학점제 과목 선택 방법 등 고등학교 생활을 준비하는 데 필요한 내용들을 다룹니다.

이를 통해 학생들은 자신에게 적합한 진로를 차분히 탐색하고 진학하려는 학교에서 어떻게 공부하고 생활할지를 미리 계획할 수 있습니다. 다만 진로는 한 번에 확정하는 것이 아니라 꾸준히 생각해보도록 하세요. 필요하다면 중간에 바꾸어도 상관없습니다.

어느 학생이 이런 낙서를 했다고 하더군요. "태풍아, 너는 참 좋겠다. 진로가 정해져 있어서…." 이러한 초조감을 가질 필요 없습니다. 하나의 진로를 고정해놓고 그것만을 향해 가는 것보다 '현명한 미결정'이 더욱 좋을지도 모릅니다. 다시 말해 자신과 미래를 연결해 생각하는 진로 의식은 항상 갖고 있되, 하나의 진로를 결정하는 것은 가급적 미루는 자세가 더욱 유익할 수 있다는 뜻입니다.

성공적인 진로 찾기는 어느 순간 갑자기 완성되는 것이 아니라 장기간의 준비와 다양한 활동을 거쳐 이루어집니다. 그러니 여러분의 자녀가 현재의 단계만 생각하지 말고 전체적인 흐름을 보도록 도와주세요. 큰 흐름 속에서 지금 내가 준비해야 할 것들을 찾아보고 필요한 경험들을 차근차근 쌓아두도록 하는 것이 가장 좋습니다.

특히 중학교 3학년이 되어 진로연계교육을 받을 때는 자유학기제 때보다 진로와 학업을 좀 더 구체적으로 탐색해야 합니다. 어떤 고교 유형에 진학할지, 고교에 가서는 어떤 과목을 선택해 공부할지, 대입에는 어떻게 도전할지, 대학에서는 어떤 전공을 공부할지 등을 진로연계교육 시기에 꼭 생각해보도록 조언을 해주셨으면 합니다.

진짜 공부는 합격 이후에 시작된다

그러면 대학에서의 학업은 어떻게 설계해야 할까요? 현재 학부모인 40~50대의 대학 시절을 한번 생각해봅시다. 자신의 전공과목만 공부하다 졸업하는 것이 대부분이었고, 일부에서는 복수전공을 이수하기도 했습니다. 대학에서 하나의 학문을 깊게 파는 산업사회의 인재로 길러진 것이죠. 반면 요즘은 어떨까요? 그때와는 사뭇 다릅니다.

지금 대학생들은 전공과 학업을 자기 맞춤형으로 구성하는 데 익숙합니다. 아래 표 '서울대 전공의 구조'는 학생들이 입학한 후 전공을 조합해 공부하는 선택지를 정리한 것입니다. 이 표를 보면 꽤 다양한 선택이 가능함을 알 수 있습니다. 각각의 내용을 좀 더 자세히 살펴보겠습니다.

서울대 전공의 구조			
	전공 분류	설계 주제	설명 및 전공 사례
1	입학전공 / 주전공	대학	자신이 입학한 주전공(My home)
2	타 학과전공	대학	다른 학과 복수전공
3	연합전공 / 연계전공	대학	· 계산과학 · 기술경영 · 인공지능 · 반도체공학 · 과학기술학 · 금융수학 · 지능형 통신 등
4	학생설계전공	학생	· 인문소통학 · 전산생물학 · 양자정보공학 · 로봇공학 · 국제과학협력 등
5	교과인증과정 (소단위 전공)	대학	융복합 전공을 단기간 습득(9~15학점)

먼저 입학전공이 있습니다. 입학전공은 학생의 주된 전공으로 각자의 '마이 홈'이 됩니다. 이전에는 학생들이 여기에만 머물며 학교가 지정한 필수과목과 선택과목을 수강했지요. 하지만 홈에만 머물러서는 현대사회가 요구하는 '역량 중심 인재'가 되기 어렵습니다. 그래서 입학전공 외에 다양한 방식으로 여러 전공 분야를 선택할 기회를 만들어놓았습니다. 타 학과전공은 물론이고 연합전공·연계전공, 학생

설계전공, 교과인증과정 등 정말 다양합니다.

이 중에 타 학과 전공, 연합전공, 연계전공, 교과인증과정은 대학이 강좌를 미리 설계해둔 전공이고, 학생설계전공은 학생이 이수 강좌를 직접 디자인하는 전공입니다. 고3 학생 입장에서 보면 어떤 학과라도 일단 들어가면 그 대학의 다양한 전공을 함께 이수할 수 있다는 뜻입니다. 물론 인기 있는 전공의 경우, 이전 학기 성적 등을 통해 복수전공 기회를 통제하기도 합니다.

학생설계전공은 특히 주목을 받습니다. 학생설계전공은 학생이 스스로 여러 학과에 있는 과목들을 모아 새로운 전공을 디자인하고 전공의 명칭까지 학생이 직접 정해 이수하는 제도입니다. 학생이 전공을 설계해 해당 위원회에 올리면 학교에서는 지도 교수를 붙여주고 그 학생이 직접 설계한 전공을 이수할 수 있도록 도와줍니다. 소단위 전공이라 부르는 교과인증과정은 앞의 네 가지 전공과 달리 9~15학점 정도만 들어도 하나의 전공으로 인정해주는 미니 규모의 전공을 말합니다.

이처럼 오늘날 대학에서는 입학전공뿐만 아니라 다양한 전공 분야를 조합해 이수하는 방식이 가능하고, 자신에게 맞는 전공을 직접 설계할 수도 있습니다. 이러한 전공제도는 비단 서울대만이 아니라 많은 대학이 유사하게 운영하는 중입니다. 다만 학생설계전공은 다른 대학에서는 서울대만큼 활발하게 운영되고 있는 것 같지는 않습니다. 서울대에는 학생설계전공이 이미 200여 개나 만들어져 있습니다.

학생들 사이에서는 하나의 전공을 설계한 학생을 '전설'이라 부르더군요. 어떤 학생이 학생설계전공을 하나 만들면 그는 영원한 '전설'이 되고, 후배들이 계속해서 그 전공의 학업을 이수할 수 있기 때문이죠. 이런 플래카드도 본 적이 있습니다. "전공의 벽을 넘어 이제 여러분들이 전설이 될 때입니다!"

학생의 적극적인 전공 설계 덕분에 서울대에는 전공이 점점 더 많이 생겨나고 있습니다. 그렇다고 타 학과 전공이나 학생설계전공에만 집중하는 자세는 바람직하지 않습니다. 집을 두고 여행을 가서 색다른 경험을 한다고 생각하면 좋습니다. 여행이 즐거운 것은 돌아갈 집이 있기 때문이죠. 그러니 먼저 주전공에 충실하면서 다양한 제2전공을 이수하는 것이 가장 바람직합니다.

자유전공학부로 대학에 들어온 경우라면, 학생설계전공에 꼭 관심을 가져보길 권유합니다. 하지만 이를 위해서는 자기주도성이 관건이겠죠. 그러므로 중·고등학교에 다닐 때부터 자녀가 스스로 관심 있는 분야를 찾아 공부하고 자기 맞춤형 설계를 일상화하는 습관과 자신감을 키우도록 도와주세요. 좋은 제도라 한들 의지와 자신감이 부족해 활용하지 못하면 의미가 없으니까요.

그리고 중학교 3학년의 진로연계교육 시기나 고등학교에 다니는 동안에 대학원 학업까지 한 번쯤 생각해보면 더욱 좋습니다. 물론 아직 이르기는 하죠. 그래도 대학원에는 좋은 기회들이 무척 많으니 일찍부터 관심을 두어 손해 볼 일은 없습니다. 자녀가 희망하는 전공 공부를 대학에서 하면 다행이지만, 그렇지 않다 해도 실망하지 말고 대학원에서 원하는 전공 공부를 하는 것도 하나의 방법입니다.

평생의 전공 학업을 대학원에서 늦게 시작했지만 크게 성공한 사례가 아주 많습니다. 필즈상 수상을 통해 전 국민에게 감동을 준 허준이 교수의 스토리가 좋은 예죠. 그는 서울대에서 수학을 전공하지 않고 물리천문학부를 다녔습니다. 그러다 수학을 본격적으로 공부하게 된 것은 대학원에 들어간 후입니다. 평생의 전공 학업을 상당히 늦게 시작한 편이죠. 그럼에도 필즈상 수상이라는 큰 성과를 얻었습니다. 자녀가 중·고등학생 시절에 한 번쯤 더 멀리 내다보며 대학원 학업까지 생각해보도록 자극을 주세요.

제2부

수시로 바뀌는 입시제도,
관점을 바꾸면
방향성이 보인다

입시 경쟁이
치열할 수밖에 없는 이유

우리나라는 전형적인 병목사회의 구조를 갖고 있습니다. 병목사회란 기회균등이 보장되더라도 대단히 좁은 통로를 지나야만 더 유리한 지위를 확보할 수 있는 사회구조를 뜻합니다. 이런 사회의 구성원들은 다원적 가치를 추구하기보다는 일정 기간 단일한 목표를 향해 내달리기 때문에 경쟁이 극심하고, 병목을 통과하는 데 필요한 재능과 요령 키우기에만 매달립니다.

조지프 피시킨Joseph Fishkin 교수의 책『병목사회』에 따르면, 병목이란 사람들이 건너편에 펼쳐진 광범위한 기회에 도달하기 위해 통과해야만 하는 비좁은 지점을 말합니다. 이런 점에서 보면 우리나라의 대입은 병목 현상에 해당하는 가장 대표적인 사례임이 틀림없습니다. 수능의 경우 1년에 한 번 보는 시험에서 높은 점수를 받아야만 좋은 대학에 입학하기에 거의 전쟁 수준의 경쟁을 펼칩니다. 그것만이 사회에서 자신의 존재감을 평가받을 수 있는 유일한 길이라고 믿기 때문이죠.

병목처럼 비좁은 대학 합격의 문턱

아마 전 세계에서 우리나라 대입처럼 병목이 좁은 경우는 없을 것입니다. 다음 그림을 보면 독일은 아예 병목이 없음을 알 수 있습니다. 학생들이 초등학교에 입학해서 고등학교를 졸업하고 나면 자연스럽게 대학에 입학하는 구조입니다. 독일은 '자격형 입시'를 지향하고 있어서 고등학교 졸업 자격을 갖추었으면 누구나 자신이 원하는 대학과 학과를 택해서 진학할 수 있습니다. 의학, 생물학, 심리학 등 정원을 두는 일부 학과만 예외입니다.

반면 일본과 중국은 중간중간 병목을 만들어놨습니다. 초등학교를 마치고 중학교에 갈 때 그리고 중학교를 졸업하고 고등학교에 갈 때 한 번씩 병목을 거칩니다. 그러다 보니 상대적으로 대학에 입학할 때는 경쟁이 느슨해집니다. 하지만 우리나라는 평준화 교육을 운영하고 있기에 이들과 다릅니다. 초·중·고를 지날 때는 병목이 거의 없습니다. 그러다 마지막 대입 단계에서 한꺼번에 좁은 병목을 통과해야 하는 구조입니다.

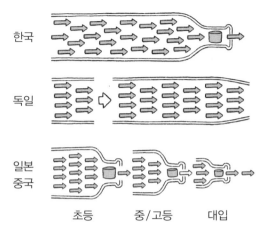

한국은 대표적 '병목사회': 치열한 대입 경쟁

초등   중/고등   대입

특히 우리나라가 대입 단계에서 병목이 좁은 이유는 높은 대학진학률뿐만 아니라 대학의 서열화가 심하기 때문입니다. 단순히 대학에 입학하는 데 목표를 두기보다는 소위 '상위권' 대학에 진학하려는 수요가 높기에 대학마다 병목의 차이가 큽니다. 물론 상위권 대학에서 공부하고 싶어 하는 마음은 충분히 이해합니다. '에베레스트산이 높은 것은 주변에 높은 산이 많기 때문'이라고 합니다. 공부를 잘하는 그룹들과 같은 공간에 함께 있으면 자신도 그만큼 성공할 가능성이 커지겠죠.

그래도 우리는 대학 서열이 너무나 촘촘합니다. SKY 대학, 서울에 있는 16개 대학, 수도권 대학, 지방 소재 국립대와 사립대 등 교육수요자들의 사고 속에는 대학 서열화의 계단이 확고하게 자리하고 있습니다. 또한 국가 정책도 여기에 편승하는 경우가 많습니다. 앞으로 학령인구가 줄어들면 대학진학 희망자가 대학 입학정원보다 적을 것으로 예상됩니다. 하지만 서열적 사고가 그대로인 한 상위권 대학들은 큰 영향을 받지 않을 것으로 보입니다. 아마 선발하는 대학과 모집하는 대학이 더욱 확연하게 구분되겠지요.

'검증'하는 대입과 '평가'하는 대입

병목의 모습이 각기 다르기에 대입은 '검증'하는 방식과 '평가'하는 방식으로 나누어집니다. 우리나라뿐만 아니라 전 세계가 그렇습니다. 검증하는 방식은 지원자의 성적을 촘촘하게 구분해 줄을 세우기보다는 일정한 자격과 수준을 충족하면 모두 동일하다 여기고 합격시키는 체제입니다. 고등학교 졸업 자격을 갖추었는지 확인하고 문제가 없으면 누구에게나 대학 입학을 허가하는 검정 방식은 대학 입학정원이 유연하며 대학들이 평준화되어 있는 서구의 나라들에서 채택하고 있습니다. 우리로서는 참 부러운 일이죠.

반면에 한국은 대학의 전공마다 입학정원이 고정되어 있고 대학의 서열화가 심해 대입 선발을 '평가'에 의존해 운영할 수밖에 없습니다. 따라서 학생과 학부모는 대입은 곧 '평가'라는 사실을 당연한 것으로 받아들이며, 대학이 어떤 '평가'를 통해 선발하는가 하는 문제에 더욱 관심을 둡니다.

대입 선발에 활용하는 평가는 세 운영 주체, 즉 정부, 대학, 고등학교가 수행할 수 있습니다. 이들 중에서 누가 주도적으로 행사한 평가의 결과를 근거로 선발하느냐에 따라 입시 결과가 달라집니다. 따라서 학생과 학부모는 지원한 대학의 전형이 어떤 평가를 활용하는지 유심히 살펴보아야 합니다. 그러기 위해서는 우리나라 대입평가가 변해온 과정과 현재 평가의 기조에 대해 먼저 알아둘 필요가 있겠지요. 그렇게 한다면 대입을 이해하고 효과적으로 준비하는 데 큰 도움이 되리라 봅니다.

입시제도를 제대로 알아야 좁은 문을 넘을 수 있다

대학 진학의 병목이 심해지면서 입시제도가 사회적으로 큰 관심사가 되었으며 그만큼 학생들의 부담감도 커졌습니다. 우리나라의 경우 청소년 자살률이 매우 높습니다. 이처럼 가슴 아픈 현실에는 입시 병목이 미치는 영향도 분명 있을 것입니다. 그러다 보니 입시 경쟁을 온 국민이 납득할 수 있는 방식으로 진행하기 위해 많은 고민을 하게 되고, 관련 법적 장치들도 다른 나라와는 비교가 안 될 정도로 상세히 규정해놓고 있습니다.

또한 입시제도의 변화도 잦은 편이라서 이를 적용하는 과정에서 다양한 변수를 고려해야 합니다. 안타깝지만 우리나라 대입의 병목 현상을 당장 개선할 수는 없습니다. 그렇다고 입시제도를 탓하고만 있을 수도 없는 노릇입니다. 입시를 앞둔 자녀가 있다면 조금이라도 시행착오를 줄이고 더 많은 기회를 엿보기 위해 대입제도를 제대로 파악하는 것이 중요합니다.

그리하여 지금부터 우리의 입시제도에 대해 구체적으로 하나하나 설명하려 합니다. 자녀를 지도하거나 선생님과 상담할 때 반드시 알아야 할 내용입니다. 우리나라 대입전형은 아주 다양하고 복잡합니다. 따라서 자녀의 성적과 장단점을 고려해 최선의 선택을 하고 효과적인 전략을 짜기 위해서는 먼저 입시제도의 기본적인 내용을 파악해두면 큰 도움이 됩니다. 이제 하나씩 살펴보도록 하죠.

좋은 성적만으로는
대학에 갈 수 없다

오늘날 대입 기조 변화의 핵심은 '시험과목의 성적 점수'보다는 '학생이 수행한 학업의 적합도'를 더욱 중시하는 방향으로 차츰 옮겨간다는 점입니다. 여기서는 이러한 기조 변화가 왜 나타났는지, 대입에는 어떤 영향을 끼쳤는지 등에 대해 알아보겠습니다.

정시보다 수시가 점점 더 중요해지는 이유

2000년대 들어 우리나라 대입에는 근본적인 기조 변화가 나타납니다. 국가시험의 성적을 대표적 기준으로 활용하는 시대가 저물고, 학생이 수행한 학교 교육 활동과 그 결과가 대학의 지원 전공에서 학업을 수행하는 데 얼마나 의미를 갖는지를 더욱 중요하게 여기기 시작한 것입니다.

이에 따라 정부 주도의 평가(예: 대학수학능력시험)보다는 개별 고등학교에서의 평가(예: 내신평가)를 기반으로 학생을 선발하는 것이 교육적으로 더욱 바람직하다는 견해가 크게 증가합니다. 학교에서 받은 교육과는 별도로 수험생이 대입평가를 따로 준비해야 하는 상황은 바람직하지 않으며, 대입은 학생들이 평소에 받은 학교 교육의 활동 자체를 중심으로 진행하는 방식이 더욱 타당하다고 보기 때문입니다. 최근 학종이 부각되는 이유도 같은 맥락입니다.

학교 교육과 대입의 일체화를 추구하는 이러한 변화는 갑작스럽게 등장한 것이 아닙니다. 역사적으로 대입평가의 중심 주체가 '대학→정부→고등학교'로 변해오는 과정과 맥을 같이 합니다. 우리나라는 해방 후 1980년대 초까지 대학이 출제하고 채점하는 본고사를 중심으로 선발해왔습니다. 그러다가 1982학년도부터 대학의 평가 권한을 축소하고 정부가 주도하는 학력고사를 신설해 전국 단위로 표준화된 시험을 운영했습니다. 이를 1994학년도부터는 대학수학능력시험 체제로 전환해 오늘날까지 시행하고 있지요.

이런 정부 주도의 학력고사나 수능시험은 우리 학부모님들도 대부분 경험해보았을 것입니다. 수능을 보는 날은 국가적으로 큰 행사이며, 학생 입장에서는 미래를 모두 걸어야 하는 가장 긴장되는 순간이기도 합니다.

그런데 2000년 전후로 대입평가의 기조에 큰 변화가 나타나기 시작합니다. 정부가 주도하는 전국 단위의 시험은 평가 관리가 철저하고 성적 산출이 명확하다는 장점을 지닙니다. 하지만 진로 맞춤형 교육이나 사고력 계발과 같은 현대 교육의 핵심 방향들을 반영하지 못하면서 대입 시험으로서의 타당성에 대한 비판이 대두하게 됩니다.

특히 대학들은 정부가 시행하는 일회성 시험의 성적보다는 학교에서 장기간 보인 학업의 모습이 대학 교육과 더욱 상관성이 높다고 판단했습니다. 나아가 사회적으로도 전국의 학생을 한 줄로 세우기보다는 다양한 환경에서 최선을 다한 학생들을 선발해 입학생 구성을 다양화해야 한다는 목소리가 높아졌죠. 이런 변화를 반영하면서 국가시험보다는 고등학교에서의 평가에 더욱 주목하게 됩니다.

대입평가의 기조가 이렇게 변화함에 따라 대학들은 2010년대에 들어 정부가 주관하는 시험으로 뽑는 정시를 차츰 축소하고 수시 비중을 늘리며 전형들을 다양화하기 시작합니다. 학교 교육 중심 대입 제도를 선호하는 현상은 수도권과 지방, 국립과 사립을 불문하고 대학 대부분에서 공통적으로 나타납니다.

그 결과 국가시험 중심 대입 선발 방식이 아직 정시에 남아 있지만 전국적 선발 비중은 20퍼센트 정도로(2025학년도 기준) 크게 축소됩니다. 2002학년도에 정시선발 비중이 71.2퍼센트에 달했던 점을 고려하면 그동안 대입 기조가 크게 바뀌었음을 실감할 수 있습니다.

특히 서울대는 1990년대 후반부터 고등학교에서의 학업과 평가에 주목하는 입시정책을 펼치기 시작해 학교장 추천제(1998학년도), 수시선발 체제(2002학년도), 지역균형특별전형(2005학년도), 학종(2014학년도) 등 학교 교육 친화적인 전형제도를 순차적으로 도입해왔습니다. 그렇게 함으로써 입학생 구성의 다양화뿐만 아니라 학교 교육 중심 대입제도의 기틀을 주도적으로 마련하는 데 앞장섭니다. 그리고 이는 지금까지도 우리나라 대입의 핵심 기조로 자리 잡고 있습니다.

높은 등수보다는 나만의 '공부 서사'로

세상 모든 일이 그렇습니다. 기본 바탕이 바뀌면 세부적 요소들에도 변화가 일어날 수밖에 없지요. 대입평가의 기조가 '시험과목의 학업성적'에서 '대학에서의 학업적합도' 중심으로 변하면서 대학의 학생 선발 방식도 변할 수밖에 없습니다. 그러면 어떻게 바뀌었을까요? 이를 표로 정리하면 다음과 같습니다.

2000년대 대입 평가의 기조 변화		
평가의 기조	시험과목의 학업성적	대학에서의 학업적합도
핵심 전형 자료	지원자의 국가고사 성적	지원자의 학교 활동과 결과
선발 기준	응시과목 점수에 따른 '순위'	이수 교과의 학업 '의미'
선발 방법	컴퓨터에 의한 산술적 계산	대입 전문가의 종합적 판단
대표 전형 유형	정시 수능 위주 전형	수시 학생부종합전형

표 '2000년대 대입 평가의 기조 변화'에서 보는 바와 같이 국가고사 중심 대입에서는 점수나 등급으로 산정된 수치가 선발 기준이 됩니다. 따라서 수험생은 진로진학에 필요한 과목보다는 가장 자신 있는 과목을 선택해 높은 성적을 내야 합격 가능성이 높아집니다. 반면

학교 교육 중심 대입에서는 고등학교에서 이수한 학업의 '의미'를 비중 있게 평가합니다. 그 결과 자신이 지원하려는 전공에 필요한 과목을 이수해 대학 학업의 적합성을 높이는 것이 더욱 중요해집니다.

예를 들어보죠. 공대 전기전자공학 전공에 지원하는 수험생의 경우, 과거에는 과학 교과에서 자신이 가장 높은 점수를 얻을 수 있는 과목(예: 지구과학, 생명과학 등)을 선택하는 것이 바람직한 전략이었죠. 그러나 학업의 적합도를 중요시하는 대입평가에서는 전기전자공학 전공에 가장 필요한 물리학을 선택해 학업을 수행하는 것이 의미 있다고 간주합니다. 따라서 여기에 맞춰 입시를 준비해야 합니다.

한편 평가 방식에서는 컴퓨터에 의한 산술적 계산이 아니라 다수 전문가의 종합적 판단에 따라 지원 대학과 모집단위에 적합한 학생을 선발합니다. 그래서 비유적으로 축구형 입시가 체조형 입시로 바뀌었다고 말합니다. 설명하자면 축구처럼 골을 많이 넣은 사람을 선발하는 결과 중심이 아니라, 체조처럼 다수의 심판이 기준과 판단에 따라 부여한 점수에 의해 선발한다는 뜻이죠.

진정한 실력보다는 최종 스코어에 따라 승패를 가리는 결과 지향적 축구와 달리, 체조는 특정 부분은 정량적으로 산정하고 특정 부분은 심판의 전문적 판단을 반영해 종합적으로 평가를 합니다. 마찬가지로 학교 교육 기반 대입평가도 지원자의 학업 결과뿐만 아니라 학업의 전체 과정을 세심하게 들여다본다는 점에서 체조와 유사하다고 할 수 있습니다.

그러나 입시정책의 큰 기조는 변했지만 국가고사 중심 대입이 현재도 정시에 유지되고 있기에 입시를 균형 있게 준비하는 것이 필요합니다. 특히 국가고사에 의존하는 정시는 재도전의 기회를 제공하는 전형이기에 개인적 입시 전략에서 결코 무시할 수 없습니다. 선발 비중이 큰 학교 교육 중심의 대입을 우선적으로 대비하되, 국가고사(수능)도 항상 염두에 두고 고등학교 학업을 유연하게 수행하기 바랍니다.

선발에서 연계로,
종합적 정성평가의 시대가 온다

대입의 기조가 시험 성적 중심에서 학업의 의미를 반영하는 방향으로 바뀌면서 평가 방식도 계량적 채점보다는 전문가의 정성적 판단에 더욱 의존하게 됩니다. 여기서는 정성평가의 방식과 의미, 기대되는 점과 우려되는 점 그리고 공정성과 신뢰도를 높일 수 있는 방안 등을 알아보겠습니다.

학종은 '깜깜이 전형'이다?

학교 교육을 중심에 두고 평가하는 학종은 체조형 입시의 성격을 지니기에 전문가의 정성평가에 의존할 수밖에 없습니다. 수치에 따른 비교 방식을 걷어내고 지원자가 걸어온 길과 걸어갈 길을 중심으로 학생의 학업 과정을 심층적으로 봐야 하기 때문입니다. 이는 지원자가 자신을 성장시키기 위해 어떤 노력을 기울였으며 그 결과는 어떠한지, 그리고 앞으로 어떻게 발전할지에 대한 기대치를 전문가의 입장에서 따져본다는 뜻이죠. 학업 역량과 개인 특성을 정밀하게 확인하기 위해 학종은 고등학교와 대학이 역할을 나누어 협력적으로 평가를 진행합니다. 그리고 학생부의 다양한 자료와 구성 요소들을 관찰, 비교, 확인, 판정하는 정성평가 방식을 활용합니다.

이러한 학종의 정성평가 방식이 지닌 기본적 구조를 알아두면 향후 대입 지원 전략을 짜는 데도 도움이 될 것이므로, 여기 간략히 정리하여 제시합니다.

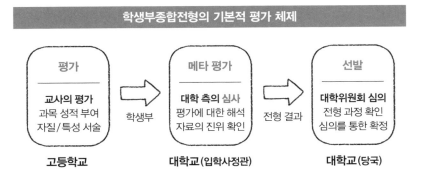

학종은 고등학교와 대학 사이에 협력적 평가를 추구하기 때문에 '평가 – 메타 평가 – 선발'의 과정으로 진행됩니다. 선발은 대학의 해당 위원회가 입학처에서 산출한 전형 결과를 바탕으로 최종 결정을 하는 단계이므로 제외하고, 앞의 평가에서 메타 평가로 이어지는 체

제만 보시면 됩니다.

　표 '학생부종합전형의 기본적 평가 체제'에서 보듯이, 학종에서는 고등학교가 평가를 담당하고 대학은 고등학교가 평가한 자료를 받아 일종의 메타 평가meta-evaluation를 진행합니다. 여기서 '메타 평가'란 다른 사람이 해놓은 평가를 평가하는 방식evaluation of evaluation을 말합니다. 그래서 '상위의 평가' 혹은 '2차 평가'라 부르기도 하죠. 이런 점에서 보면, 대학이 수행하는 지원자의 서류평가는 엄밀히 말하면 평가가 아니라 교사가 작성한 평가기록(학생부)를 해석하고 독해하는 작업이라 할 수 있습니다.

　학종에서는 이렇게 평가와 메타 평가가 협력적으로 이루어집니다. 그런 점에서 학종의 평가는 이미 고등학교 1학년 때부터 시작해 대학의 입학처가 전형 평가를 마무리해 최종 결과를 산출할 때까지 긴 기간 진행된다고 볼 수 있습니다.

　여기서 고등학교 교사가 맡은 앞 단계의 '평가' 부분은 두 가지 영역을 모두 포괄합니다. 즉 과목마다 성적과 수준에 맞춰 석차등급과 성취등급을 부여하는 영역, 그리고 학생이 수업과 학교 활동에서 보여준 자질, 특성, 태도에 대해 교사가 판단해 서술하는 영역을 모두 포함하는 것이죠. 세특, 창의적 체험 활동(이하 '창체'), 종합의견란 등의 기록이 후자의 서술 영역에 해당합니다.

　대학이 맡은 두 번째 단계의 '메타 평가'는 입학사정관들이 고등학교 학생부에 기록된 교사 평가의 내용을 세밀히 들여다보며 다양한 항목들을 학업적합성의 관점에서 해석하는 과정입니다. 해석은 일정한 기준을 근거로 진행되어야 하기 때문에 대학의 메타 평가에는 평가 항목과 평가 기준들이 사전에 엄격하게 설계되어 있습니다. 자세한 사항은 제5부에서 설명하겠습니다.

이와 더불어 지원자의 학생부에 대한 진위 문제도 따져보겠지요. 학생부의 진위 여부는 우선 입학사정관이 전형 과정에서 다양한 기록들 사이의 연관 관계를 비교하며 확인합니다. 그래도 의심이 가는 부분은 면접에서 직접 수험생에게 질문을 던지고 대답하는 것을 지켜보며 파악할 수도 있습니다.

수치로 표현된 점수에 맞춰 한 줄을 세우는 방식의 대입전형에 익숙한 학부모 입장에서 생각하면, 학종의 정성평가 방식은 시대적으로 필요하며 교육적으로 타당할지는 모르지만 무언가 의심스럽고 불확실해 보일 수 있습니다. 그래서 '깜깜이 전형'이란 지적을 자주 받기도 하죠.

물론 대학에서 인재상, 평가 기준, 전형 결과를 공개하기는 하지만 추상적인 표현이 대부분이라 대입을 준비하는 학생이나 학부모로서는 여전히 오리무중의 느낌을 받기는 마찬가지입니다. 더군다나 대학마다 인재상과 평가 기준이 다른 경우들이 많습니다. 그러다 보니 만약 수시에서 여섯 개 대학에 지원한다면, 어느 장단에 맞춰 춤을 춰야 할지 난감한 상황에 빠질 수도 있습니다.

물론 이러한 우려와 불안감이 이해되기는 합니다. 하지만 인재상과 학교 교육이 변해가는 세계적 흐름을 반영하기 위해서는 학교 교육에 대한 정성평가 방식 외에는 다른 대안을 찾기 어렵다는 점도 유

넘해야 합니다. 세계 교육의 흐름에 큰 영향력을 끼치는 안드레아스
슐라이허Andreas Schleicher OECD 교육국장은 2019년 10월에 개최된
'한국-OECD 국제교육 콘퍼런스' 개막 기자회견에서 이렇게 말했
습니다.

> "입시 표준화가 꼭 공정성을 보장하는 것은 아니다. 대학도 학생이
> 학교에서 전반적으로 어떤 경험을 했는지 살펴보고 뽑아야 한다.
> 기업이 면접으로 지원자의 과거 성과를 파악하고 직원을 선발하는
> 것과 같은 이치다."

그의 조언은 대학이 학생을 선발할 때 표준화된 국가 수준 평가보
다는 학생의 다양한 자질과 과거 경험을 종합적으로 평가하는 방식
이 더욱 필요함을 역설한 것이라 할 수 있습니다.

공정하고 믿음직한 정성평가를 위한 노력

이런 흐름 속에서 교육 당국과 대학은 앞으로 정성평가 체제를 중심
에 두되 평가의 신뢰성을 높이는 방안을 마련하는 데 더욱 골몰하고
있습니다. 몇 가지를 소개해드리면 다음과 같습니다.

첫째, 불확실한 교육 활동 부분들을 학종 평가 요소에서 제외하는
조치입니다. 학생부의 공정성 문제가 언론에 부각되었을 때 주로 비
판의 대상이 된 영역은 교과보다는 비교과 활동이었죠. 그래서 교육

당국은 '대입제도 공정성 강화 방안'(2019. 11.)을 발표해 지금은 수상 경력, 자율 동아리, 개인봉사 활동, 소논문, 독서 활동 등 경제적 여건에 따른 유불리 혹은 학생의 셀프 기재 등의 위험성이 있는 항목들을 평가에 일체 반영하지 않습니다. 따라서 교실 수업에서 수행한 활동들의 비중이 상대적으로 크게 증가했습니다.

둘째, 대학들이 학종의 평가 항목과 평가 요소를 공통으로 개발해 동일한 기준에서 평가를 진행하는 여건을 마련했습니다. 지금은 서류평가의 평가 항목을 '학업 역량', '진로 역량', '공동체 역량'의 세 항목으로 통일하고, 세부 평가 요소를 학생 및 학부모에게 구체적으로 안내하는 대학들이 많이 늘어났습니다.

셋째, 정성평가는 전문가의 개인 판단에 의존하기 때문에 아무리 평가 기준에 맞춰 심사를 한다고 해도 주관적 견해가 개입할 여지가 있습니다. 그래서 대학들은 모집단위별로 다수의 입학사정관을 참여시켜 다단계로 평가를 진행합니다. 대개 지원자 1인에 2~3인의 전문가(전공 교수 및 입학사정관)가 참여해 독립적으로 평가를 수행하고, 그 평가 결과를 서로 비교합니다.

이때 평가자마다 판단이 다른 경우, 새로운 전문 인력을 투입해 다시 한번 평가를 실시한 후 점수의 편차를 조정하는 다인 다단계 평가 방식을 따릅니다. 이러한 조정 절차를 '재평가' 혹은 '조정 평가'라 합니다.

넷째, 공적 서류 외에 개인이 제출하는 서류는 대입평가에서 모두 폐지했습니다. 즉 학교가 공식적으로 작성한 문서인 학생부만 평가 서류이고 교사의 추천서나 학생의 자기소개서(이하 '자소서')는 학종에서 일체 활용하지 않습니다. 이전에 비해 서류가 간소화되어 학생들의 부담도 많이 줄어들었습니다.

제3부

입시를 제대로 이해하고
100% 활용하라

학부모들이 놓치기 쉬운
대학입시의 핵심 요소

학부모님들과 대화를 나누다 보면 아쉬운 점이 있습니다. 입시와 관련해서 디테일한 내용은 많이 아시지만, 그것이 어떤 취지와 의도로 만들어졌는지는 잘 모르신다는 점입니다. 입시제도를 제대로 파악하기 위해서는 가장 먼저 대입의 방향성과 취지를 알아야 합니다. 이는 건물을 세울 때 기본적인 뼈대가 되는 구조부터 짜는 것과 같은 이치입니다. 입시의 큰 틀부터 파악한 후 세부적인 항목들을 살펴야 올바른 전략을 수립할 수 있습니다. 그래서 대입제도의 기본이 되는 내용을 먼저 살펴보고자 합니다.

우리나라 대입을 운영하는 여러 기준들

우리나라 대입 운영의 바탕이 되는 법적 기반은 다음의 세 단계로 나누어집니다.

법적 기반의 첫 번째 단계 : 헌법

헌법 제31조에는 "모든 국민은 능력에 따라 균등하게 교육받을 권리가 있다."라고 명시되어 있습니다. 여기서 중요한 사실은 대한민국의 국민은 누구나 균등하게 교육받을 권리가 있지만 '능력에 따라' 각기 다른 교육을 받는다는 점입니다. 오늘날의 대입이 존재하는 근거도 여기서 찾을 수 있지요.

그런데 헌법의 이 규정은 시대적 변화와 맞지 않는 느낌이 듭니다. 현대 교육은 능력뿐만 아니라 각자의 적성이나 소질도 반영해주는데 헌법은 능력만 언급하니 말이죠. 따라서 헌법에서 말하는 능력이 무엇인지 여러 관점에서 논의해볼 필요가 있습니다. 아무튼 능력이 무엇이든 우리나라는 대입전형이 능력을 구분하는 장치로서 확고하게 자리를 잡았습니다. 그리고 지원자들을 일정한 기준에 따라 평가하는 선발형 입시제도가 중심을 이루게 됩니다.

법적 기반의 두 번째 단계 : 교육기본법

교육의 방향과 제도에 대한 기본 사항들을 총괄적으로 규정해둔 '교육기본법'은 제26조에 "각종 평가 및 인증제도는 학교의 교육과정 등 교육제도와 상호 연계되어야 한다."라고 명시하고 있습니다. 이

조항은 학생이 자신에게 맞는 학교를 다니며 일정한 성과를 이루면 국가는 그에 맞는 평가를 해주어야 한다는 뜻입니다. 즉 국가나 대학이 운영하는 평가제도는 학교의 교육과정과 상호 연계되어야 함을 교육기본법은 명확하게 밝히고 있습니다.

이런 점에서 보면 수능의 소위 킬러 문항은 교육기본법의 규정을 위반한 사례입니다. 또한 학교 교육과정을 포기한 채 학교 밖에서 입시를 준비한 학생들에게 유리하도록 대입제도를 운영하는 정책도 교육기본법의 정신에 어긋납니다. 학교에서 공부하는 수준을 뛰어넘는 난도의 문제는 사교육을 받은 학생들에게 더 유리하므로 이런 방식의 입시 운영은 교육기본법 취지와 맞지 않습니다. 반면 학종이 가장 설득력을 얻는 이유는 학교 교육과 평가제도의 연계성을 강조하는 교육기본법의 정신을 가장 잘 반영하고 있기 때문입니다.

법적 기반의 세 번째 단계 : 고등교육법 및 그 시행령

대학 교육에 대한 전반적 사항을 규정해둔 '고등교육법'은 대입에서 학생을 선발할 때의 주요 원칙을 두루 명시해놓았습니다. 고등교육법(시행령)에 의하면, 대입을 운영하는 기본 방향은 다음 세 가지입니다. 첫째, 국민이 능력에 따라 균등하게 교육받을 권리를 보장한다. 둘째, 초·중등 교육이 교육의 본래 목적을 구현하도록 지원한다. 셋째, 학생의 소질, 적성, 능력을 반영할 수 있도록 다양한 방법과 기준을 마련해 시행한다.

이 가운데 첫째 항목은 헌법 제31조를 반복한 내용이며, 둘째 항목은 평가와 학교 교육의 연계성을 규정한 교육기본법 제26조와 일맥상통합니다. 무엇보다도 셋째 항목이 대입전형에서 큰 의미를 지닙니다. 헌법에 제시된 '능력에 따라 균등하게 교육을 받을 권리' 조항이 학생의 선발 방법과 기준으로 가면 '소질, 적성, 능력의 반영'으로 더욱 구체화됨을 알 수 있습니다. 대학 입학전형의 기본 방향인 셋째 항목은 대입에서 소질, 적성, 능력을 종합적으로 평가하는 현재의 수시(학종) 체제에 큰 힘을 실어주는 근거이기도 합니다.

고등교육법이 규정한 것처럼 대입이 소질, 적성, 능력을 종합적으로 판단하기 위해서는 학생이 학교에서 장기간 수행한 성과와 활동을 종합적으로 판단하는 전문가, 다시 말하면 입학사정관이 필요합니다. 그래서 고등교육법은 대학의 학생 선발이 초·중등 교육의 정상적 운영과 학생들의 전인적 성장에 기여하는 방향에서 이루어지도록 대학들에게 입학사정관의 채용 및 운영을 권장합니다. 또한 필요한 경우 국가가 입학사정관을 채용하고 운영하는 데 사용되는 예산의 일부를 지원할 수 있도록 규정하고 있습니다.

고등교육법의 이러한 취지에 근거해 입시제도를 분석해보면, 수능 위주의 정시전형보다는 학생들의 전인적인 성장에 주안점을 두고 평가 요소를 다양화해서 선발하는 수시의 학종이 그 취지에 더 부합하는 선발 방법이라 할 수 있습니다.

입시 제도가 술술 읽히는 대입 필수 용어

입시제도 운영에 대한 이해도를 높이기 위해서는 관련 법규정 외에 대입전형 관련 기본 용어들을 알아둘 필요가 있습니다. 전형 관련 용어들은 관련 법이나 정책 차원에서 다음과 같이 구분됩니다.

첫째, 고등교육법에 따른 기본 용어입니다. 고등교육법에 근거한 용어 구분은 '일반전형'과 '특별전형' 밖에 없습니다. 여기서 '일반전형'은 고등학교 졸업 자격이 있는 수험생이면 누구나 지원이 가능한 전형입니다. '특별전형'은 지원 자격을 별도로 정해놓아서 해당하는 수험생만 지원할 수 있는 전형입니다. 지역균형특별전형, 지역인재특별전형, 사회배려자전형 등이 특별전형의 대표적 사례지요.

둘째, 고등교육법 시행령에 따른 구분입니다. 먼저 모집 시기에 따른 '수시모집', '정시모집', '추가모집'이 여기에 해당합니다. 모집 시기 구분은 모두 익히 알고 계시겠지요. 그리고 고등교육법 시행령은 학생의 학업능력을 평가하는 데 근간이 되는 세부적인 자료를 의미하는 '선발 전형 자료'를 학생부, 국가시험, 대학별고사 세 가지만 활용하도록 명확히 규정하고 있습니다. 전형 자료 내에는 활용 가능한 여러 세부 요소들이 있는데 이를 '전형 요소'라 합니다. 예를 들면, 학생부(서류평가)에는 교과와 교과 외, 국가시험에는 수능 표준점수와 수능 최저등급, 대학별고사에는 논술, 면접, 구술고사 등의 전형 요소가 있습니다. 이에 따라 대학은 개별 전형마다 적절한 수의 전형 요소를 조합해 학생 선발에 활용합니다.

셋째, 법적 기반은 없고 오로지 국가의 정책에 맞춰 사용하는 용어입니다. 학생부종합전형, 학생부교과전형, 수능전형, 논술전형, 실기전형 등으로 구분하는 '전형 유형'이 대표적 사례입니다. 이들은 정부가 추진하는 정책에 근거하는 명칭이기에 법 개정 없이도 정부의 의지에 따라 쉽게 변경할 수 있는 용어들입니다.

넷째, 개별 대학이 이름을 붙인 '전형 명칭'(혹은 '전형명')입니다. '전형 명칭'은 국가가 아닌 개별 대학이 부여한 용어인데, 앞의 '전형 유형'과 더불어 제시하도록 되어 있습니다. 예를 들어 서울대는 수시전형에 '일반전형' 그리고 '지역균형전형'이라는 명칭을 사용하는데, 여기에는 모두 학종이라는 '전형 유형'이 함께 표시되어 있습니다. 그리고 대학은 전형 명칭마다 전형 취지에 맞는 전형 자료와 전형 요소들을 선택해 구성한 후 각 전형 요소마다 평가 시에 어떤 점에 중점을 두고 판단하는지를 미리 정해둡니다.

서울대 수시 일반전형을 사례로 해서 용어를 정리하면 다음과 같습니다.

서울대 수시 일반전형의 주요 용어들

대학	모집 시기	전형 명칭	전형 유형	전형 자료	전형 요소
서울대	수시모집	일반전형	학생부종합전형	a)학생부 b)대학별고사	a)학생부 (서류평가) b)면접 및 구술고사

오늘날의 대입전형을 이해하려면 위의 표 '서울대 수시 일반전형의 주요 용어들'에 제시된 기본 용어들을 먼저 이해해야 합니다. 전형 명칭, 전형 유형, 전형 자료, 전형 요소 등의 용어를 구분하고 그 의미와 체계를 이해한다면 대입제도를 좀 더 정확하게 파악할 수 있을 것입니다. '전형' 부분 외에 구체적 '평가' 관련 용어들도 있습니다. 예를

들어 학생부든 면접이든 개별 전형 요소마다 중점을 두고 평가하는 영역을 '평가 항목' 혹은 '평가 요소'라고 합니다. 여기에 대해서는 제5부에서 자세히 설명하겠습니다.

우리나라 대입의 네 가지 핵심 기능

대입은 정해진 제도와 규정에 따라 유리한 결과를 내고자 치열하게 경쟁하는 무대입니다. 특히 한국의 대입은 다양한 기능이 복잡하게 얽혀 있어 간단치가 않습니다. 그래서 대입은 우리 사회의 대표적 '복잡계'라 합니다. 복잡계는 개별 구성 요소에서 드러난 문제점을 해결해도 전체가 좋아지지 않고 다른 구성 요소로 문제점이 옮겨가는 체제를 말합니다.

그럼 대입은 어떤 기능을 수행할까요? 우선 대입에는 공부한 만큼 보상을 주는 '선발'의 측면과, 입시가 학교 교육의 운영에 영향을 주는 '자극'의 측면이 동시에 들어 있습니다. 이런 전제하에 우리나라 입시의 주요 기능은 크게 네 가지로 정리할 수 있습니다.

첫째, 대학의 목적에 맞는 학생을 선발할 수 있는 대학 중심의 기능입니다. 둘째, 자기 꿈을 실현할 수 있도록 진로를 계발하고 찾아가는 진로 계발 기능으로, 이는 학생 중심의 기능입니다. 자신이 하고 싶은 일을 하기 위해 대학에 가서 전공을 선택하고 공부하는 것이죠. 셋째, 학교 교육을 바람직한 방향으로 유도하는 것으로, 이는 학교 중심의 기능입니다. 넷째, 사회통합과 지역균형발전에 기여하는 사회 중심의 기능입니다. 이 네 가지 기능 각각을 보다 구체적으로 살펴보도록 하겠습니다.

대학 중심의 선발 기능

대학에서 공부하는 데 필요한 능력, 자질, 의지를 평가해 자격이 있는지를 판단하는 기능을 말합니다. 쉽게 말해 그 대학이 원하는 인재상에 맞는 역량과 자질을 갖추고 있는지를 판정하는 과정이지요.

학생 중심의 자기계발 기능

학생은 자신의 꿈을 실현하기 위해 진로를 선택하고, 진로에 도움이 되는 대학과 학과를 찾습니다. 그런 다음 그 대학이 요구하는 것과 자신의 기대치를 고려해 지원합니다. 대학에서 공부한 것을 토대로 사회에 나가 직업이나 일을 선택한다는 점에서 대입은 자기계발의 기능을 수행합니다.

학교 중심의 교육 기능

초·중등학교 교육과정이 추구하는 교육목적과 내용이 충실히 이행되고 가급적 많은 학생이 질적으로 우수한 교육 혜택을 누리도록 유도하는 기능을 말합니다. 이와 관련해 고등교육법시행령 제31조에는 다음과 같이 규정되어 있습니다. "대입이 모든 국민이 능력에 따라 균등하게 교육받을 권리를 보장하고 초·중등 교육이 교육 본래의 목적에 따라 운영되는 것을 도모하도록 해야 한다."

사회 중심의 사회통합 기능

공공선과 정의에 기반을 둔 가치 배분을 실현함으로써 사회통합에 기여하는 기능을 말합니다. 우리나라처럼 대학 교육이 사회 지위를 결정하는 데 큰 영향을 미치는 나라에서는 교육에 대해 관심이 많고 그만큼 투자도 상당합니다. 따라서 입시의 사회적 기능이 특히 주목을 받습니다.

한국의 대입은 이러한 기능들이 유기적으로 뒤엉켜 있습니다. 그렇다 보니 하나의 기능에서 발생한 문제를 해결해도 입시를 둘러싼 문제 전체가 좀처럼 개선되지 않으며 그 갈등이 곧장 다른 부분으로 옮겨가는 특징을 보입니다. 이것으로 끝이 아닙니다. 대입을 지켜보는 국민의 복잡한 심리까지 작용합니다. 그래서 문제의 실타래를 풀어보려고 제도적인 해결 방안을 내놓아도 몇 년 안 돼서 금방 효력을 잃는 상황이 자주 발생합니다.

그럼 이런 문제는 어떻게 해결해야 할까요? 대입제도의 개편을 논의할 때 앞서 언급한 대입의 네 가지 기능을 균형 있게 수행하는 방안을 찾는 데 주력할 필요가 있습니다. 이때 제도적으로는 학교와 대학의 연계성을 강화해야 하며, 교육의 본질적 요구를 충실히 반영하는 것이 무엇보다 중요합니다.

대입전형의 구조
한 번에 이해하기

지금까지 대입제도 운영의 바탕이 되는 법적 규정들과 전형 관련 주요 용어 및 대입의 기본 기능들에 대해 살펴보았습니다. 이제는 우리나라의 대입전형이 어떤 원리로 설계되고 어떻게 변화하는지 말씀드리고자 합니다. 대입전형을 설계하는 원리를 이해해두시면 자녀의 수시나 정시 지원 전략을 짜는 데 도움이 됩니다.

'어떻게 선발해야 가장 공정할까?'

다음 그림은 대입전형의 설계 원리를 설명하는 데 많이 사용되는 자료입니다. 이 그림에 저는 '해안 도시의 마스코트를 선발하는 시험'이라는 제목을 붙였습니다. 말 그대로 코끼리에서 원숭이까지 다양한 동물들이 해안 도시의 마스코트가 되기 위해 경쟁을 벌이고 있습니다. 이 경우에 어떤 경쟁 방식을 운영해야 타당하며 공정한 선발이 이루어질까요?

그림 속 동물들은 각자 다른 신체 조건과 경험을 지닌 채 경쟁에 참여했습니다. 이때 사용하는 선발 도구가 바로 입시의 '전형 요소'입니다.

그렇다면 심사위원은 어떤 기준에 근거해서 마스코트를 선발해야 옳을까요? 그림 속 심사위원은 이렇게 말합니다. "공정한 선발이 되도록 누구나 같은 시험을 보겠습니다. 자, 모두 저 나무 위로 오르세요!" 여기서는 '나무 위에 오르는 것'이 바로 전형 요소인 셈입니다. 그리고 나무에 오른 순서와 속도, 나무에 오른 높이와 기술의 난이도 등이 심사자가 설정한 '평가 항목'(혹은 '평가 요소')이 됩니다.

여러분이 보기에 여기서 마스코트를 선발하기 위해 사용한 전형 요소와 평가 항목이 얼마나 타당해 보이나요? 그림처럼 모두가 같은 목표를 향해 달리는 방식을 사용하면 결과가 명확하므로 선발 과정이 상당히 효과적으로 진행됩니다. 이런 방식을 일반적으로 '능력주의'라 합니다. 그러나 해안 도시의 마스코트 선발이라는 '목적'과 나무 위에 오르는 '전형 요소' 사이에 과연 상관성이 있는지 문제를 제기할 수 있습니다. 입시 설계의 핵심은 바로 이 상관성을 만드는 일입니다.

사실 나무 위에 오르는 것이 해안 도시의 마스코트와 무슨 관련이 있을까요? 해안 도시가 빠른 성장을 추구하기에 나무에 빨리 오르는 역동성과 관련이 있다고 해석할 수도 있지만 논리가 빈약해 보입니다. 따라서 마스코트 선정이라는 목표에 더욱 부합하는 '전형 요소'는 없는지 계속해서 고민해볼 필요가 있습니다.

그뿐만이 아닙니다. 나무 위에 빨리 오르는 능력주의 선발 방법을 사용하면 선두를 차지하는 동물은 원숭이나 새일 가능성이 높습니다. 반면 어항 속 물고기는 나무에 오를 가능성이 거의 없습니다. 이러한 유불리는 어찌할 수 없다 하더라도 목적을 중심으로 '전형 요소'를 새롭게 설계하면 더욱 취지에 맞는 다양한 선발 결과에 이를 수 있습니다. 이를 대입에서는 '기회의 다양성'이라 합니다.

세 가지 유형으로 대입의 다양한 기회를 만들다

현재 우리나라 대입전형은 이런 '기회의 다양성'에 중점을 두고 설계되었습니다. 아래 표를 보면 수시모집과 정시모집이 각기 어떤 취지를 지니며, 왜 학종과 수능이 별도로 존재하는지 알 수 있습니다. 전세계에서 병목현상이 특히 심한 우리나라의 경우 입시제도는 다양한 기회를 제공하는 것을 가장 중대한 원칙으로 삼을 수밖에 없습니다.

한국의 대학입시 설계(세 가지 기본 유형) : 기회의 다양화			
전형 취지	능력주의 ➡	연계주의	균형주의
중심 가치	• 전국 단위 경쟁 • 성적 순위 중심	• 학교·대학의 연계 • 학업 의미 중심	• 사회적 배려 • 지역균형발전
선별 준거	• 보편적 학업 성취도(점수)	• 학업적합도 기준 (전공적합성)	• 지원자 특성 (지역, 환경 등)
공정성	• 절차적 공정	• 목적론적 공정	• 공동체적 공정
주요 전형 (전형 유형)	• 정시 일반 (수능 위주) 가 ➡ ⬅ 나	• 수시 일반 (학생부종합, 교과)	• 지역균형전형 • 지역인재전형 • 사회배려자전형 (학생부종합, 교과)
핵심 논점	• 전국적 서열화 • 지역/학교 편중 • N수생 급증	• 평가 신뢰도 문제 • 학교별 역량에 좌우	• 역차별 가능성 • 학업 역량의 차이

대입이 기회의 다양성을 보장하려 한다면 한 가지 전형 요소로 학생을 선발해서는 안 됩니다. 그래서 현재 대학들은 세 가지 큰 방향에서 대입전형을 설계해 운영하고 있습니다. 저는 이 세 방향을 각각 능

력주의, 연계주의, 균형주의로 이름을 붙여 사용합니다.

성적 순위 중심의 '능력주의'

'능력주의'는 각 동물이 지닌 특성과 조건을 무시한 채 모두 나무 위에 오르게 하는 방식과도 같습니다. 전국 단위로 동일한 경쟁을 시켜서 조금이라도 좋은 성적을 거둔 지원자에게 기회를 주자는 취지입니다. 이런 성적 순위 중심의 전형 방식은 '절차적 공정성'이 뛰어나며 선발 결과가 대단히 투명합니다. 지금의 수능이 바로 '능력주의'에 기반을 둔 대표적 전형입니다. 그러나 수능은 객관식 평가와 대학 교육의 목적 사이 괴리, 전국적 한 줄 세우기, 특정 지역 및 학교에 편중된 합격생 비율, N수생의 증가 등의 문제점을 드러내고 있습니다.

선발 목적과의 부합성을 중시하는 '연계주의'

연계주의는 능력주의와 상반되는 유형입니다. 마스코트 선발의 예로 자세히 살펴보죠. 나무 위에 빨리 오르는 것을 기준으로 하는 건 능력주의입니다. 이와 달리 연계주의는 각 동물의 특성과 지금까지의 경험들이 향후 해안 도시 마스코트로서의 활동과 어떻게 연결되는지를 개별적으로 확인해서 가장 적합한 동물을 찾는 방식이지요. 이러한 연계주의의 중심 가치는 절차의 투명성보다는 선발 목적과의 부합성에서 찾을 수 있습니다.

대입에서 연계주의는 학교 교육과 대학 학업 사이의 상관관계를 중요하게 생각합니다. 성적보다는 학업 과정의 의미를 더 비중 있게 평가한다는 뜻입니다. 즉 학업적합도를 핵심 기준으로 간주합니다.

쉬운 과목을 택해 높은 성적을 받은 학생을 선발하는 능력주의와는 달리, 연계주의는 내신성적이 다소 부족하더라도 전공 공부에 적합한 어려운 과목을 택해서 공부한 학생이면 더 좋게 평가할 수도 있습니다. 이러한 연계주의가 추구하는 공정성을 '목적론적 공정성'이라 부릅니다.

예를 들어봅시다. 약학대학에 지원하는 학생에게 가장 중요한 과학 과목은 단연 화학이겠죠. 그런데 화학을 택할 경우 성적이 좋게 나올 가능성이 낮다면, 능력주의를 따르는 수능에서는 화학 대신 상대적으로 내신등급을 받기 좋은 지구과학 등을 택해야 합니다. 능력주의에서는 좋은 점수가 절대적 기준이므로 대학의 학업과 관련성이 적더라도 성적을 잘 받을 수 있는 과목을 선택하는 것이죠.

반면 연계주의 관점에서는 내신성적이 1등급이 아니라 2등급이라 해도 화학II까지 공부한 학생을 약학대학에 더욱 적합한 인재라고 판단합니다. 그러면 내신성적 2등급도 합격할 수 있겠죠. 이런 점에서 정시의 수능전형은 능력주의를, 수시의 학종은 연계주의를 따르는 대표적 전형입니다.

지역균형발전과 사회적 배려를 앞세우는 '균형주의'

이 유형의 선별 기준은 지원자의 환경입니다. 즉 지원자 개인이 성장해온 가정, 학교, 지역 등의 환경을 대입에 반영해주기 위해 특별한 전형을 설계해 운영합니다. 이를 '맥락화 평가'라 부르기도 합니다. 해당 학생이 어떤 맥락 속에서 공부를 해왔는지 보면서 학업 환경이 좋아지면 더욱 높은 성과를 낼 수 있는 학생인지 아닌지를 판단하는 것입니다.

　이러한 배려를 해주는 균형주의는 '평등성equality'보다는 '형평성eq-uity'을 더욱 중요한 가치로 여깁니다. 형평성은 불리한 여건 속에서 일정한 성과를 낸 사람에게 혜택을 주는 것이 사회적으로 공정하다고 보는 입장이죠.

　우리나라는 이런 균형주의에 기반한 전형을 특히 많이 운영하는 나라입니다. 예를 들면, 장애인 등 대상자, 농어촌학생, 특성화고등학교 졸업자, 기초생활수급자, 한부모가족 지원 대상자, 국가보훈 대상자, 서해 5도 학생, 자립지원 대상자, 북한이탈주민 자녀, 만학도 등을 대상으로 한 기회균형특별전형이 있습니다. 그 외에도 지역균형전형, 지역인재전형 등을 두어 신입생을 선발합니다. 이들은 모두 특별전형으로서 지원 자격이 별도로 정해져 있으니 본인에게 해당하는 전형인지 확인해 적극적으로 활용하기 바랍니다.

서로 보완하며 다양해지는 선발 유형

다음으로 주목해야 할 부분이 있습니다. 최근 능력주의와 연계주의가 서로를 보완해주는 방식으로 변화하고 있다는 점입니다. 앞의 표를 보면 능력주의와 연계주의 사이에 화살표 두 개가 있는데, 이는 두 가지 유형의 전형이 서로 균형을 잡아준다는 의미입니다. 모든 대학은 대입전형을 통해 대학에 가장 적합하며 우수한 인재를 뽑으려 하겠죠. 그런데 하나의 전형 자료만으로 적합성과 우수성을 판단하는 데는 한계가 있습니다. 그 때문에 다른 전형 자료를 보조적으로 활용하는 방식으로 전형을 설계합니다. 화살표 (가)는 연계주의 선발 방식에 능력주의 요소를 활용해 균형을 잡아주는 것으로서 수시 학생부 위주 전형에 수능 최저등급을 적용하는 형태가 여기에 해당합니다. 이 화살표는 이전부터 존재해왔습니다.

그런데 최근에는 화살표 (나)가 만들어지고 있습니다. 이 화살표는 정시의 능력주의를 수시의 연계주의를 통해 균형을 잡아주는 제도입니다. 지금까지 정시는 수능만을 100퍼센트 반영해 선발했는데, 정시에도 연계주의 방향의 학생부를 전형 요소로 추가한다는 의미죠.

서울대는 이미 2023학년도부터 정시의 모든 전형에 수능 점수와 함께 학생부교과평가를 반영하기 시작했습니다. 이러한 현상은 수능의 변별력이 약해지는 2028학년도에 이르면 많은 대학으로 확산될 것으로 예상됩니다. 그러니 정시의 능력주의를 겨냥해 대입을 준비하더라도 절대 학교 교육을 소홀히 하지 말고 최대한 내신성적을 관리하기 바랍니다.

"대입은 속도전이다"
입학 전형 사전 예고제 활용법

'대학 입학전형 사전 예고제'는 우리나라 입시제도의 가장 큰 자랑거리라고 생각합니다. 이런 예고제를 잘 활용하면 자신이 응시할 대입 전형의 주요 내용을 미리 이해하고 준비하는 데 큰 도움이 됩니다.

'대학 입학전형 사전 예고제'란 무엇인가

대입은 전형 관련 정보를 얼마나 빨리 입수해 준비하느냐에 따라 결과가 달라질 수 있습니다. 그리고 대입제도가 갑자기 바뀌어 새로운 입시제도에 적응하기 힘들어하는 사례도 많습니다. 이런 어려움에서 조금이라도 벗어나도록 하기 위해 자신에게 해당하는 대입제도에 대한 정보를 특정한 시점을 정해 미리 알려주는 제도가 '입학전형 사전 예고제'입니다.

사전 예고제를 운영하는 체계를 정리하면 다음과 같습니다.

예고제	발표	형태	내용
한국의 대학 입학전형 사전 예고제			
4년 예고제 (중3/2월 말)	교육부	주요 대입정책 (변경 사항)	• 수능시험의 기본 방향 및 과목, 평가 방법, 출제 형식 등 • 해당 입학 연도에 대학 지원 총 횟수 • 기타 대학입학 관련 주요 변경 사항
3년 예고제 (고1/8월 말)	한국대학 교육협의회 (대교협)	대학입학전형 기본 사항	• 전형별(일반전형, 특별전형) 기본 사항 • 전형 요소(학생부, 수능, 대학별고사) 설명 • 주요 전형 일정(수시, 정시, 추가)
2년 예고제 (고2/4월 말)	대학 입학처, 대교협	대학입학전형 시행 계획	• 대학의 모집단위와 전형별 모집 인원 • 대학의 전형별 주요 사항 안내(지원 자격, 전형 방법, 면접 등)
1년 예고제 (고3/5월 말)	대학 입학처	대학입시요강 (수시, 정시 모집 안내)	• 모집단위와 세부 모집 인원 • 전형별 일정표 • 입학지원서 접수 절차와 전형료 • 전형별 제출 서류 • 지원자 필독 사항 등

※ 이 표는 고등교육법 제34조의 5와 대교협 및 개별 대학의 실제 발표물 내용을 종합해 작성하였음.

예전에는 3년 예고제였는데 지금은 4년 예고제를 시행하고 있습니다. 아마 세계적으로 이렇게 하는 나라는 거의 없을 것입니다. '4년 예고제'는 중학교 3학년에 올라가는 학생들이 그해 2월 말까지 대입의 큰 변동 상황을 알 수 있도록 주요 사항을 발표하는 제도입니다. 특히 수능시험의 방향과 주요 과목 및 평가 방법에 변화가 있으면

4년 전에 발표합니다. 2024년 초에 교육부가 공지한 '2028학년도 대입전형'이 바로 4년 예고제에 따른 발표입니다. 이때 공지한 내용을 보면 당시 중3 학생부터 적용받는 새로운 대입제도, 특히 수능 과목의 변경 사항을 중점적으로 다루고 있습니다.

'3년 예고제'는 고등학교 1학년 재학 중 8월 말까지 한국대학교육협의회(이하 '대교협')가 '대학 입학전형 기본 사항' 형태로 발표합니다. 이 속에는 전형별 그리고 전형 요소별 핵심 사항들과 주요 일정들이 들어 있으니 꼭 확인해봐야 합니다. 그리고 '2년 예고제'는 고등학교 2학년의 4월 말에 각 대학들이 모집단위별 선발인원과 전형별 주요 사항을 공지하는 제도입니다. 자신이 지원할 대학들을 5~6개 선정한 후 대학별 세부 사항을 확인하고 그에 맞게 준비를 하면 됩니다.

'1년 예고제'는 각 대학이 발표하는 입시요강을 말합니다. 고등학교 3학년 5월 말에 최종 내용을 담은 입시요강이 나오니 이를 참고해 대학별로 세심한 부분까지 준비해서 지원하기 바랍니다. 그리고 알고 있는 내용이 그 사이 변경되지는 않았는지 1년 예고제를 통해 확인해야 합니다. 2024년에 큰 이슈가 되었던 의대 정원 확대와 무전공 선발제 도입은 1년 예고제를 따랐습니다. 그래서 각 대학이 2024년 5월 말까지 일정에 맞춰 발표하느라 서두를 수밖에 없었던 것이죠.

대학 입학전형의 사전 예고제는 지원자를 위한 일종의 정보 서비스입니다. 그러니 4년 예고제 일정에 따라 정보를 빠르게 입수하고 학년별로 정보에 맞게 대입 준비를 미리미리 해두도록 하세요. 학부모님도 '대학 입학전형 사전 예고제'의 내용을 숙지해두시면 큰 도움이 됩니다. 입학전형 사전 예고제 흐름만 알고 있어도 우리나라 입시를 이해하는 데 아주 유익하며, 자녀에게 일정에 맞춰 대단히 알찬 조언을 해주실 수 있을 겁니다.

학년별 맞춤 대입 준비 필승 공식

입학전형 사전 예고제에 대해 이해하셨다면, 이제는 학업과 대입 준비를 위한 핵심 내용을 학년별로 알아볼 차례입니다.

다자녀를 둔 학부모라면 아이들의 학년이 초등, 중등, 고등까지 다양하겠죠. 이런 경우 학교와 학년별로 어디에 주안점을 두고 진로와 학업 계획을 짜야 할지 고민이 깊으실 겁니다. 이런 고민을 해결하는 데 도움이 되도록 주요 사항을 중심으로 설명하도록 하겠습니다.

중학생들은 아직 시간 여유가 있습니다. 그럼에도 교육과 입시의 주요 변화 사항을 미리 차분히 살펴보면 좋겠습니다. 고교학점제의 핵심적인 특징이 무엇인지, 2028학년도 대입부터는 구체적으로 무엇이 달라지는지 등에 대해 기본적인 내용을 알아두면 고등학교 학업에 대한 마음의 부담이 조금은 줄어들 것입니다.

이에 더해 중학교 시절에 자유학기제와 진로연계교육을 활용하며 장기적으로 진로와 학업의 큰 방향을 찾아보기 바랍니다. 나아가 중학생이 되면 차츰 깊이 있게 사고하는 연습을 해야 합니다. 교과 수업에서 배운 내용에 자기 생각을 추가해보거나, 실생활의 다양한 현상

학년별 학업 및 대입 준비 중점 사항(2025년 기준)		
학교/학년 (2025년)	교육과정	중점 사항
고3	2015 개정 교육과정	• 지원할 대학과 학과 탐색 및 결정 • 지원 대학의 수시·정시모집요강 숙독 • 최종 내신 및 세부능력 및 특기사항 관리 • 수능 시험 준비 및 점검
고2	2015 개정 교육과정	• 진로 맞춤형 선택과목 이수 • 지원 희망 대학 및 전공 선정(5~8개) • 지원 대학의 2년 예고제 정보 정리(4월 말) • 자기주도적 탐구 학업, 학업태도 계발 • 주요 과목의 내신 및 세부능력 및 특기사항 관리
고1	2022 개정 교육과정 (고교학점제)	• 맞춤형 진로 및 삶의 방향 설계 • 공통과목 이수 및 사회·과학 수능 준비 • 대교협의 대학 입학전형 기본 사항 숙독 • 자기주도적 탐구 학업, 학업태도 계발 • 주요 과목의 내신 및 세부능력 및 특기사항 관리
중학생 이하	2022 개정 교육과정 (고교학점제)	• 새 교육과정의 특성 파악 • 2028 대입제도 변화 이해 • 장기적 진로·학업 디자인 • 깊이 사고하는 힘과 태도 기르기

들에 적용해보는 것이죠. 혹은 교과 내 혹은 교과 사이의 관련 내용들을 연결해보면서 배운 지식을 자신의 지식으로 만드는 습관을 키워가기 바랍니다.

고등학교 1학년은 대입 준비에서 가장 중요한 시기입니다. 먼저 중학교 때부터 해온 자기 맞춤형 진로진학 설계를 일차적으로 완성하고 여기에 따른 과목 이수를 준비해야 합니다. 그리고 1학년 때 배우는 통합사회와 통합과학이 이제 사회와 과학의 수능 과목이 되었으므로, 두 과목과 한국사를 학습하는 동시에 수능 대비도 해야 합니다. 8월 말이 되면 대교협에서 나에게 해당하는 '대학 입학전형 기본 사항'을 발표하니 이 내용도 유념해서 확인하기 바랍니다.

고등학교 2학년이 되면 1학년 때 학업의 리듬을 유지하며 손실 없이 계속 이어간다고 생각해야 합니다. 무엇보다 진로진학 분야에 맞게 선택과목을 이수하는 데 중점을 두어야겠죠. 선택과목은 우선 교과의 각 분야를 나타내는 일반선택과목부터 충실하게 이수하는 것이 중요합니다.

대학도 대개 공통과목과 일반선택과목을 중심으로 지원자의 교과별 기본 학력을 먼저 판단합니다. 그리고 주요 교과의 진로선택과 융합선택은 자신의 진로희망에 맞는 과목을 선택해 학습하는 것이 좋습니다. 그 외 교양과목, 예·체능, 제2외국어 등도 개인적 관심이나 진로 연관성이 있는 경우 적극적으로 이수하도록 하세요.

그리고 고등학교 2학년이 되면 지원 희망 대학과 전공을 여덟 개 정도 예비적으로 선정해 해당 대학이 4월 말에 2년 예고제로 발표하는 정보들을 비교 검토하며 준비 방향을 설정하기 바랍니다. 예를 들어 지원하는 대학의 모집단위가 고등학교 재학 중 특정 핵심 권장과목 이수를 요구하는지 미리 확인해둘 필요가 있습니다.

고등학교 3학년은 지원 대학의 요강을 숙독하고 여기에 맞게 수시 혹은 정시의 절차를 진행하는 시기이기에 따로 언급하지 않겠습니다. 특히 상위권 대학의 수시를 노린다면 1학년부터 3학년까지 자기주도적 탐구학습태도를 기르고 경험을 쌓아가는 것이 관건입니다. 이런 태도와 경험들은 세특에 기재되어 대학에 전달됩니다. 추천서와 자소서가 폐지되고 수상 실적, 독서 활동 등 교과 외 활동들을 대입에 반영하지 못하면서 세특의 중요도와 실제 영향력이 아주 커지고 있으니, 이 점을 꼭 유념하기 바랍니다.

수시＝학생부? 이제 정시도 학생부가 중요해진다

현재 모든 수험생은 수시에 여섯 곳, 정시에 세 곳을 지원할 수 있습니다. 지원하는 대학의 조합을 잘 구성하면 대입에 성공할 가능성이 아주 높아지죠. 이처럼 수시모집과 정시모집의 구분이 학생들에게 더없이 좋은 기회인데, 막상 고등학생이 되면 수시에 집중할지 정시 위주로 준비할지, 오히려 심적 부담을 더욱 크게 느끼는 것 같습니다.

점점 확대되는 수시모집

현재 대입제도 논의에서 주요 이슈 중 하나는 수시모집과 정시모집의 인원 비율을 적절하게 설정하는 문제입니다. 수시모집 제도가 도입된 초기에는 당연히 정시모집이 훨씬 높은 비율을 차지하고 수시모집은 보조적 역할만을 수행했습니다. 그런데 세월이 지나면서 수시모집 비율이 꾸준히 늘어나 현재는 전국의 대부분 대학에서 수시와 정시선발 비중이 역전되어 있습니다.

아래 그래프는 25년간 '수시·정시모집 인원 변화 추이'를 보여주는 자료입니다. 오늘날의 수시·정시 체제가 처음 도입된 2002학년도 입시에는 정시(71.2퍼센트) 비중이 수시(28.8퍼센트)에 비해 압도적으로 높습니다. 그런데 이후 5년도 안 되어 데드크로스가 발생하더니 수시 비중이 지속적으로 상승함을 알 수 있습니다. 특히 수시모집에 대한 선호는 소재지나 공·사립 구분, 특성이나 성격을 불문하고 거의 모든 대학에서 공통적으로 나타나 눈길을 끕니다. 그러다 보니 2026학년도에는 수시모집 비중이 전국적으로 무려 80퍼센트에 육박합니다.

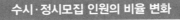

수시·정시모집 인원의 비율 변화

◆ 전국수시모집   ◆ 전국정시모집

연도	수시	정시
2002	28.8	71.2
2006	48.3	51.7
2007	48.5	51.5
2010	41.2	57.9
2014	33.8	66.2
2018	26.3	73.7
2022	24.3	75.7
2023	22	78
2025	20.4	79.6
2026	20.1	79.9

이러한 수시모집 선발의 증가 현상은 입시제도의 큰 물줄기가 바뀌고 있음을 의미합니다. 이제 대학들은 1년에 한 번 보는 수능시험의 결과보다는 지원 학생이 3년 동안 학교생활을 어떻게 해왔는지를 더 자세히 들여다보고 싶어 합니다. 대학에 들어와서 성공적으로 학업을 마치고 사회 발전에 이바지할 수 있는 인재인지 아닌지를 학교생활의 모습을 통해 판단하겠다는 뜻이죠. 고등학교 때 어떤 과목을 공부했으며, 얼마나 최선을 다해 노력했는지가 더 중요한 판단의 요소가 된 것입니다.

요즘 대학의 고민 중 하나는 1년도 채 안 돼서 학교를 그만두는 학생의 비율이 차츰 높아지고 있다는 점입니다. 그러니 가급적 해당 전공에 관심과 진정성을 가진 학생을 뽑기 위해 수시모집을 선호할 수밖에 없습니다. 많은 대학이 수시모집으로 입학하는 학생들이 더 낫다고 생각하는 한, 앞으로도 수시모집 비중은 계속 늘어날 것으로 예상됩니다.

정시 모집이 늘어나는 것은 정말 기회일까?

그런데 지난 문재인 정부는 서울 소재 16개 대학에 정시모집 비중을 40퍼센트 이상으로 늘려달라고 요구했습니다. 당시 사회적으로 이슈가 된 부모의 대입 영향력 논란에 대한 해결책으로 이런 결정을 내린 듯합니다. 사실 학부모 입장에서 정시 확대는 일종의 기대감을 키워주는 요인이 됩니다. 서울 소재 16개 상위권 대학에서 정시모집 선발 비중이 늘어나면, 아이가 학교 다닐 때 성적이 좋지 않아도 재수를 통해 만회할 기회를 얻을 수 있으리라 생각하기 때문이죠. 그런데 이게 그리 간단치가 않습니다.

앞에서 나온 그래프 '수시·정시모집 인원의 비율 변화'를 보면 매우 이상한 점이 발견됩니다. 2023학년도에 상위 16개 대학이 정시모집 인원을 40퍼센트 수준으로 늘렸으니 전국적으로도 정시선발 비율이 증가해야 합니다. 그런데 그해가 정시 비중이 가장 적은 해가 되어버립니다. 왜 그랬을까요? 16개 대학에 포함되지 않은 수도권 대학과 지방 소재 대학이 오히려 수시선발 인원을 대폭 늘렸기 때문이죠.

저는 정부가 특정 대학만 콕 집어 정시선발 40퍼센트 비중을 강요하는 정책은 정말 잘못되었다고 생각합니다. 16개 상위권 대학에만 이 조항을 적용하다 보니, 정부가 나서 대학 서열화를 고착시킨 모양새가 되었습니다. 학교 교육을 포기하고 수능에만 올인하는 소위 '정시 파이터'들은 16개 대학만 염두에 두며, 수도권의 다른 대학이나 지방 소재 대학에는 아예 관심을 두지 않으려 합니다.

그리고 N수생을 양산하는 것도 큰 문제입니다. 그동안 역대 정부들이 보수, 진보를 떠나 재수생 억제 정책을 일관되게 추진함으로써 정시모집에도 재학생이 더 많이 입학하는 기적이 일어났습니다. 서울대 정시선발에도 2017학년도까지는 재학생 비율이 60퍼센트대를 유지하며 N수생보다 많은 인원이 합격했습니다. 그런데 이 모든 것이 2018학년도부터는 다시 역전되어 옛날로 돌아가 버립니다. N수생이 과반수를 넘는 역주행 현상이 다시 나타난 것이죠.

물론 학업에 더욱 정진해 대입에 새롭게 도전하는 모습은 칭찬을 받아 마땅합니다. 그러나 이러한 재도전은 개인의 의지와 판단에 따라 이루어져야지 정부가 정책을 통해 N수를 부추기는 것은 정말 바람직하지 않습니다. 정부의 정책이 지방 소재 대학의 학생 이탈을 조장하고 사교육 의존도를 높인다면 이는 반드시 재고해야 합니다. 이제 수시·정시모집 비율과 같은 디테일한 부분들은 정부가 결정할 것이 아니라 대학의 자율에 맡겨야 한다고 봅니다.

계속 이대로 가다가는 정말 학교 교육에 큰 위기가 올지도 모르겠습니다. 얼마 전에 한 학부모가 이런 이야기를 전해줬습니다. 아이가 학교에서 돌아와 손을 잡고 울면서 말하더랍니다. 자기는 학교에서 열심히 공부하면 된다고 해서 그 말을 따랐는데, 정작 자기는 입시에 실패하고 학교 공부를 포기하고 밖으로만 돈 친구는 좋은 대학에 간 게 너무 허탈하다고요.

그러면서 그 부모님은 "교수님, 저희 아이는 정말 열심히 공부했는데, 공부를 하면 할수록 손해를 보게 되는 게 말이 되나요? 뭔가 잘못된 것 같아요."라며 하소연을 하셨습니다. 몇 년 전에 버스 안에서 본 광고가 생각나서 참 마음이 아팠습니다. "학교에 남아 KTX 탈래, 그만두고 2호선 탈래?"

성실한 학교생활이 보답받을 수 있도록

상위권 16개 대학에 정시선발 40퍼센트를 강요하는 정책으로 인해 학교 교육은 실상 많은 부분이 꼬여버렸습니다. 이 때문에 학교 현장도 정말 고민이 많은 것 같습니다. 학교 교육을 포기한 학생들이 더 좋은 결과를 얻는 이상한 현상이 나타나게 된 것이죠. 이렇게 되면 학생들은 상대적 박탈감을 갖게 되고, 교사들 역시 허무함을 느끼게 됩니다.

이제 어떻게 해야 할까요? 서울대가 선택한 길도 좋은 대안 중의 하나라고 생각합니다. 서울대는 정시 비중을 억지로 늘려야 한다면, 정시도 수능 점수로만 줄을 세워 합·불을 결정할 것이 아니라 학생부를 함께 반영하기로 했습니다. 그동안 서울대는 입학생의 학업 적응도나 한국 교육의 미래 발전을 염두에 두고 판단할 때 내부적으로 수시 80퍼센트, 정시 20퍼센트 정도의 비중이 가장 적절하다고 여겨 왔습니다. 그런데 외부의 영향으로 정시선발 비율을 두 배가량 늘려야 한다면, 수시의 전형 요소를 정시에도 도입해 학교 교육의 파행적 운영을 최대한 막아야 한다고 생각한 것 같습니다.

서울대가 정시에 새로 도입한 '학생부교과평가'는 이렇습니다. 선발은 단계별로 이루어집니다. 1단계에서 수능 점수로 2배수를 뽑고, 2단계에서 일반전형은 '수능 80점 + 학생부교과평가 20점'을, 지역균형전형은 '수능 60점 + 학생부교과평가 40점'을 적용해서 최종적으로 합격생을 선정합니다. 교과와 교과 외 활동을 모두 평가하는 수시의 학종과는 달리 정시의 학생부평가는 교과 부분만 반영하는 특징을 지닙니다.

학생부교과평가는 3년간 어떤 과목을 이수했으며(과목 조합), 그 과목의 성적은 어떤지(내신등급), 그리고 세특의 내용은 얼마나 경쟁력이 있는지(학업태도) 이 세 가지만 반영하는 평가를 말합니다. 그리고 평가 방식은 입학사정관이 정시 지원자의 학생부교과 부분을 근거로 ABC, 3단계로 점수를 산정합니다.

서울대가 정시에서 학생부를 반영하더라도 수능 점수를 무력화시킬 의도는 아닌 것 같습니다. 학생부교과평가를 하는 방식을 보면 촘촘하게 줄을 세우기보다는 넓은 범위로 분류(ABC)하는 체제임을 알 수 있습니다. 수능 위주 전형이기에 그 취지를 살려 수능 점수를 중심에 두되 학교 교육을 포기한 것처럼 내신 성적에 문제가 있는 학생은 안 뽑겠다는 의지의 표명으로 보입니다. 학원에서 재수, 삼수하며 수능만 전략적으로 공부하려 하지 말고 기본적인 학교 공부를 충실히 해두라는 메시지를 던지는 것이죠.

실제로 서울대의 이런 결정은 아직 미약하기는 하지만 효과를 보고 있습니다. 최근 서울대 정시에서 일반고 합격자 비율이 증가하는 현상도 학생부를 함께 반영한 결과라 하겠습니다. 이러한 추세가 계속 긍정적 효과를 보이면, 아마 서울대가 변화를 꾀할지도 모릅니다.

정시에 학생부 반영 비중을 강화하는 흐름은 이미 모습을 드러내고 있습니다. 2025년 1월에 열린 대입정책포럼에서 서울대는 2028학년도 대입의 정시부터 학생부 서류평가 부분을 '교과역량평가'로 부르며, 평가 항목도 기존의 '과목 이수 충실도', '학업 성취도', '학업 수행 내용(세특)'의 세 가지에 '공동체 역량'을 추가하여 네 항목으로 운영할 계획임을 밝히기도 했습니다. 그러면 정시가 학생부종합전형과 상당히 유사해지겠군요. 더불어 평가 등급도 6단계(A+, A, B+, B,

C+, C)로 더욱 세분화하고 정시 일반전형의 학생부 반영 비중도 20%에서 40%로 확대할 가능성이 크기 때문에 대입전형 사전 예고제에 따른 서울대의 입학전형 시행계획 발표나 입시요강을 유심히 살펴보시기 바랍니다.

한편 서울대 정시의 교과평가 방식은 다른 대학들로 확대될 가능성이 큽니다. 특히 2028학년도 대입전형부터는 더 많은 대학이 정시에서 학생부를 반영하는 투트랙 체제를 받아들일 전망입니다. 따라서 자녀의 진학을 설계할 때 이런 입시의 큰 흐름을 숙지하고 있어야 합니다. 어떤 입시든 학교 교육은 가장 기초적인 안전장치입니다. 향후 자녀가 수시에 지원하든 정시를 준비하든 학교 교육에 최선을 다하는 마음가짐을 늘 유지하라고 조언해주시기 바랍니다.

합격의 또 다른 기회,
면접을 공략하라

대입에는 다양한 전형 요소가 활용됩니다. 여기서는 중요한 전형 자료 중 하나인 대학별고사를 중심으로 전형 요소들의 종류와 특성들을 설명하고자 합니다. 그리고 대학별고사에서 가장 중요한 전형 요소인 인성 면접과 의학계열의 MMI 면접에 대해 상세히 알아보겠습니다.

대학이 주체가 되어 평가하는 '대학별고사'

대학별고사는 학생 선발을 위해 개별 대학이 출제 혹은 평가를 주도하는 전형 요소를 가리킵니다. 대학의 평가권 행사가 강했던 1980년 무렵까지 대학별고사는 합격과 불합격을 결정하는 본고사로 인식되었죠. 본고사는 국어, 수학, 영어 등 교과 단위로 지식을 평가하는 지필고사를 의미합니다. 그런데 1999년에 정부가 대학 입시정책의 기조로 본고사, 고교등급제, 기여입학제를 금지하는 '3불 정책'을 도입한 이후 지금까지 본고사는 실시되지 않고 있습니다.

대학의 자율성을 보장해야 한다는 측면에서 보면, 대학이 직접 설계한 평가도구를 통해 자기 학교에 입학할 학생을 선발하는 건 지극히 당연해 보입니다. 그러나 대입이 대학만의 문제는 아니기에 이런 방식에는 한계가 있는 것도 사실입니다. 대입이 사회구성원 전체의 이익과 밀접하게 관련된다는 점을 고려하면 평가의 권한을 오롯이 대학에만 맡기긴 어려운 것이죠. 그래서 지금은 대학에 전권을 주기보다는 국가(수능)나 학교(학생부)를 통해 서로 평가권의 균형을 맞추는 데 중점을 둡니다.

고등교육법 시행령 제35조에 따르면, 대학별고사는 총 다섯 가지 종류가 있습니다. 논술 등의 필답고사, 면접·구술고사, 신체검사, 실

대학별 고사의 분류	
시험형	(1) 논술고사 (2) 구술고사 (3) 본고사와 적성고사
면접형	(1) 인성 면접과 서류 확인 면접 (2) 교직 적성·인성 면접 (3) 의학계열 MMI 면접

기·실험고사, 교직 적성·인성 면접입니다. 실기·실험고사와 신체검사 등 특수한 영역을 제외하고, 실제로 입시 현장에서 시행했거나 시행 중인 대학별고사의 종류를 정리하면 앞의 표와 같습니다.

오늘날 대학별고사는 시험형과 면접형으로 구분됩니다. 논술고사 혹은 구술고사와 같은 시험형 대학별고사는 다른 전형 요소인 학생부나 수능에 맞먹을 만큼 큰 영향력을 행사합니다. 예를 들어 서울대 수시 일반전형의 '면접 및 구술고사'는 학생부와 반영 비중이 동일하기에 최종 선발에 결정적인 역할을 하게 되죠.

반면에 면접형 대학별고사는 주로 수능이나 학생부에 대한 보완적 역할을 수행합니다. 서울대 사례를 보면, 실제 전형에서 면접형 대학별고사는 일반 '면접'이나 특정 모집단위의 '적성·인성 면접'이 대부분입니다. 그리고 수시와 정시에서 대학별고사의 활용도가 매우 다릅니다. 학생부가 핵심 전형 요소인 수시에는 모든 모집단위가 일반 '면접'이나 '면접 및 구술고사'를 활용하는 반면, 수능을 위주로 하는 정시에는 의학계열이나 사범대를 제외한 대부분의 전공이 면접을 따로 전형 요소로 두지 않습니다. 정시는 입시 간소화 취지에 따라 전형 요소를 최소화하여 운영하기 때문입니다.

서울대 사례에서 살펴봤듯이 대학별고사는 학생부와 수능에 비해 영향력이 적습니다. 지역균형전형의 경우, 면접의 비중이 30퍼센트 정도이며, 사범대학의 '교직 적성·인성 면접'도 핵심 전형 요소를 보완해주는 성격이 강합니다. 그래도 반영 비중이 30퍼센트 정도라면 작다고 할 수는 없으니 평소에 신경을 쓰고 준비해야 합니다.

대학이 면접에서 중요하게 여기는 것들

오늘날 수시모집에서 '면접'이라 하면, 대개 인성 면접과 서류확인 면접을 모두 포함해 말합니다. 학생부평가 외에 일정한 면접 시간을 할애해 지원자의 됨됨이도 평가하고 제출 서류의 진정성도 확인한다는 의미입니다.

서류확인 면접부터 살펴보죠. 수시는 학교 교육 중심으로 대입전형을 운영하기에 학생부에 기재된 내용의 사실 여부를 자세히 검토할 필요가 있습니다. 예를 들어, 학생부에 특정 도서를 읽고 해당 학과와 관련된 분야에 관심을 갖게 되었다는 언급이 있다고 해보죠. 그러면 면접관은 그 책의 어떤 부분이 가장 영향을 주었는지 질문할 수 있겠지요. 나아가 학생부에 기재된 다양한 활동의 실제 과정, 취지, 느낌, 교훈, 진로 연관성 등을 파악하고 그 진정성과 교육적 의미를 판단하는 것이 서류확인 면접입니다.

인성 면접은 일정 시간 동안 지원자의 말과 행동을 관찰해 그 이면에 있는 개인적 특성을 읽어내는 활동입니다. 지원자를 만나 직접 관찰하면서 그가 갖춘 인성, 능력, 태도 등을 종합적으로 확인하는 총체적 평가 방법이죠.

인성의 구성 요소는 공감 능력, 인간 존중, 공동체 의식, 소통 능력, 협동심, 포용심, 배려심, 봉사성, 사회적 기여, 리더십, 정의감, 친절함, 예절 의식, 도덕성, 긍정적 사고, 성실성, 신뢰감, 소명감, 열성, 책임감, 정확성, 자제력, 융통성, 인내심, 자신감, 솔선수범, 신중함, 솔직성, 공익 추구, 준법성, 추진력, 적극성 등 대단히 많습니다. 여기에는 수험생의 자기관리 역량뿐만 아니라 사회적 역량에 해당하는 부분도 두루 포함됩니다. 그래서 각 대학은 면접에서 중점을 두는 평가 항목을 대개 다섯 개 전후로 지정해두고 있습니다. 예를 들어 서울대는 책임감, 리더십, 공동체 의식, 사회적 기여 항목을 중요하게 여깁니다.

대학이 질문을 통해 확인하고 싶어 하는 인성의 주요 요소는 일반적으로 다음과 같습니다.

첫째, 바른 인성을 갖추려 노력했는가? 둘째, 공동체 의식을 보여주는 사례가 있는가? 셋째, 학교생활에서 겪은 어려움을 어떻게 극복했는가? 넷째, 학교생활을 통해 리더십을 발휘한 경험이 있는가? 다섯째, 사회적 약자를 배려하고 도움을 주려는 마음이 있는가? 따라서 면접을 보기 전에 이런 가상의 질문들을 던져보고 자신에게 맞는 답변을 미리 생각해두면 큰 도움이 될 것입니다.

그런데 학종의 경우 서류평가의 '인성' 항목과 면접에서의 평가 항목이 서로 겹치는 경우도 흔히 보입니다. 대학이 서류평가와 면접에서 어떤 인성 요소를 중점적으로 보는지는 개별 대학이 제공하는 「학생부종합전형 안내」 책자에서 확인할 수 있으니 입학처 게시판에서 이 자료를 다운받아 꼭 읽어보시기 바랍니다.

인성 면접은 무엇을 중점적으로 평가할까

인성을 측정하기 위해서는 수험생의 사고방식이나 활동 내용이 인성 요소에 부합하는 정도를 파악하는 평가 과정이 필요합니다. 사람의 됨됨이를 나타내는 인성은 성격, 인격, 마음, 본성, 기질 등에 넓게 걸쳐 있습니다. 그런데 이들은 말과 행동을 통해 드러난 수험생의 특성을 보고 평가자가 전문적으로 유추해야 하는 영역들입니다. 보이는 부분을 근거로 보이지 않는 부분까지도 판단해야 한다는 의미죠.

다시 말하면, 인성 면접은 '눈에 보이는 말과 행동, 즉 도리道의 질적 수준德을 보고 수험생의 내면세계性를 해석'하는 과정이라 할 수 있습니다. 이를 정리하면 다음과 같습니다.

- **도리＝도(道)** 입니다. 수험생이 외부로 드러내 보인 바람직한 행동과 태도(기준)
- **덕성＝덕(德)** 입니다. 드러난 행동과 태도가 사회 규범에 부합하는 정도와 진정성(수준)
- **인성＝성(性)** 입니다. 타인이 직접적으로 확인하기 어려운 수험생의 내면세계(됨됨이)

수험생의 내면적 인성과 특성을 파악하기 위해서는 정해진 면접 시간 동안 수험생이 드러내 보인 말과 행동 및 태도의 질적 수준을 효과적으로 관찰하는 바람직한 방식과 환경이 필요합니다. 일반적으로 인성을 평가하는 환경은 밀도 있는 대화가 가능한 개인 면접 형태가 적절합니다. 판단하는 방식은 자유 면접형과 주제 면접형으로 나누어 운영합니다.

자유 면접형은 특정 주제에 한정하지 않고 면접관이 자유롭게 대화를 이끌어가는 형태입니다. 주제 면접형은 서면이든 구술이든 특정 주제나 상황을 미리 정해주고 그 주제에 초점을 맞춰 대화를 진행하는 방식입니다. 주제 면접형은 대개 특정 내용에 관한 지문이 있는 면접 문항을 사전에 혹은 즉석에서 제공하고 면접을 진행합니다. 서울대의 경우 수시 지역균형전형의 면접은 자유 면접형이며, 교직 인성·적성 면접은 주제 면접형의 형태를 취합니다.

자유 면접형에서 질문하는 형식은 아주 다양한데, 주로 다음과 같은 방식을 사용하니 참고하시기 바랍니다.

첫째는 지원 동기, 자신의 장단점 등 신상에 관한 일반적 내용의 질문을 통해 인성 특성을 읽어내는 방식입니다. 둘째는 가장 기억에 남는 과거의 경험을 중심으로 묻고 답변 내용을 판단해 인성 특성과 연결하는 방식입니다. 봉사 활동이나 남에게 도움을 준 경험, 어려움을 극복한 사례 등이 자주 언급됩니다. 셋째는 현재나 미래의 가상적 상황을 설정하고 그 상황에서의 행동이나 문제해결 방안에 대해 질문하고 답변을 통해 됨됨이를 유추하는 방식입니다. 넷째는 우리 사회의 주요 이슈나 현안을 거론하며 학생의 의견과 입장을 듣는 방식입니다. 이 방식은 지원자의 인성뿐만 아니라 사안에 대한 관심과 이해 수준을 함께 파악하는 데 유용합니다.

자유 면접형에는 이런 다양한 질문 형식이 있으니, 사전에 모의 면접을 해볼 때 이 네 가지를 모두 연습해보면 도움이 됩니다.

의대 진학이 목표라면 'MMI'는 필수

일반적 인성 면접 외에 적성·인성 면접도 있습니다. 이는 교사, 의사 등의 직업군을 양성하는 단과대학에서 시행합니다. 사범대 지원자를 대상으로 하는 '교직 적성·인성 면접'은 대개 주제 면접형 방식을 따릅니다. 교육 분야 주제를 다룬 질문지를 수험생들에게 미리 배포하고 해당 주제에 대해 면접실에서 이야기를 나눕니다. 주로 교육의 본질, 교육 분야 이슈, 학교생활, 교사의 역할과 같은 교육 관련 주제나 소통, 공감 등 사회적 관계를 다루는 주제들이 자주 등장합니다.

아마 현재 면접의 최고봉은 의학계열에서 시행하는 '다중 미니 면접', 즉 MMImultiple mini interviews일 것입니다. MMI는 다양한 상황 속에서 인성 면접과 구술고사를 함께 진행하며 수험생의 능력, 적성, 소질, 태도 등을 종합적으로 확인하는 면접 형태입니다. 수험생은 하나의 면접실이 아니라 3~5개의 방을 순회하며 과학적 소양, 임상적 자질, 사회적 관계, 의사소통 능력, 윤리 의식 등을 순차적으로 평가받습니다. 대개 한 시간 정도 걸립니다. 한번에 진행하는 질의응답식 일반 면접과는 많이 다르죠.

MMI 면접은 치의과대, 수의과대 등에서도 하지만 의대가 가장 많이 도입하고 있습니다. 그래서 요즘은 주요 의대를 지원하려면, MMI를 준비하는 것이 필수가 되었습니다. MMI 면접은 학생부를 중심으로 질문을 하는 방도 있고, 다양한 제시문을 읽고 답변하는 방도 있습니다. 의사에게 요구하는 자질의 범위가 워낙 넓다 보니 제시문을 기반으로 하는 면접실은 생물학이나 화학 분야에 대한 이해뿐만 아니라 의학적 소양, 다른 사람과의 소통역량, 다양한 사회적 관계 등 다루는 주제가 아주 다양합니다.

그리고 학생부를 중심으로 질문하는 면접실은 학교생활과 관련된 내용뿐만 아니라 의사라는 직업에 대한 태도와 가치관, 장래 진로희망을 묻는 사례들도 많으니 참고하기 바랍니다. 예를 들어 학생부에 외과 의사를 장래 꿈으로 적었다면, 학생들 대부분이 기피하는 힘든 분야를 택한 이유를 물을 가능성이 있습니다. 이에 대해 '의사가 힘들수록 더 많은 환자가 생명을 구한다'라는 취지로 답변을 하면 좋을 듯합니다.

MMI 면접은 방이 여러 개다 보니 연속해서 읽어야 하는 제시문, 쉴 새 없이 쏟아지는 질문에 응답하느라 무척 힘들 것입니다. 질문도 질문이지만 지원자가 이러한 상황을 어떻게 이겨내는지를 보는 것도 MMI 면접의 목적 중 하나입니다. 그러니 특정 방에서 어려움을 겪었더라도 좌절하지 말고 다음 면접 방에서 새로운 마음으로 자신 있게 대응해야 합니다. 모든 방은 독립적으로 운영되니 각 방에 최대한 충실하게 임하도록 하세요.

MMI 면접에서 가장 중요한 것은 긴 시간 동안 답변의 페이스를 유지하는 집중력입니다. 집중력을 잃으면 제시문과 질문 속에 담긴 디테일한 부분을 놓치기 쉽습니다. 의사가 갖춰야 할 중요한 자질 중 하나는 디테일한 관찰력입니다. 따라서 MMI 면접은 지원자가 사소한 부분들도 알아차리면서 답변하는 집중력을 갖추었는지를 유심히 봅니다. 제시문을 대충 읽고 건성으로 답변하면 안 된다는 뜻이지요. 이런 우스갯소리가 있습니다. 사람에게 가장 해로운 곤충은 '대충'이다. MMI는 대충이 통하지 않는 면접이니 질문과 답변을 자신의 상황에 맞춰 꼼꼼하게 챙기기 바랍니다.

각각의 면접 방들이 하나의 분명한 정답을 기대한다고 생각할 필요는 없습니다. 제출 서류 중심이든 제시문 기반이든 수험생의 경험과 관점에 따라 상황에 대처하는 길이 다릅니다. 그러니 자신만의 대답을 찾아 논리적으로 설명하면 누구나 좋은 결과를 얻을 수 있습니다.

인성 면접은 정말 변별력이 있을까?

평가자 입장에서 보면, 일반 면접이든 MMI 면접이든 인성 면접은 대입에서 아주 매력적인 전형 요소입니다. 서로 마주한 자리에서 직접적으로 관찰하며 인성 요소들을 면밀히 평가할 수 있기 때문이죠. 그뿐만이 아니라 학생들의 평소 태도와 무의식적인 행동도 분석할 수 있습니다. 학생부만으로는 가치관, 흥미, 적성, 잠재적 능력, 성격 등을 제대로 파악하기 어렵기에 면접을 통한 보완이 필요합니다.

이렇게 인성 면접은 학생의 내면세계와 태도 등을 좀 더 심도 있게 알아본다는 점에서 효용성을 지니지만, 문제점도 많습니다. 문제점은 크게 다섯 가지로 정리해볼 수 있습니다.

첫째, 10분 내외의 짧은 시간 동안 관찰한 사실을 갖고 개인의 인성 특성을 정확히 읽어내는 것은 불가능하며 타당성이 약합니다. 둘째, 언어 표현력에 대한 자신감과 능숙도에 따라 전체 면접 결과가 달라질 수 있습니다. 그래서 인성 평가가 아니라 언어 평가라는 지적을 받기도 합니다. 셋째, 인성 특성별로 세부 채점 기준이 있긴 하지만 기본적으로 면접자의 판단에 따라 항목별로 점수나 등급을 부여하기에 평가의 객관성을 의심받을 수 있습니다. 넷째, 서류평가에서 인성 항목 평가와 면접에서의 인성평가 사이에 정확한 역할 분담이 이루어져 있지 않습니다. 다섯째, 학생들이 미리 예측해 준비한 범위 내에서 질문이 나오므로 충분한 변별력을 갖기 어렵습니다.

교육부는 최근 이런 문제들을 보완하고 면접의 투명성을 강화하는 방안을 다각도로 추진하고 있습니다. 이를 위해 몇몇 대학을 선정해 시범사업을 운영 중이기도 하지요. 대학별고사에 외부 공공사정관의 평가 참여, 평가 과정에 학외 인사의 참관, 평가 과정의 녹화·보존 의무화 등이 대표적 사례입니다. 이런 방안들이 평가의 투명성을 높여준다고 보고, 해당 대학에 관련 예산을 지원해주고 있습니다. 이를 통해 학종의 면접평가 과정에 대한 신뢰도를 강화하려는 것이 주된 목적입니다.

성공하는 면접을 만드는 필승 마음가짐

면접장에서는 시험을 치른다는 생각보다는 교수님들과 대화를 나눈다고 생각하는 것이 좋습니다. 대기실에서 나와 면접장에 들어가면 아마 지원자와 평가자가 상당히 가까운 거리에 앉아 있다는 느낌이 들 것입니다. 수험생의 답변을 듣고 교수님이 계속 꼬리에 꼬리를 잇는 질문을 하다 보면 어느덧 면접장이 서로 소통하는 장소로 변해 있습니다. 저는 개인적으로 수험생이 말을 시작하면 꼭 머리를 끄덕거립니다. 그러면 수험생들이 긴장감을 풀고 답변을 더욱 편하게 이어 가기 때문이지요.

면접을 볼 때는 자신감을 유지하는 것이 가장 중요합니다. 대개 면접에 대한 긴장과 불안 때문에 자신감을 잃게 되는데, 면접관들도 지원자들의 이런 심정을 잘 이해하고 있으니 너무 걱정하지 않아도 됩니다. 자신감을 잃으면 말투가 흐려지고 답변이 논리적이지 않아 준비한 내용을 제대로 전달하지 못하게 됩니다. 대부분 처음에는 잔뜩 긴장해서 조금 어색해하다가 질문과 답변을 계속하다 보면, 어느새 긴장이 풀려 스스로 평정심을 찾는 경우가 많습니다. 최대한 평정심을 유지하며 차근차근 할 말을 하세요.

질문에 대한 답변은 메모를 바탕으로 차분하게 설명하는 방식이 좋습니다. 적어 온 대로 줄줄 읽는 답변은 무성의한 느낌을 주며, 외운 대로 기계적으로 대답하면 분위기가 어색해집니다. 그렇게 되면 추가 질문에 제대로 반응을 못 하는 상황이 만들어지죠. 주의할 점이 또 있습니다. 지나친 미사여구로 장황하게 말하거나 멋진 내용을 말하려 하지 마세요. 평소 자신이 생각해온 부분들을 진심과 감정을 담아 솔직하게 표현하면 됩니다. 면접관은 이런 답변을 더욱 설득력 있다고 판단할 겁니다.

면접장에서는 지나치게 긴장한 나머지 난감한 상황에 처하는 경우도 더러 있습니다. 메모지를 떨어뜨리거나 물컵을 쏟는 사례도 있죠. 그럴 때 당황해서 얼굴이 사색이 되곤 하는데, 최대한 마음의 여유를 갖고 대처하세요. "죄송합니다! 저는 하나에 집중해 생각을 깊이 하면 간혹 이런 실수를 합니다. 다음에는 더욱 조심하겠습니다." 이런 정도로 말하면 면접관들도 "괜찮다."며 다독여주실 겁니다.

그리고 긴장하면 간혹 엉뚱한 답변을 하기도 합니다. 저도 그런 학생을 면접한 경험이 있지요. 독일이 극적으로 통일되던 시기에 대입 면접 중에 이렇게 물었습니다. "전문가도 예상치 못하게 베를린 장벽이 갑자기 무너졌는데 학생은 어떻게 생각하나요?" 그 학생은 제 질문에 긴장한 표정을 지으며 "장벽이 갑자기 무너졌으면 다시 세워야겠지요."라고 답변을 하더군요.

일순간 어처구니가 없는 느낌이었지만 꼬리 질문을 계속하다 보니 학생도 이내 자기 실수를 알게 되었습니다. 이후 통일문제를 계속 풀어가며 대화를 나누었는데 꽤 논리적인 답변을 했습니다. 나중에 확인하니 이 학생이 최종 합격을 했더군요. 위기는 동시에 기회가 될 수 있음을 보여준 대표적 사례입니다. 실수했다 하더라도 당황하지 말고, 그다음 답변에서 잘 풀어가면 됩니다.

면접에서는 종종 전혀 예상하지 못한 내용의 질문을 받을 때도 있습니다. 그런 경우에도 긴장하지 말고 면접관에게 생각할 시간을 조금 달라고 말씀하세요. 그런 후 자신의 경험 중에서 연관성이 있다고 생각되는 내용과 연결해 답변을 시작하면 슬슬 풀어나갈 여지가 생기기도 합니다.

　면접은 잘 보나 못 보나 합격자 발표 전까지는 오리무중으로 느껴집니다. 면접관은 평가가 진행되는 중이나 후에 수험생에게 "잘 했어요.", "합격할 수 있겠어요." 혹은 부정적이거나 나무라는 말을 할 수 없게 되어 있습니다. 그러니 긍정적 피드백을 못 들어도 걱정할 필요 없습니다. 반대로 면접장의 분위기가 예상보다 좋아 면접을 아주 잘 보았다고 생각하는 경우도 흔히 있습니다. 그런 경우에 불합격하면 더 큰 실망을 하게 되겠죠.

　면접은 분위기에 따라 당락이 좌우되지 않는, 상당히 냉철한 콘텐츠입니다. 말을 잘하기보다는 내용이 알차야 한다는 뜻이죠. 그리고 면접은 시스템입니다. 대입의 면접은 서류평가와 독립적으로 진행되기에 둘 사이에 반영 비율이 어떻게 설정되어 있는지에 따라 영향력이 천차만별입니다. 해당 대입전형이 서류평가와 면접평가를 어떤 시스템으로 운영하는지가 당락에 큰 영향을 준다는 의미죠. 그래서 웃다가 울고, 울다가 웃는 것이 면접이라 합니다.

면접장에 들어가기 전 반드시 챙겨야 할 것

그러면 입시를 앞둔 고등학생은 면접 평가를 어떻게 대비해야 할까요? 중요한 유의 사항 몇 가지만 말씀드리겠습니다.

학생부에 기재된 주요 활동 내용을 숙지해두자

고3 학생은 워낙 바쁘게 지내고 챙겨야 할 일이 많다 보니 자신이 고등학교 시절에 한 활동들이 잘 기억나지 않는 경우가 많습니다. 특히 세부적 사항으로 가면 활동을 한 과목이나 시기, 동기가 서로 뒤엉켜 혼란스러운 경우가 흔합니다. 면접에서는 학생부에 기재된 활동들에 대해 구체적 사항들을 물어볼 가능성이 있으니 학생부에 기재된 내용을 정독하듯이 찬찬히 읽어보며 각 활동의 이유, 내용, 교훈 및 지원 전공과의 연관성 등을 미리 생각해두기 바랍니다.

사안별로 키워드를 뽑아 정리해두자

사안별 예상 질문에 대한 답변을 마련할 때 각 사안별로 키워드를 몇 개 뽑아 정리해두면 좋습니다. 면접장에서는 길게 적어온 것을 읽어서도 안 되고 무작정 생각나는 대로 답변을 해서도 효과적이지 않습니다. 면접은 키워드를 바탕으로 하여 사안별 핵심 포인트에 살을 붙여가는 방식으로 답변하는 것이 가장 설득력 있게 들립니다. 그래야 말하면서 면접관을 응시할 수 있고, 해야 할 말을 짜임새 있게 답할 수 있습니다. 그런데 이게 말처럼 쉽게 되지는 않습니다. 이런 표현 방식에 익숙해지려면 평소에 훈련을 자주 해야 합니다. 그러니 학교에 다닐 때 학생부에 기재된 활동의 키워드를 중심으로 혼자 답하는 연습을 틈틈이 해두세요.

삶의 가치나 방향을 설정해두자

자신이 표방하는 삶의 가치나 방향을 평소 설정해두고 이를 중심으로 답변할 수 있도록 준비해두면 좋습니다. 대입 면접에는 자신의 가치관이나 삶의 주요 방향과 목적에 대해 미리 생각해두면 답하기 쉬운 질문들이 많습니다. 자신이 왜 이런 직종에 종사하고 싶은지, 이를 위해 어떤 노력을 지속적으로 해왔는지, 타인과의 관계에서 가장 중요하게 여기는 점은 무엇인지, 지원하는 전공을 통해 한국 사회에 어떤 기여를 하고 싶은지 등에 대해 시간 날 때마다 생각을 정리해두면 큰 도움이 됩니다.

언어습관을 사전에 점검해두자

자신의 언어습관에 잘못된 점이 없는지 사전에 점검해봐야 합니다. 면접이 진행되면 긴장할 수밖에 없기에 평소의 잘못된 습관이 자기도 모르게 섞여 나옵니다. 예를 들어, 시선을 엉뚱한 데 두고 말한다거나 중간중간 입술을 빨거나 다리를 떨거나 목소리가 가라앉으면서 발음이 부정확해지는 것 등 여러 가지가 있습니다. 면접 중에 이런 모습을 보이면 자신이 없어 보일뿐더러 의사소통을 제대로 못 한다는 인상을 줄 수 있습니다.

거슬리는 버릇이 없는지 확인하기 위해서는 혼자 질의응답을 해보면서 관찰하는 게 좋습니다. 가상 질문을 던지고 약 1분 정도 답변하는 모습을 핸드폰으로 촬영해서 돌려본 뒤 거슬리는 부분이 있으면 고치도록 하세요. 잘못된 언어습관은 반복적 연습을 통해 바로잡을 수 있습니다. 또한 학교에 모의 면접이 있다면 이를 활용해도 도움이 됩니다.

독서 관련 사항은 별도로 정리해두자

학생부에 기재된 독서 관련 사항은 다른 활동과 별도로 정리해두어야 합니다. 자신의 미래 진로나 특별한 교과 학습을 위해 읽은 책을 학생부에 기재했다면 면접관이 이유, 내용, 교훈 및 전공 관련성에 대해 질문할 가능성이 큽니다. 세특에 기재된 도서는 강렬한 맥락 속에 있지만 서술 자체는 간략해 면접관 입장에서는 질문하기 참 좋은 사안입니다. 특히 자신이 읽은 책에 대해 잘 모르고 있거나 엉뚱한 답변을 하면 학생부 전체에 대한 신뢰도를 의심받을 수 있으니 주의를 기울여야 합니다.

제4부

고교학점제,
입시 전략의 성패를 가르는
절대 공식

고교학점제를 이해하는 핵심 요소 6가지

많은 학부모가 고교학점제에 상당히 많은 관심을 갖고 있습니다. 고교학점제는 현재 우리 교육의 가장 뜨거운 주제이기도 하고 학부모 입장에서는 자녀가 새로운 변화에 잘 적응할지 걱정도 되기 때문이겠죠. 그러나 사실 고교학점제는 갑작스럽게 등장한 것이 아닙니다. 그동안 지속해서 추진해온 교육 개혁의 자연스러운 흐름으로 보시는 것이 맞습니다.

여기서는 향후 대입의 핵심 키워드가 될 고교학점제의 등장 배경과 유의 사항 그리고 새로운 내신 성적 산출 방식과 대입제도에 대해 자세히 알아보도록 하겠습니다.

'과목 선택권'
아이들 스스로 필요한 공부를 선택할 수 있도록

고교학점제는 교과별로 일정한 성취수준에 도달한 학생에게 학점을 부여해 최소 졸업학점을 취득한 학생이면 누구나 졸업을 인정받는 제도입니다. 이수하는 과목에서 일정 수준에 도달한 학생은 그 과목의 학점을 취득하게 되고, 이 학점을 매 학기 모아 졸업학점에 도달한 학생은 고등학교 교육을 마친다는 의미입니다. 사실 지금과 큰 차이는 없습니다만, 거기에 들어 있는 취지와 방향은 무척 다릅니다. 학교가 시키는 대로 하는 것이 아니라 각자가 과목을 선택해 학점을 모으니 자기 맞춤형 교육을 이수할 가능성이 매우 커지게 됩니다. 이 점이 고교학점제의 도입 배경이며 가장 큰 특징입니다.

고교학점제는 우리 교육시스템에 문제가 있어서 도입된 것은 아닙니다. 그보다는 2000년 이후 세계 교육의 기본 전제가 변했고, 우리 교육도 이를 수용하면서 시작되었습니다. 현대 교육은 산업사회 때처럼 표준화를 추구하기보다는 각자 자신에게 맞는 성장이 일어나게 하는 힘을 길러주는 데 목적을 둡니다. 고교학점제는 이러한 탈 표준화와 개별화를 추구하는 사회현상에 대한 교육계의 대응이라 할 수 있습니다.

이제 고등학교가 표준화된 내용을 모든 학생에게 똑같이 가르치는 시대는 끝났고, 각자가 필요한 대로 다르게 배운다는 의미입니다. 앞서 언급했듯이 이를 '개별화 교육'이라 하죠. 지금은 학교가 학생 개인의 능력과 의식을 동일한 잣대로 컨트롤하기 어려운 시대가 되었습니다. 전통적으로 인류 사회가 학교라는 교육제도를 도입한 것은 출신이나 신분에 따라 차이가 나는 아동, 청소년 세대들을 동질화하는 데 있었습니다.

이런 이유로 전통적 학교 교육은 '기준선literacy'을 설정한 후 여기에 맞는 표준화된 교육 내용을 전달하고, 비교하기 쉽도록 평균을 사용해 학생들을 한 줄로 세우는 방식을 사용했습니다. 즉 교과마다 주요 지식과 능력을 모든 학생에게 동일하게 가르치고 그 성과를 평가해 학생의 우수성을 비교하는 데 중점을 두었습니다.

우리나라가 오랫동안 운영해온 문과·이과 과정의 구분이 동질화 교육의 대표적 사례입니다. 학생들이 문과든 이과든 하나의 과정을 선택하면 대부분 똑같은 교육을 받게 됩니다. 이를 학생의 '과정 선택권'이라 합니다. 과정 선택은 문·이과 교육 취지에 맞는 과목들을 체계적으로 모아두고 각 과정을 선택하는 학생들이 해당 과목들을 똑같이 학습하도록 하는 체제입니다. 이런 경우 하나의 과정을 선택하면 대개 다른 과정의 교과목은 이수하기 어려워집니다. 즉 과정을 통한 과목 선택 방식은 학생들이 가진 다양한 교육 수요를 반영하는 데는 한계가 있을 수밖에 없습니다.

오늘날 문과와 이과 구분은 큰 의미가 없습니다. 이전에 이런 우스갯소리를 들은 기억이 나네요. 문·이과 적성을 구분할 때 "얼음이 녹으면 _____ 가(이) 된다."에서 빈칸에 뭐가 들어가는지 답하게 하고 '봄'이라 하면 문과, '물'이라 하면 이과를 택하면 된다고요. 농담이지만 그 정도로 문·이과 구분이 큰 의미가 없다는 뜻입니다.

이제는 누구든 문·이과 과목을 자유롭게 이수할 수 있죠. 당연히 그렇게 하는 것이 맞습니다. 문과와 이과 내에도 과목들을 자기 맞춤형으로 이수하려는 수요가 커지고, 문·이과 사이의 융합적 사고가 더욱 경쟁력 있는 지식이 되었습니다. 그런 흐름 속에서 지난 2015 개정 교육과정 때부터 문·이과 구분을 공식적으로 폐지했습니다. 그래서 이 교육과정을 문·이과 통합형 교육과정이라 부릅니다. 고교학점제는 이러한 변화의 연장선이라 보시면 됩니다.

이렇게 학생의 '과정 선택권'이 '과목 선택권'으로 바뀌면서 오늘날 고등학교 교육은 동일한 교과를 배워 우수성을 보여주기보다는 각자가 필요한 과목을 선택해서 이수한 뒤 자신만의 성과를 내도록 합니다. 아마 요즈음은 학교가 동일한 내용을 학생들에게 가르치는 방식을 고집하면 교육력이 뒤떨어지는 학교라 할 겁니다. 이제는 학생이 자신에 대해 끊임없이 성찰하며 스스로 미래 삶을 디자인하도록 지원하는 것이 학교의 주된 역할입니다. 이것을 OECD는 '학생 행위 주체성student agency'이라 표현했죠. 이처럼 학생을 수동적 존재가 아니라 행위 주체자로 인정하는 것이 고교학점제의 기본 취지입니다.

그런데 이제 학교가 시키는 대로 하지 말고 너희들 스스로 과목을 선택해서 공부하라고 하면 학생들은 어떤 반응을 보일까요? 아마 많은 학생이 귀찮다고 생각할 겁니다. 심지어 스스로 과목을 선택해 이수하게 하면, 학생들은 이를 기회로 느끼기보다는 '피곤함'으로 받아들일지도 모릅니다. 학교가 문·이과 과목을 미리 정해두고 모두가 이수하도록 하는 경우 학생들은 정해진 대로 따라 하면 됩니다. 그런 경우 힘들기는 하지만 '피곤'하지는 않겠죠.

한국계 독일인인 한병철 교수가 저술한 『피로사회』라는 책이 이런 현상을 잘 진단하고 있습니다. 이 책은 현대사회의 본질을 '피로함'으로 정의합니다. 현대인은 정해진 규율을 따르는 것이 아니라 자율적 판단에 따라 선택하고 행동하며 자기만의 성과를 내야 하기에 '피로'할 수밖에 없습니다. 학생의 과목 선택권은 이러한 피로사회를 살아가는 훈련이라 할 수 있습니다. 학생들이 과목 선택을 그리 잘하지 못할 수도 있습니다. 잘하는 것이 중요한 게 아니라, 스스로 선택해본다는 사실 그 자체가 더 큰 힘이 됨을 꼭 명심해야 합니다.

그래서 고교학점제가 도입되면 학생들은 자기주도적으로 진로와 연계해 학업 계획을 세우고 자신이 원하는 과목을 공부할 의지를 갖출 필요가 있지요. 또한 학교와 교사는 수요 맞춤형 교육과정과 수업을 편성하고 제공함으로써 학생 각자가 자신에게 맞는 개별화된 교육을 받을 수 있도록 해야 합니다.

우려하는 쪽에서는 학교마다 여건이 다를 텐데 고교학점제가 도입되어 학교 간 격차만 벌어지는 것이 아닌지 걱정합니다. 학교마다 선택과목을 이수할 수 있는 기회가 다르면 학생들이 받는 교육의 질적 수준에 차이가 나타날 수도 있기에 이 점을 염려하는 것이죠. 그러나 고교학점제는 선택과목을 운영하고 이수하는 방식에서 기존 방식보다 유연성이 크기 때문에 저는 지금보다 오히려 학교 간의 편차가 줄어들 거라고 봅니다.

고교학점제가 도입되면 소인수 과목도 개설될 가능성이 큽니다. 그뿐 아니라 단위 학교 내에서 운영하기 어려운 교과는 학교 간 공동 교육과정이나 온라인 공동교육과정을 통해서도 이수할 기회를 줍니다. 그러니 고교학점제 도입으로 학교 간 격차를 줄이는 효과도 기대해볼 수 있습니다.

반드시 알아야 할 고교학점제의 여섯 가지 핵심

고교학점제에 대해서는 할 이야기가 무궁무진합니다만, 여기서는 제도가 도입되면 구체적으로 무엇이 달라지는지를 요약해서 설명하겠습니다. 교육과정에서의 핵심적 변화는 여섯 가지로 정리할 수 있습니다. 고교학점제 도입 후 '우리 아이가 이런 변화를 겪겠구나' 하는 정도로만 이해하시면 충분합니다.

수업량을 '단위'가 아니라 '학점'으로 표시한다

지금은 일주일에 세 시간 수업을 1학기 동안 하면 3단위라 부릅니다. 그런데 고교학점제가 도입되면 이를 3학점으로 표시합니다. 1학점은 일주일에 1시간 수업(50분)을 16주 하는 분량입니다. 졸업에 필요한 전체 학점은 204단위에서 192학점(교과 174 + 창체 18)으로 축소됩니다. 일주일에 수업이 두 시간 정도 줄게 되죠. 그렇다고 무작정 일찍 귀가하지 말고 그 시간을 자기 맞춤형 공부를 하는 데 활용하도록 조언해주세요.

각 과목의 이수 기준에 학업성취율이 포함된다

지금까지는 일별 출석률만 채우면 과목을 이수할 수 있었는데, 고교학점제 도입 후에는 과목별로 출석률이 3분의 2 이상 되어야 합니다. 게다가 40퍼센트 이상의 학업성취율을 달성해야 과목을 이수할 수 있습니다. 성취율 100퍼센트를 기준으로 할 때 40퍼센트를 달성하지 못하면 그 과목을 이수할 수 없게 되는 것이지요. 성취율 40퍼센트 이상이 되면 ABCDE 성적을 받고 이하가 되면 미이수 I성적이 부여됩니다.

학부모와 학생 입장에서는 약간 신경이 쓰이는 부분입니다. 과목별 성취율 40퍼센트는 교과 담당 교사가 개별 과목의 성취기준별 성취수준에 따라 판단합니다. 단순히 100점 만점에 40점 성적을 의미하는 것이 아닙니다.

학업성취율 40퍼센트 미만이면 '최소성취수준 보장지도'를 받는다

학업성취율 40퍼센트 미만으로 I성적을 부여받을 것이 예상되는 학생에 관한 내용입니다. 외국의 경우 미이수 성적을 받은 학생은 대부분 해당 과목을 재수강해야 합니다. 하지만 우리나라는 재수강 제도를 두지 않기로 했죠. 대신 교과 담당 교사가 그 학생을 대상으로 '최소성취수준 보장지도'라는 특별 지도를 해줍니다. 학기 초에 예상 학생을 파악해둔 후 학기 중에 예방 지도를 합니다. 그리고 중간·기말고사 결과 정말 40퍼센트가 안 되는 경우에는 보충 지도를 해서 어떻게든 최소성취수준에 도달하도록 해야 합니다. 교사들에게는 큰 부담이 되는 요소입니다.

다시 정리하면 '성취율 40퍼센트를 반영하되 재수강은 없다'로 요약할 수 있습니다. 이전에는 성적과 상관없이 출석만 하면 졸업을 할수 있었는데 이제는 최소성취수준 보장지도를 받고 E성적을 취득해야 과목을 이수하게 됩니다. 즉 E성적에 도달하지 못한 학생은 1학점당 다섯 시간 분량의 보충 지도(예방 지도 포함)를 받아 학점을 취득한다는 뜻이죠. 이것을 '국가 책임 교육'이라 합니다.

학기 단위로 과목을 개설한다

각 과목의 개설 기간이 한 학기로 바뀝니다. 하나의 과목을 1년간 배우는 것이 아니라 학기 단위로 배우고 매 학기 학점을 취득한다는 뜻입니다. 대학과 비슷해진 것이죠. 예를 들어, 이전에는 1학년 때 공통과목인 '국어'를 1학년 내내 배웠는데 이제 이름을 '공통국어1', '공통국어2'로 구분해 각각을 1, 2학기에 나누어 공부합니다. 그렇게 해도 1년 동안 배우는 국어의 내용은 비슷합니다. 그러나 이제 성적 산출뿐만 아니라 '세특'도 학기마다 적어주어야 합니다.

선택과목이 이전보다 더욱 다양해진다

고등학교 교육은 1학년 때는 공통교육을, 2~3학년 때는 선택교육을 지향합니다. 그래서 1학년을 위한 공통과목 외에 다양한 선택과목을 두는데 이번에 그 수가 많이 늘어났습니다. 앞서 설명해드린 것처럼 기존의 선택과목은 일반선택과목과 진로선택과목 두 가지였는데, 여기에 융합선택과목이 새롭게 만들어져 추가되었습니다. 전체적으로 학생들이 선택할 수 있는 과목의 폭이 넓어진 것이죠. 이에 대해서는 편제표 부분에서 좀 더 자세히 설명하겠습니다.

내신 성적을 산정하는 방식이 바뀐다

학부모님들이 가장 관심을 갖고 있는 내신 성적의 변화입니다. 지금까지는 고등학교 내신 성적 산정에서 5단계(ABCDE) 성취평가와 9등급(1~9) 상대평가를 기본으로 하되 진로선택과목에는 성취평가 3단계(ABC)를 적용했습니다. 그런데 고교학점제 도입 후에는 모든 과목에 통일적으로 5단계(ABCDE) 성취평가와 5등급(1~5) 상대평가를 함께 병기하되, 사회와 과학의 융합선택과목에만 5등급(1~5) 상대평가를 면제시켜줍니다. 이 부분도 아주 복잡하므로 뒤의 성적 산출 부분에서 상세히 설명하겠습니다.

과목 편제표로 정리하는 고교학점제 완전 분석

우리 아이들이 고등학교에 진학하면 어떤 과목을 배우게 되는지 알려주는 자료가 과목 편제표입니다. 고교학점제 시행에 따라 과목 편제표에도 변화가 있습니다. 지금부터는 과목 편제표가 어떻게 바뀌었는지, 편제표에 따른 학생의 과목 선택이 어떤 의미를 지니는지 등에 대해 알아보겠습니다.

과목 편제표란 무엇인가

'과목 편제표'는 학교에서 배우는 과목 리스트를 국가 수준에서 정리해놓은 자료를 말합니다. 교육과정을 개편할 때 과목 편제표를 어떻게 구성하느냐 하는 문제가 늘 가장 큰 관심사죠. 초등학교와 중학교는 국어, 수학 등 교과로 배우기 때문에 가르치는 교과와 교과별 시수만 있어서 편제표가 아주 간단합니다. 그러나 고등학교는 과목 단위로 가르치고, 학교 유형도 다양해 편제표가 꽤 복잡해 보입니다. 고등학교 편제표에는 3년간 개설할 수 있는 과목 리스트, 선택과목 분류, 필수 이수 학점과 자율 이수 학점 등이 들어 있습니다. 그리고 이들을 일반고, 특목고, 특성화고로 나누어 제시합니다.

2022 개정 교육과정의 일반고 편제표를 제시하니 잘 살펴보세요. 개정 전과 크게 달라진 점 몇 가지를 정리하면 다음과 같습니다.

새로운 과목 편제표에는 '교과 영역'이 없다

'교과 영역'은 같은 성격의 교과들을 묶어 동일 범주에 두는 지붕 같은 역할을 하는 용어입니다. 국어, 수학, 영어, 한국사를 기초과목으로, 사회와 과학을 탐구과목으로 부르는 식이죠. 이런 용어들은 교과들 사이 서열을 조장하는 면이 있어서 새로운 교육과정에서는 교과 영역 개념을 없앴습니다. 이제는 국어, 영어, 수학 같은 교과(군)가 최상위 개념입니다. 그러니 앞으로 수능에서도 사회탐구, 과학탐구라는 말을 사용하지 않는 것이 원칙적으로 맞습니다.

학기별로 개설하기 위해 공통과목을 1과 2로 나눈다

이는 앞서도 언급했습니다. 지금까지는 1학년 때 배우는 공통과목이 국어, 수학, 통합사회, 통합과학 등과 같이 하나의 과목이었는데,

2022 개정 교육과정 일반고 과목 편제표

교과(군)	공통 과목	선택 과목(5단계 성취평가+5등급 상대평가)		
		일반 선택(교과 분야)	진로 선택(심화, 진로)	융합 선택(생활, 융합)
국어	공통국어 1, 2	**화법과 언어, 독서와 작문, 문학**	주제 탐구 독서, 문학과 영상, 직무 의사소통	독서토론과 글쓰기, 매체 의사소통, 언어생활 탐구
수학	공통수학 1, 2 (기본수학 1, 2)	**대수, 미적분 I , 확률과 통계**	기하, 미적분 II , 경제수학, 인공지능수학, 직무수학	수학과 문화, 실용 통계, 수학과제 탐구
영어	공통영어 1, 2 (기본영어 1, 2)	**영어 I , 영어 II ,** 영어 독해와 작문	영미 문학 읽기, 영어 발표와 토론, 심화 영어, 심화 영어 독해와 작문, 직무 영어	실생활 영어 회화, 미디어 영어, 세계문화와 영어
사회 (역사/도덕 포함)	**한국사 1, 2** **통합사회 1, 2**	세계시민과 지리, 세계사, 사회와 문화, 현대사회와 윤리	한국지리 탐구, 도시의 미래 탐구, 동아시아 역사 기행, 정치, 경제, 법과 사회, 윤리와 사상, 인문학과 윤리, 국제관계의 이해	여행 지리, 사회문제 탐구, 금융과 경제생활, 윤리문제 탐구, 역사로 탐구하는 현대세계, 기후변화와 지속가능한 세계
과학	**통합과학 1, 2** 과학탐구 실험 1, 2	물리학, 화학, 생명과학, 지구과학	역학과 에너지, 전자기와 양자, 물질과 에너지, 화학 반응의 세계, 세포와 물질 대사, 생물의 유전, 지구시스템과학, 행성우주과학	과학의 역사와 문화, 기후변화와 환경 생태, 융합과학 탐구
체육		체육 I , 체육 II	운동과 건강, (미니)스포츠 문화, (미니)스포츠 과학	스포츠 생활 I , 스포츠 생활 II
예술		음악, 미술, 연극	음악 연주와 창작, 음악 감상과 비평, 미술 창작, 미술 감상과 비평	음악과 미디어, 미술과 매체
기술·가정/ 정보		기술·가정, 정보	로봇과 공학세계, 생활과학 탐구, 인공지능 기초, 데이터 과학	창의공학설계, 지식생산 일반, (미니)생애설계와 자립, 아동발달과 부모, 소프트웨어와 생활
제2외국어/ 한문		**독일어, 프랑스어, 스페인어, 중국어, 일본어, 러시아어, 아랍어, 베트남어, 한문**	독일어 회화 외 7개 과목, 심화 독일어 외 7개 과목, 한문 고전 읽기	독일어권 문화 외 7개 과목, 언어생활과 한자
교양		진로와 직업, 생태와 환경	인간과 철학, 논리와 사고, 보건 교육의 이해, 삶과 종교, 인간과 심리	인간과 경제활동, 논술

이제 학기별로 개설하다 보니 둘로 나누어 1, 2로 표시합니다. 공통과목 속에 있는 기본영어1, 2와 기본수학1, 2는 아주 쉬운 수준의 과목으로서 공통수학과 공통영어를 공부하기조차 어려워하는 발달 수준의 학생들이 대체 이수할 수 있습니다.

선택과목 분류가 더욱 세분화되다

기존에는 일반선택과 진로선택의 이원 체제였는데 여기에 융합선택이 추가되었습니다. 이 가운데 일반선택은 각 교과를 구성하는 핵심 분야를 과목으로 편성한 것입니다. 따라서 가장 기본이 되는 과목은 일반선택입니다. 국어의 경우, 화법, 언어, 독서, 작문, 문학 등이 핵심 분야들이지요. 그리고 진로선택은 교과의 분야이지만 난이도가 높은 심화 과목이나 진로와 관련된 과목들을 묶어둔 것입니다. 수학교과를 예로 들면, '기하'와 '미적분Ⅱ'는 심화 과목이며, '경제수학'과 '직무수학'은 진로와 관련된 과목입니다. 마지막 융합선택은 융합이나 실생활과 관련된 과목들입니다. 과목 명칭에 실용, 생활 등이 있으면 실생활 과목이고, 융합, 문화, 탐구, 토론 등의 단어가 들어가면 융합 과목으로 간주하면 무난합니다. 그러니 학생들도 이런 선택과목의 기본적 특성을 고려해 과목을 선택하면 됩니다.

사회 교과의 일반선택과목에 주목하자

새로운 교육과정에서는 특히 사회 교과에 주목할 필요가 있습니다. 이전에는 사회의 일반선택 영역에 아홉 개 과목이 있었습니다. 과학 교과의 일반선택이 네 개 과목인 데 비해 상당히 많았죠. 물론 사회 교과의 분야는 정치, 경제, 법, 사회문화, 한국지리, 세계지리, 윤리, 사상, 세계사 등 대단히 넓습니다. 따라서 핵심 분야를 모아둔 일반선택에 많은 과목이 배치된 것이 충분히 이해됩니다.

그런데 이번 개편 때는 과학 교과와 균형을 맞춰 아홉 개의 사회 일반선택과목을 네 개로 축소했습니다. 그리고 나머지 과목들은 대개 진로선택으로 옮겨갔습니다. 일반선택이든 진로선택이든 학생들이 배우는 데는 아무 상관이 없죠. 그런데 편제표는 국가 수준의 원칙이기 때문에 한곳의 작은 변화가 다른 곳에 영향을 끼치는 나비효과를 낳을 수 있습니다. 대표적인 것이 수능 과목 논의에 주는 영향입니다.

사회와 과학 교과의 수능 과목이 문제다

우리나라 수능 과목은 일반선택과목으로 하는 것이 원칙입니다. 편제표에서 굵게 표시된 과목이 수능 과목인데 일반선택에 몰려 있습니다. 이 과목들이 각 교과의 핵심 분야를 나타내니 당연하죠. 그런데 이것이 사회 교과를 난감하게 만듭니다. 일반선택과목이 네 개로 줄면서 이들이 사회 교과 전체를 대표하지 못하는 문제가 생깁니다. 그렇다고 사회와 과학만 진로선택까지 수능 과목으로 하면 과목 수가 너무 많아지게 되고요. 그래서 사회와 과학 교과를 전체적으로 대표하는 과목을 찾다 보니, 1학년 때 배우는 통합사회와 통합과학이 수능 과목의 지위를 얻게 된 것 같습니다.

이처럼 고등학교 과목 편제표는 학교의 교육과정 편성뿐만 아니라 학생의 맞춤형 과목 선택 기회, 학종의 전공적합성 준비, 정시 수능의 시험과목 구성 등에 두루 영향을 줍니다. 그러니 필요할 때마다 자세히 읽어보면서 맥락상의 의미들을 찬찬히 파악해보시기 바랍니다.

'일반고에서도 특목고 과목을 들을 수 있다고요?'

지금까지 설명한 일반고 편제표와 별도로 특목고와 특성화고 편제표는 따로 있습니다. 이전에는 외국어고, 과학고 등의 특목고에서 개설하는 과목을 '전문교과'라 불렀는데 2022 개정 교육과정은 특목고에 전문교과 명칭을 없앴습니다. 그래서 새로운 교육과정에서 전문교과는 특성화고 과목만 지칭합니다. 이 점도 유의할 필요가 있습니다. 이제 특목고는 일반고처럼 개설하는 과목을 '공통과목 – 일반선택 – 진로선택 – 융합선택'으로 분류합니다. 이 중에서 공통과목과 일반선택은 앞서 설명한 일반고와 같은 과목입니다. 그리고 진로선택과 융합선택만 외국어·국제, 과학, 체육, 예술 등 해당 계열의 전문적 과목들을 표시합니다. 아래 과학고의 과목 편제표를 참고하세요.

과학고의 과목 편제표			
계열	교과	진로선택	융합선택
과학 계열	수학	전문 수학, 이산 수학, 고급 기하, 고급 대수, 고급 미적분	
	과학	고급 물리학, 고급 화학, 고급 생명 과학, 고급 지구과학, 과학과제 연구	물리학실험, 화학실험, 생명과학실험, 지구과학실험
	정보	정보과학	

고교학점제가 도입되더라도 과학고, 외국어고 등 특목고의 존재와 역할은 필요해 보입니다. 학교 유형의 다양화는 이제 교육의 서열화가 아니라 교육의 효율화 관점에서 바라보면 좋겠습니다. 학생마다 관심 분야, 진로희망, 능력과 소양 등에 차이가 있습니다. 이처럼 서로 다른 각 학생 그룹에 맞는 교육을 효율적으로 제공하려는 의도에서 특목고 등 학교 유형을 나누어 운영하는 것입니다. 고교학점제가 빠르게 정착하려면, 특목고 등 학교들이 역할을 분담해 교육과정을 특성화하는 노력을 해야 합니다. 더불어 일반고 내에서도 다양한 과목을 이수할 기회를 주는 조치가 동시에 이루어져야 합니다.

실제로 지금의 일반고는 교육과정을 꽤 유연하게 운영합니다. 학생에게 필요한 과목이 편제표에 들어 있지 않은 경우, 정해진 절차에 따라 과목을 새롭게 개발할 수 있습니다. 그리고 특목고 혹은 특성화고 편제표에 있는 과목의 개설도 가능합니다. 또한 꼭 수강하고 싶은 과목이 자기 학교에 없는 경우 개인별로 그 과목이 개설된 다른 학교에서 이수해도 학점으로 인정받을 수 있습니다. 이렇게 보면 일반고도 교육과정이 꽤 유연하게 운영되고 있는 편이네요.

고교학점제에서는 '학교 밖 이수'도 일정한 학점 내에서 인정해줍니다. 학교 밖 이수는 다양한 경험을 원하는 학생이 학교 밖의 지역사회 기관에서 학습한 것을 교과나 창체 학점으로 인정해주는 제도입니다. 대학진학보다는 다른 진로를 찾거나 학력이 미달하는 학생들이 자기 학교에서는 해결할 수 없는 부분이 있을 때, 이를 외부의 다양한 기관에서 맞춤형으로 보충할 기회를 갖는다는 점에서 중요한 의미를 지닙니다.

학생들의 각기 다른 특성을 존중하는 고교학점제

고교학점제 도입은 학생들의 과목 선택권을 최대한 활성화하려는 의도를 담고 있습니다. 역사적으로 살펴보면 학교 교육은 교사 중심에서 교과 내용 중심으로, 다시 교과 내용 중심에서 학생 중심으로 변화해왔습니다. 옛날에는 전인적 인격을 갖춘 교사의 가르침 자체가 교육의 근간을 이루었지요. 그러다 지식기반 사회가 되면서 특정 분야의 주요 내용을 전달하는 방향으로 교육의 핵심이 바뀌었습니다.

최근에는 지식을 습득하는 경로가 다양해지면서 학교가 표준화된 교과 내용만을 전달하는 데 머물지 않습니다. 학생이 스스로 지식을 탐구하고 창의적으로 활용하는 자기주도적 학습 역량을 키워주는 데 더욱 집중하고 있습니다. 이처럼 학생 중심 교육은 학생 개인이 지닌 세계를 최대한 존중해주는 데서 출발합니다. 학생들은 제각기 다른 소질, 능력, 관심, 진로희망 등을 갖고 자신의 세계를 살아갑니다.

독일의 시인 하이네Heine가 이런 말을 했습니다. "사람은 누구나 하나의 세계다. 모든 사람의 비석에는 세계사史가 존재한다." 사람은 누구나 태어나면서 하나의 세계를 만들고, 세계에 버금가는 삶을 살다가 세상을 떠나며 결국 그의 세계사가 우리에게 남는다는 뜻입니다. 모든 사람은 각자 자신의 세계를 살아가지만 그 개별적 존재는 똑같이 소중하고 똑같이 존중받아야 함을 강조한 말입니다.

학생도 마찬가지입니다. 모든 학생은 학교에서 이러한 하나의 '세계'입니다. 학생 중심 교육의 관점에서 보면, 학교는 학생마다 미래 사회에 맞게 성장하는 지적·정서적 바탕이 서로 다름을 인정해야 합니다. 그리고 그들이 개별적으로 자신의 세계를 만들어가도록 보조를 맞춰줘야 하지요. 이때 학교가 주의할 점이 있습니다. 학생이 어떤 특성과 관심을 갖고 있든 간에 그것을 교육적 우열을 가리는 기준으로 삼아서는 안 된다는 사실입니다. 특정 학생만을 대상으로 하는 프로그램을 별도로 운영해 성과를 내는 방식은 고교학점제 취지에 맞지 않습니다. 고교학점제는 미래 삶을 살아가기 위해 출발을 준비하는 학생들이 각기 다른 특성을 지닌 채 다른 출발점에 서 있더라도 모두가 자신의 세계를 만들어갈 수 있도록 과목 선택권을 보장해주는 제도임을 잊어서는 안 됩니다.

새로운 내신 평가 방식에서
반드시 고려해야 할 점

학생과 학부모 입장에서 볼 때 고교학점제에서 가장 관심을 끄는 요소는 선택과목의 다양화와 내신평가 방식의 변화입니다. 이 중 내신 산정은 대입과도 직접 연결되기에 궁금한 점이 많을 것입니다. 여기서는 고교학점제 도입 후 내신평가가 어떻게 바뀌는지 주요 사항을 설명하겠습니다.

내신의 의미부터 정확히 알고 가자

보통 내신school records이라 하면 수업 활동을 통해 얻은 교과별 성적을 의미합니다. 그래서 '내신이 좋다', '내신에 더욱 신경 써야겠다'라는 말은 대개 성적의 수준을 뜻하게 되죠. 이런 경우 내신은 지필고사와 수행평가의 결과를 교사가 일정한 기준에 따라 학기별로 산출한 개인별 성적을 의미합니다.

그러나 원래 내신內申의 뜻은 교과 성적만이 아니라 학생의 다양한 활동, 품행, 특성, 태도 등을 포함하는 넓은 개념입니다. 즉 교과와 비교과를 모두 아우르는 용어죠. 내신의 어원인 '내신서內申書'는 '드러내지 않은 채 내적으로(內) 말씀드리는(申) 문서(書)'라는 의미입니다. 그러니 학교 내신의 취지는 '가급적 외부 노출을 삼간다', '주요 사항을 내부적으로 설명한다', '이를 취업이나 대입에 자료가 되는 문서로 활용한다' 등으로 정리됩니다.

이렇게 내신을 교과와 비교과를 모두 포괄하는 넓은 개념으로 보면, 이제 학교생활 전반을 기록하는 '학생부'와 거의 같은 뜻이 됩니다. 하지만 여기서는 일반인들이 흔히 사용하는 교과 성적을 지칭하는 용어로만 사용하려 합니다.

교과 성적으로서의 내신은 알다시피 대개 지필평가(중간, 기말시험)와 수행평가 결과의 합으로 산출됩니다. 이 둘의 비중은 교육청마다 다른데, 서울의 경우에 매 학기 수행평가 40퍼센트 이상 반영을 권장합니다. 반영 비율만 봐도 지필평가가 중심임을 알 수 있습니다. 그러니 교과마다 주요 내용을 철저히 공부해두고 이들을 깊이 이해하고 적용하는 안목을 갖춰야 합니다.

수행평가는 최근 들어 중요도가 높아지면서도 전체적으로 힘이 좀 빠져가는 느낌입니다. 수행평가는 학습한 교과 내용을 자신의 관심 영역과 연결해 더욱 깊이 생각하거나 생활 속에 활용하는 능력을 기르는 데 목적을 둡니다. 현대 교육의 트렌드에서 보면 정말 중요한 활동이죠. 그래서 이전에는 학교 밖에서 큰 노력을 쏟으며 프로젝트 형으로 수행하기도 했습니다. 하지만 요즘에는 주로 교실 내에서 진행해 학생들의 부담이 많이 줄어들었죠. 발표 수업의 자료를 만들거나, 독후감을 쓰거나, 실험 보고서를 작성하거나 하는 교과 연관 활동들이 주메뉴입니다. 따라서 이제는 학교 수업에 충실히 참여하면 수행평가도 부담 없이 해결할 수 있습니다.

내신 성적을 내는 다양한 평가 방법

부모님들도 상대평가, 절대평가, 성취평가 등 성적 산출 방법과 관련된 용어들을 자주 들어보셨을 겁니다. 대부분 아시는 내용이지만 세부적으로 들어가면 이해하기 힘든 부분들도 있습니다. 여기서는 세 유형의 성적 산출 방식에 대해 알아보겠습니다.

다른 학생과의 비교를 중심에 두는 상대평가
우선 상대평가는 특정 과목을 이수한 학생 전체를 성적순으로 줄을 세우는 방식입니다. 그러기 위해서는 수준 단계를 얼마나 촘촘하게 할 것인지를 미래 정해두어야 합니다. 한 명씩 줄을 세울 수도 있는데, 그러면 등수가 되겠죠. 묶음으로 줄을 세우려면 등급을 몇 개로 구분할 것인지를 먼저 결정해야 합니다. 그래서 9등급 상대평가 혹은

5등급 상대평가라는 말을 하는 것이지요. 등급마다 석차 순서로 몇 퍼센트를 포함할지 그 범위가 미리 정해져 있습니다. 예를 들어 9등급 상대평가면 상위 4퍼센트만 1등급이며, 5등급 상대평가면 상위 10퍼센트까지 1등급이 됩니다.

석차등급형 상대평가								
석차 등급	1	2	3	4	5	6	7	8	9
비율	4%	7%	12%	17%	20%	17%	12%	7%	4%

석차 등급	1	2	3	4	5
비율	10%	24%	32%	24%	10%

이렇게 등급형 상대평가는 전체 학생의 석차를 근거로 일정 수를 해당 등급에 강제로 배분합니다. 각각의 등급이 학생들의 성적 석차에 따라 매겨지기에 이를 '석차등급'이라 부릅니다. 석차가 같더라도 등급의 폭이 다르면 학생이 얻는 석차등급이 완전히 달라지겠죠.

어떤 과목에서 100명의 학생 중에서 10등을 했다면 9등급 체제에서는 2등급인데, 5등급 체제에서는 1등급을 받습니다. 34등이면 9등급 체제에서는 4등급, 5등급 체제에서는 2등급에 해당합니다. 실력보다는 등급 체제에 따라 학생의 성적이 춤을 추는 느낌입니다.

우리 국민은 아주 명확한 기준에 따라 석차등급을 받는 상대평가를 선호하는 편입니다. 그리고 상대평가를 없애면 우수한 학생들이 몰려 있는 특목고나 자사고가 절대적으로 유리하기에 형평성 차원에서도 내신을 상대평가로 산출해야 한다고 생각합니다. 그러나 상대평가는 실력보다는 다른 학생과의 비교를 통해 성적을 결정하는 평가 방식이므로, 교실 내에 치열한 경쟁을 유발하는 문제가 있습니다.

아무리 공부를 잘해도 나보다 더 잘하는 친구가 옆에 있으면 좋은 등급을 받기 어려운 구조는 교육적으로 맞지 않습니다. 비교를 통한 평가는 아직 신뢰 사회가 형성되지 못한 증거이기도 하죠. 세계적으로 찾아보기 힘든 상대평가를 지금까지도 학교에서 하고 있는 현실은 우리 교육의 부끄러운 모습이라 생각합니다.

일정 범위 내에는 동일 점수를 부여하는 절대평가

절대평가는 일정하게 정해둔 점수 범위에 포함되는 성적이면 모두 같은 등급을 부여하는 제도입니다. 예를 들어, 90점 이상이면 A, 80점 이상이면 B, 70 이상이면 C, 이런 점수 범위를 정해두었다면 90점이든 100점이든 모두 A등급을 부여하는 방식이죠. 성적 순위보다는 학생이 취득한 성적 자체가 더욱 중요합니다. 자신의 실력대로 인정받기에 교육적으로는 상대평가보다 더욱 바람직한 방식입니다. 물론 89점, 79점 등과 같이 등급 경계선에 있는 학생들은 억울할 수 있습니다.

절대평가의 문제점은 학교 간에 차이가 크게 난다는 점입니다. 탁월하게 공부를 잘하는 학생들만 모여 있다면 전체가 A를 받을 수도 있겠지만, 반대로 A가 전혀 없는 학교도 있겠지요. 실제로 우수한 학생들이 모여 있는 특목고나 특정 지역의 일반고는 주요 과목에 A가 60퍼센트 정도지만, 지방에 있는 학교의 경우 5퍼센트가 안 되는 사례도 있습니다. 그러다 보니 지필고사의 난이도를 조절해 학생들의 점수가 좋게 나오도록 하거나 수행평가를 통해 개별 학생들의 성적에 변화를 주기도 합니다.

학생의 성취수준을 중심으로 평가하는 성취평가

성취평가는 절대평가의 일종이지만 취지가 약간 다릅니다. 절대평가는 점수 범위에 따라 성적 등급을 기계적으로 산정하는 반면, 성취평가는 교육적 의미를 반영해 교사가 내리는 판단에 근거를 둡니다. 즉 성취평가제는 국가 교육과정에 근거해 개발된 교과목별 성취기준에 도달한 정도로 학생의 성취수준을 평가하는 제도입니다. 상대적 서열에 따라 누가 더 잘했는지를 평가하는 것이 아니라 학생이 무엇을 어느 정도 성취했는지를 평가한다는 뜻이죠.

그래서 성취평가제를 이해하려면 교과별 교육과정의 핵심적 개념인 성취기준과 성취수준이 무엇인지 아셔야 합니다. 성취기준은 각 교과목에서 학생이 학습을 통해 성취해야 하는 지식, 이해, 기능, 과정, 가치, 태도 등의 능력과 특성을 진술한 것으로서 오늘날 교수·학습과 평가의 실제 근거가 됩니다. 조금 쉽게 설명하자면 옛날에는 학년별, 과목별로 '무슨 내용을 가르치느냐'가 기준이었습니다. 이것을 인풋Input 중심 교육이라 합니다. 그런데 오늘날은 학생들이 학년별, 교과별로 학습해 '무엇을 할 수 있도록 하느냐'가 기준이 되었습니다. 이것을 아웃풋Output 중심 교육이라 합니다. 성취기준과 성취수준은 기본적으로 아웃풋에 기반을 둡니다.

앞서 말씀드린 역량의 시대가 오면서 이제는 많이 아는 것이 중요하지 않고 아는 것을 기반으로 무엇을 할 수 있느냐can가 더욱 중요해졌기에 학교 교육도 이렇게 바뀐 것입니다. 그래서 지금 교육과정은 과목마다 성취기준을 열거해두고, 이를 기준으로 교과서도 만들고 수업도 진행하며 평가도 여기에 근거를 두도록 하고 있습니다.

성취수준은 학생이 이러한 성취기준에 도달한 정도를 말합니다. 성취수준을 단계별(3단계, 5단계 등)로 구분해 각 단계에 해당하는 학생이 무엇을 알고 있으며, 무엇을 할 수 있는지를 기술합니다. 요약하면, 성취평가제는 학교에서 과목별로 성취기준을 중심으로 가르치고 각각의 학생이 도달한 성취수준을 확인해 단계별 진술에 해당하는 성적을 부여하는 체제를 말합니다.

이런 특성 때문에 성취평가제에서는 학교마다 여건과 환경에 맞춰 어느 정도 재량권을 발휘할 수 있는 여지가 있습니다. 어떤 학교는 공부 잘하는 학생들만 모일 수 있고, 어떤 지역은 그렇지 않을 수도 있으니까요. 그러면 A는 하나도 없고 전부 C만 받는 경우도 생깁니다. 그래서 교사가 과목의 특성과 학생의 구성을 참조해 교육적으로 타당한 판단을 하는 것이 가장 중요합니다. 어쨌든 교육적으로는 성취평가제가 가장 옳습니다. 전 세계적으로 나라 대부분이 성취평가제를 하는 것만 봐도 알 수 있지요.

성취평가는 교사가 수업을 듣는 학생들의 전체 수준을 고려한 뒤 지필고사의 난이도와 예상 정답률에 맞춰 개별 학생의 성취도를 판단할 수 있습니다. 여기서 가장 중요한 것은 ABCDE 각 단계를 가르는 분할점수를 어떻게 산정하느냐 하는 문제입니다. 90점 이상이면 A, 80점 이상이면 B, 이렇게 고정할 수도 있지요. 이렇게 기계적으로 산정하는 것을 '고정분할점수'라 합니다. 앞서 언급한 절대평가도 여기에 해당합니다.

그래서 요즈음은 '추정분할점수'를 사용하기도 합니다. 추정분할점수는 과목의 특성과 문항의 난이도 등을 참고해 성취수준별로 예상 정답률을 추정하고 성취도별 분할점수를 산출하는 방식입니다. 교사가 나이스 시스템의 분할점수 산출 기능을 통해 과목별 문항의 예상 정답률을 입력하면, 분할점수가 A/B는 예를 들어 87점, B/C는 73점, C/D는 62점 등으로 자동 산출됩니다. 그러면 교사는 여기에 맞춰 개별 학생들에게 ABCDE 성취등급을 부여합니다.

성취평가제가 다소 복잡하기는 하지만 교육적으로는 맞습니다. 학교에서 평가는 배움의 흐름과 성장의 과정을 확인하고 거기에서 드러난 빈 곳을 채워주는 학습의 동반자가 되어야 합니다. 그래서『학교 혁명』의 저자 켄 로빈슨Ken Robinson은 평가의 궁극적 목적은 바로 학습으로서의 평가라고 했습니다. 학습으로서의 평가란 교사가 성취기준에 기반을 둔 평가계획을 수립한 다음, 실제 지도 과정에서 개별 학생의 성장과 변화에 대한 자료를 수집·판단하고, 이를 기반으로 적절한 피드백을 제공하는 성장중심 평가를 의미합니다.

이제 우리도 미래 사회에 부응하는 인재를 육성하려면 순위 중심의 평가 틀에서 벗어나 성취평가 체제를 전면 도입해야 합니다. 사실

성적에 의한 서열은 공급자의 눈에 맞춘 '순서'일 뿐이지 교육적 '차이'가 아닙니다. 진정한 의미의 교육적 차이는 학생 각자가 가진 관심, 성향, 목표의 개별성을 존중하는 데 있습니다.

고교학점제에서 내신은 어떻게 계산될까

교육부는 2023년 10월, 2028학년도 대입제도 시안을 발표하며 고교학점제 시행 후의 내신 성적을 현행 상대평가 9등급 체제에서 5등급 체제로 변경했습니다. 즉 예·체능·교양 교과를 제외한 고등학교 전 교과에 대해 성취평가 5단계(ABCDE)를 기본으로 하되, 상대평가는 5등급(1~5)으로 완화해 계속 유지하자는 것입니다. 이에 따라 고교학점제가 도입된 후 성적 기재 방식은 다음과 같이 변합니다.

고교학점제 도입 후 성적 기재 방식 변화

과목	단위	원점수/ 과목 평균	성취도 (수강 지수)	석차 등급		과목	학점	원점수/ 과목 평균	성취도 (수강 지수)	성취등급 (비율 %)	석차 등급
문학	3	92/70 (10) 표준편차	A (102)	1 (1~9)	➡	문학	3	92/70	A (102)	A(21.6) B(23.5) C(31.4) D(10.8) E(12.7)	1 (1~5)

새로운 교육과정에서 내신 기재 방식 중 달라지는 점은 표준편차를 기재하지 않는 것, 5단계 성취등급별 학생 비율을 제시하는 것, 상

대평가 석차등급을 9등급 간격에서 5등급 간격으로 변경한 것으로 요약됩니다.

애초에는 고교학점제가 도입되면 1학년의 공통과목만 9등급 상대평가를 하고, 모든 선택과목은 상대평가를 없애고 5단계 성취평가만 운영하는 것으로 되어 있었습니다. 그런데 대입제도 개편안을 발표하며 교육부가 이를 뒤집어버립니다. 앞서 결정한 내신평가 방식을 바꾼 이유는 무엇일까요? 아마 교육부도 여러 가지 시뮬레이션을 해보면서 성취평가제에 따른 성적만 산출될 때의 난맥상에 대해 고민을 많이 한 것 같습니다.

예를 들어, 어느 평준화 지역에 다섯 개 고등학교가 있다고 해보죠. 미적분I 과목에서 D학교는 A성적을 받은 학생 비율이 30퍼센트인데, P학교는 10퍼센트라면 분명히 P학교 학부모들이 해명을 요구할 테지요. 그러면 이를 누가 어떻게 해결할 수 있을지 현실적으로 감당하기 힘든 상황들이 많이 발생할 것입니다.

그래서 교육부는 마지막 순간에 아직은 완전 성취평가제 전환은 시기상조라 판단하고 5등급 상대평가를 병기하는 것으로 결정하게 된 것입니다. 이런 결정의 배경에는 급우들끼리 무한경쟁을 유발하는 9등급 상대평가제도를 개선하면서도 성적 부풀리기, 학교 및 과목 간 내신 유불리를 방지해 대입에서 고교 내신의 공정성과 신뢰도를 확보하겠다는 취지가 엿보입니다.

그러나 내신등급이 5등급으로 줄더라도 상대평가를 유지하면 문제는 여전할 겁니다. 학생의 과목 선택 재량권이 제한되고, 아울러 신설된 융합선택과목을 기피하는 현상이 나타날 것이 자명하기 때문입니다. 그래서 사회와 과학 교과의 융합선택과목에만 상대평가를 면제해 학생들이 이 두 교과에서만이라도 부담 없이 과목을 이수하도록 했습니다.

'5등급 내신'을 이해하면 대입은 흔들리지 않는다

고교학점제가 도입된 후 전체 과목의 성적 기재 방식은 다음과 같습니다.

		절대평가		상대평가	통계정보		
		성취도 단계	성취도별 분포비율	석차등급	원점수	과목 평균	수강자 수
보통교과	공통과목	ABCDE	0	5등급	0	0	0
	선택과목	ABCDE	0	5등급	0	0	0
	A 그룹	ABC	–	–	–	–	–
	교양	P	–	–	–	–	–

* A그룹: 체육, 예술, 과학탐구실험
* 선택과목 중 사회와 과학의 융합선택은 상대평가 없음.

　　표 '교과별 성적 산출 및 대학 제공 방식'에서 보는 바와 같이 고교학점제가 도입되면 체육, 음악·미술, 과학탐구실험은 ABC 3단계의 성취평가 성적만 산출하며, 교양과목은 이수 혹은 미이수로 성적을 매깁니다. 나머지 교과는 공통과목이든 선택과목이든 모두 ABCDE 5단계 성취평가와 5등급 상대평가 성적을 함께 기재합니다. 그리고 두 가지 성적 외에도 원점수, 과목 평균, 수강자 수, 성취등급별 학생 비율을 통계정보로 제공합니다.

또한 교육부는 2025년 1월에 기존의 대입전형자료에 몇 가지 정보를 추가하는 조치를 발표하여 학생부위주 전형이 더욱 내실있게 운영되도록 했습니다. 새롭게 추가된 자료는 교과 운영 특이사항 외에 '지필평가와 수행평가 비중', '수행평가 영역명', '성취도별 분할점수'와 같은 과목별 평가관련 정보들입니다. 이러한 추가 자료들을 통해 대학의 학종은 개별 과목의 성적 산출 근거를 평가에 더욱 폭넓게 반영할 수 있게 됩니다.

대학에 제공되는 자료가 늘어나더라도 내신 9등급이 5등급으로 축소되면 변별력은 여전히 약해지겠죠. 내신 변별력이 줄어든 만큼 내신등급을 대입에 어떻게 반영할 것인가 하는 문제는 지금 대학의 가장 큰 고민거리입니다. 이해를 돕기 위해 예를 들어볼게요. 지금까지는 대학에서 학생부 수학 과목에 1등급이라고 쓰여 있으면 '이 학생이 100명 가운데 4등 안에 들었구나', 2등급이라고 쓰여 있으면 '7퍼센트니까 100명 가운데 5~11등 안에 들었구나' 이렇게 판단해 학업역량을 평가했습니다. 등급이 세밀하게 나누어져 있던 만큼 변별력이 높았던 것이지요.

그러나 이제는 다릅니다. 1등급이라고 쓰여 있으면 '100명 가운데 10등 안에 들었구나', 2등급이라고 쓰여 있으면 '11~34등 안에 들었구나' 이렇게 판단합니다. 결국 성적이 좋은 상위권 아이들이 몰리는 명문 대학이나 인기 학과에서는 내신등급의 변별력이 거의 없어질 수도 있습니다.

그래서 고교학점제의 적용을 받는 자녀를 둔 학부모는 대학이 변별력을 어떻게 만들어갈지에 대한 정확한 정보가 없어 불안한 마음이 자꾸 커집니다. 사실 어떤 과목을 들어야 하느냐 하는 문제는 그리 중요하지 않습니다. 학교마다 지정 과목을 두어, 주로 일반선택과목을 모두 같이 듣게 할 가능성도 있습니다. 또한 희망전공에 따른 과목 이수를 안내하는 가이드북이 많으니 참고하면 됩니다.

가장 큰 관심사는 내신에서 상대평가가 5등급으로 바뀌면 학업 역량을 판단할 때 변별력이 약해질 것이고, 그러면 대학이 수시에서도 다른 전형 요소를 추가하는 방안을 검토할 것이라는 점입니다. 학생 입장에서는 여기에도 대비해야 하는 부담이 생기는 것이죠. 대학의 해결책으로는 인성 면접을 강화하는 방안이 가장 많을 것으로 봅니다. 인성 면접은 비교적 쉽게 운영할 수 있는 전형 요소니까요. 그 외에 수능 최저학력기준을 활용하거나 상위권 일부 대학에서는 구술고사를 도입할 가능성도 있습니다.

새로 도입되는 전형 요소가 있는지도 눈여겨보아야 하겠지만, 가장 중요한 것은 내신 변별력이 줄어들 때 대학이 학생부평가에서 어떤 부분의 비중을 더 늘릴 것인가 하는 점입니다. 서류평가에서 두 가지 변화를 예상해볼 수 있습니다.

첫째, 상대적으로 세특의 영향력이 커질 것으로 보입니다. 이 말은 학생의 자기주도적 학습태도가 더욱 중요해진다는 뜻입니다. 그런데 학생의 자기주도적인 학습태도와 힘은 저절로 길러지는 것이 아닙니다. 각 교과에서 주요 내용을 배우면 이들을 나의 관심사 속에 어떻게 녹여낼 수 있을지 고민하고, 이를 실행하기 위해 노력해야 하는 거죠. 그러다 보면 자연스레 '내가 공부의 주인공이다'라는 자기주도적인 학업태도와 생각을 갖게 됩니다.

이런 경험은 한두 번에 그쳐서는 안 되고 반복을 통해 지속해서 누적되어야 몸에 익습니다. 또 각자 개별적으로 하고 끝내는 게 아니라 교실로 가져와서 함께 학습하고 활동하며, 서로의 학습 활동을 연결하기도 하면서 일상화되어야 합니다.

둘째, 평가 항목 중 전공적합성 혹은 진로 역량의 비중이 자연스럽게 높아질 것으로 봅니다. 진로 설계와 여기에 맞춘 과목 이수 그리고 삶의 방향성에 대한 고민이 더 필요해질 겁니다. 이때 진로를 하나로 확정하기보다는 진로에 대한 의식을 갖는 것이 더욱 중요합니다.

자신의 미래 진로를 설계하는 데 진심인 학생과 누군가 시켜서 억지로 미래 진로를 설계하는 학생은 학업을 대하는 태도는 물론이고 그 결과도 차이 날 수밖에 없죠. 공부에 대한 동기와 의지가 완전히 다르기 때문입니다. 자녀가 미래 진로를 직접 설계해봄으로써 삶의 방향을 설정하고 이를 학업 의지를 키워가는 데 활용하도록 조언과 자극을 주시기 바랍니다.

2028 달라진 수능,
어떻게 준비해야 하는가

교육부는 2025년 고1부터 적용받는 2028학년도 대입제도를 확정해서 발표했습니다. 가장 눈에 띄는 점은 수능에서 선택과목을 폐지하고 심화 수학을 시험과목에서 제외한 것이라 할 수 있습니다. 여기서는 이런 내용들이 지닌 의미와 수험생이 유의할 사항을 정리해보고자 합니다.

2028학년도 수능이 나아갈 방향

2028학년도 대입제도 개편은 2022 개정 교육과정의 출범에 맞춘 정기적 개편의 성격을 지닙니다. 이번뿐 아니라 이전에도 교육과정이 바뀌면 언제나 거기에 맞춰 대입제도를 조정해왔으니까요. 교육과정 개편은 이번에 고교학점제 도입이라는 구호가 보여주듯이 비교적 큰 폭의 변화를 보였습니다. 그래서 대입제도 개편도 역사에 남을 정도로 혁신적인 수준일 거라 예상했지만 실제 변화는 생각보다 미약했습니다.

이번 2028 대입제도 발표는 중3부터 적용되는 '4년 예고제'에 따른 절차인지라 수능제도에 초점을 맞추었습니다. 지금까지 수능 개편은 늘 수능시험을 강화하느냐(수능 플러스 정책) 아니면 수능의 영향력을 줄이느냐(수능 마이너스 정책) 하는 두 가지 방향에서 하나를 선택하는 논의였습니다.

수능에 서·논술식 문항 도입, 수능1(필수)과 수능2(선택)의 구분 시행, 시험과목 확대 등은 수능 플러스 정책입니다. 반면 수능의 자격고사화, 모든 과목의 절대평가 전환, 시험과목 축소 등은 대표적인 수능 마이너스 정책입니다.

이번의 수능 개편은 고교학점제 출범에 맞춘 논의이기에 어떤 방향이든 큰 폭의 변화를 예상하는 사람들이 다수였습니다. 그러나 뚜껑을 열어보니 수능의 성격과 역할은 그대로 두고 시험과목만 조정하는 선에서 마무리되었습니다. 사실 근본적 변화는 없다는 이야기죠. 많은 학부모님이 새롭게 출범한 교육과정에 맞춰 대입제도가 얼마나 달라질지 궁금해했는데, 큰 변화가 없다 보니 조금 안도하는 분위기였습니다.

새로운 수능에서 '선택 과목'이 사라진 이유

2028학년도 대입제도 개편안에 큰 변화가 없다고 해도 학생과 부모님은 여전히 궁금한 점이 많으리라 생각합니다. 이번 수능 개편안의 특징은 '통합형·융합형 수능 체제'로의 전환입니다. 다시 말해 과목 선택에 따른 유불리 문제를 해결하기 위해 선택과목을 모두 폐지했습니다. 2028 대입제도 개편안에서 수능 과목이 어떻게 조정되었는

2028 수능 개편 주요 내용 요약			
영역	현재 수능과목	2028 수능과목	평가방식
국어	공통: 독서, 문학 선택: 화법과 작문, 언어와 매체	화법과 언어, 독서와 작문, 문학	상대평가
수학	공통: 수학Ⅰ, 수학Ⅱ 선택: 확률과 통계, 미적분, 기하	대수, 미적분Ⅰ, 확률과 통계	상대평가
영어	영어Ⅰ, 영어Ⅱ	영어Ⅰ, 영어Ⅱ	절대평가
한국사	한국사	한국사	절대평가
사회/과학 (2과목 응시)	사회: 9개 과목 중 선택 (한국지리, 세계지리, 세계사, 경제, 동아시아사, 정치와 법, 사회문화, 생활과 윤리, 윤리와 사상) 과학: 8개 과목 중 선택 (물리학Ⅰ·Ⅱ, 화학학Ⅰ·Ⅱ, 생명과학Ⅰ·Ⅱ, 지구과학Ⅰ·Ⅱ)	사회: 통합사회(1과목) 과학: 통합과학(1과목) **모든 학생이 '통합사회', '통합과학' 둘 다 응시**	상대평가

* 그 외 수능과목: 직업탐구 〈성공적인 직업생활〉 공통, 제2 외국어/한문(9과목 중 택1)
* 평가제도(객관식 출제, 9등급제 성적 산출, 표준점수 활용 등)는 현행대로 유지

지 살펴보겠습니다. 앞서 제시된 표 '2028 수능 개편 주요 내용 요약'은 현재 수능 과목과 2025년 고1부터 적용되는 수능 과목의 변화를 정리한 자료입니다.

현재 수능은 국어와 수학에서 공통으로 보는 부분과 선택하는 부분이 있습니다. 국어는 '독서'와 '문학'을 공통으로 하고, '화법과 작문', '언어와 매체' 중 하나를 선택하지요. 그리고 수학은 '수학Ⅰ', '수학Ⅱ'를 공통으로 하고, '확률과 통계', '미적분', '기하' 셋 중 하나를 선택하는 방식입니다.

그러나 2028학년도부터는 '통합형·융합형 수능'을 표방해 이러한 선택과목이 전부 없어집니다. 누구든지 수능에서 똑같은 과목에 응시한다는 뜻이지요. 다시 말하면 국어는 '화법과 언어', '독서와 작문', '문학' 세 개 과목을, 수학은 '대수', '미적분Ⅰ', '확률과 통계' 세 개 과목을, 영어는 '영어Ⅰ', '영어Ⅱ' 두 개 과목을 수능시험으로 치르게 됩니다.

선택과목을 없앤 구체적 이유는 무엇일까요? 그동안에는 어떤 선택과목을 택하느냐에 따라 수험생 간에 점수 차이가 꽤 났기 때문입니다. 이런 문제를 해결하기 위해 수험생이 공정하게 평가받을 수 있도록 누구나 같은 과목으로 시험을 보게 한 것입니다. 국어를 예로 들어보겠습니다. 선택과목 중 '화법과 작문'은 지문을 읽고 내용을 잘 파악하면 그 안에서 답을 찾을 수 있어요. 반면 '언어와 매체'는 문법 관련 지식을 외우지 않았다면 아무리 지문을 봐도 답을 찾기 어렵죠. 이런 경우, 상대적으로 어려운 '언어와 매체'를 택한 친구들이 비교적 쉬운 '화법과 작문'을 택한 친구들보다 표준점수 상한선이 약 2~4점 정도 높게 나옵니다. 다시 말해, 실력뿐만 아니라 어떤 과목을 선택하느냐에 따라 표준점수 상한선이 달라진다는 뜻입니다.

이런 수능 체제에서는 전략적으로 어려운 과목을 택해 입시 성과를 더 좋게 내는 학생이 있는 반면, 그렇지 못해서 손해를 보는 학생들도 있는 것이죠. 그리고 지역마다 선택과목 사이의 편차가 심한 것도 문제입니다. 국어 과목의 경우, 상대적으로 어렵지만 수능 표준점수에서는 유리한 '언어와 매체'를 선택한 비율을 '화법과 작문'과 비교해볼게요. 2024학년도에 전국은 63퍼센트인데 정시모집의 대입 성과가 좋은 서울과 대구는 각각 94퍼센트와 72퍼센트나 됩니다. 상황이 이렇다 보니 결국 학생들은 불만이 쌓이고 학부모들은 불안해졌죠. 그래서 아예 수능 선택과목을 없애는 쪽으로 개편한 것입니다.

사실 이번 수능 개편에서 가장 큰 변화는 사회와 과학, 소위 탐구과목에 있습니다. 지금까지는 사회 아홉 개 과목, 과학 여덟 개 과목, 모두 17개 과목 가운데 두 개를 선택해서 보는 체제였습니다. 그런데 2025년 고1부터는 이 많은 과목을 모두 수능에서 제외하고, 고등학교 1학년 때 배우는 통합사회와 통합과학 두 과목만 보는 것으로 바뀌었습니다. 지금까지는 문과계열 진학 희망자는 대부분 사회 과목 중 두 개를 선택하고, 이과계열 진학 희망자는 과학 과목 중 두 개를 선택했습니다. 그런데 이제는 어느 쪽이든 통합사회와 통합과학 두 과목을 모두 봐야 하는 체제가 된 것입니다.

사회와 과학처럼 고등학교 1학년의 공통과목을 수능 과목으로 하면 어떻게 될까요? 1학년 때 배운 과목을 3학년 후반까지 끌고 와서 수능을 치르게 하는 것이 과연 옳은지, 벌써 교육 현장에서 우려의 목소리가 나오고 있습니다. 저 역시도 여러 가지 문제가 발생하리라 생각하기에 이 부분은 유심히 지켜볼 작정입니다.

수능의 변화가 우리에게 남긴 숙제

2028학년도 수능제도 개편은 학교 교육과 대입에 다음과 같은 과제를 남깁니다.

첫째, 수능의 문과화 경향입니다. 수능시험에서 선택과목이 없어지면 수능이 문과화됩니다. 말하자면 문과계열은 수능으로 학생을 뽑을 수 있는데, 자연계열은 학업능력을 변별하는 장치를 많은 부분 잃어버린다는 뜻입니다. 이는 주로 수학과 과학에 해당하는 문제입니다.

예를 들어, 서울대의 경우 수능에서 문과 수학인 '확률과 통계'를 선택한 학생들은 자연계 모집단위에서는 학업을 수행하기 어려울 것으로 보고 '미적분'이나 '기하'를 선택하도록 했습니다. 소위 심화 수학이라 불리는 어려운 과목들을 공부해야 한다는 의미죠. 그런데 이제 '미적분Ⅱ'와 '기하'는 수능 과목에서 모두 빠져버렸습니다. 그리고 과학도 심화 수준인 '과학Ⅱ' 과목에 응시한 학생들을 선발하는 정책을 시행해왔습니다. 하지만 과학은 두 단계나 하락해 통합과학을 수능 과목으로 설정하니, 과학 과목도 이제 자연계 변별을 위한 장치로서의 역할을 못 하게 된 것이죠. 이 문제를 어떻게 해결할지 대학들은 고민이 많을 겁니다.

둘째, 학교에서 사회와 과학의 선택과목 중 다수가 파행적으로 운영될 것으로 우려됩니다. 이제 수능으로 대학에 가려는 친구들은 1학년 때 배운 통합사회, 통합과학만 반복해서 공부할 테니까요. 실제로는 2~3학년 과정에 있는 사회와 과학의 선택과목들이 더 중요한데, 소위 정시파는 이 과목들을 수강해도 대충 공부하고 통합사회와 통합과학만 계속해서 복습하려 할 것입니다. 따라서 수능을 100퍼센트 반영하는 정시선발 비중이 커지면, 학교 과목을 파행적으로 이수하는 학생들이 많이 늘어나 교실이 난장판이 될 위험성도 있습니다.

그러면 어떻게 해야 이런 파행을 막을 수 있을까요? 전문가들은 고교학점제가 시행되면 학종 중심의 수시 비중을 늘려야 한다고 목소리를 높입니다. 그리고 이제 정시도 수능 점수만으로 뽑을 게 아니라 서울대처럼 학생부를 반영해야 한다는 주장도 나오고 있습니다. 서울대가 선견지명을 갖고 이런 제도를 앞장서서 도입한 것 같군요. 학교 교육을 포기하고 전략적으로 수능 공부에만 올인하는 정시 파이터들이 더 좋은 대입 결과를 얻게 되면, 일반 학생들의 상대적 박탈감이 커지면서 고등학교 교육이 거의 붕괴 직전으로 갈 것입니다. 안타깝게도 세상의 흐름이 정시 학생부 시대를 강요하는 느낌입니다.

셋째, 2022 개정 교육과정의 취지와 수능제도가 서로 조화를 이루지 못하는 부분입니다. 이번 대입 개편안은, 수능은 어쩔 수 없이 객관식을 유지하지만 학교에서의 내신 평가는 미래 사회에 맞게 서·논술식 평가를 강화하도록 요구합니다. 수능은 계속 과거에 머물러 있을 테니 학교 교육만 미래로 달려가라는 뜻입니다. 그게 가능할까요?

하버드 대학 에릭 마주어Eric Mazur 교수가 이런 말을 했습니다. "평가는 학습을 은밀하게 죽이는 킬러다." 학습 내용을 아무리 좋게 바꾸어도 평가가 바뀌지 않으면 소용이 없다는 뜻이지요. 마찬가지로 고등학교에서 수업을 미래 지향적으로 설계하더라도 수능의 평가 방식이 그대로라면 학생들에게 미래에 맞는 학습을 기대할 수 없습니다.

그런 면에서 보면 대입에서 학생 선발 도구로 수능시험 점수만을 반영하는 것은 이제 개선되어야 합니다. 물론 수능 자체는 참 유용하고 필요한 시험입니다. 문제는 공정성과 편리성 때문에 객관식으로 운영한다는 점이죠. 객관식 시험을 치르고 그 점수만으로 대학이 학생을 선발하는 나라는 거의 없습니다. 미국도 객관식 문항으로 평가하는 SAT 점수는 대학이 참고자료로만 활용합니다.

확실하게 통하는 2028 새로운 수능 공략법

2028학년도 대입제도는 아직 국가 수준에서 큰 줄기만 발표한 상태이고, 각 대학은 2026년이 되어야 세부적 시행계획을 내놓을 예정입니다. 따라서 지금은 구체적 준비 방향을 이야기하기는 어렵고, 몇 가지 눈여겨볼 점들을 정리해 말씀드리겠습니다.

대학이 정시에 어떤 전형 요소를 추가할지 주목하자

수능이 문과화되면서 대학이 정시에 어떤 전형 요소를 추가할지 주목해서 보기 바랍니다. 물론 중하위권 대학은 수능 100퍼센트 전형을 유지해도 큰 문제가 없을 겁니다. 그러나 수도권 대학들은 자연계열 모집단위를 중심으로 새로운 대안을 찾는 데 골몰하리라 예상됩니다. 대학들이 어떤 대안을 제시하는지 유심히 지켜볼 필요가 있습니다.

몇 가지 추가 가능한 전형 요소를 살펴보죠. 아마 가장 쉬운 것은 인성 면접일 겁니다. 수능 점수에 인성 면접 점수만 반영해도 선발이 가능한 대학들도 많을 테니까요. 다음은 학생부입니다. 학생부는 5등급으로 산출된 교과 성적을 계량적으로 반영하는 것이 가장 쉬운 방법입니다. 아니면 서울대처럼 교과 부분만 하든 비교과 부분도 포함하든 대학 입학사정관이 정성평가를 해 점수를 합산할 수도 있습니다. 마지막으로 새로운 고사를 추가하는 것입니다. 그러면 논술고사나 구술고사가 추가될 텐데, 이것은 대학에도 큰 부담이 되고 사회 여론도 호의적이지 않아 채택하기 쉽지 않을 것이라 봅니다.

대학이 단계별 평가 체제를 도입하는지 주목하자

정시전형에서 평가를 단계별로 하는지 주목해야 합니다. 지금은 수능 점수에 의거해 대개 한번에 전형을 진행하죠. 서울대처럼 교과 평가를 반영해도 수능 점수와 합산해 일괄적으로 처리하는 방식이 가능합니다. 정시를 단계별로 운영하면 이런 식입니다. 우선 1단계에서 수능으로 정원의 2~3배수 정도를 뽑습니다. 그런 다음, 2단계에서 1단계 점수에다 앞서 언급한 추가 전형 요소의 평가 점수를 합산해 최종 합격자를 선정합니다.

경쟁률이 너무 높아서 모든 지원자를 대상으로 추가 전형 요소(면접 등)를 평가하기가 부담될 때 대학은 이런 단계별 전형 체제를 선호합니다. 2000년대에는 서울대도 정시를 단계별 평가로 운영했죠. 아무튼 지원하려는 대학이 단계별 평가 체제를 도입하는지 눈여겨서 살펴보기 바랍니다.

학생부교과전형에서 수능최저학력기준의 영향력에 주목하자

이번 개편의 주요 쟁점 중 하나는 내신에서 9등급을 5등급으로 축소해 상대평가를 유지한 것입니다. 상대평가가 존속되기 때문에 석차등급을 산술적으로 반영하는 학생부교과전형도 계속할 수 있게 되었습니다. 그러나 기존에는 4퍼센트가 1등급이었는데, 이제 10퍼센트가 1등급이 되어 상황이 많이 바뀌었습니다. 상위권 대학이나 인기 모집단위는 학생부교과전형으로 학생을 선발하기 어렵게 되었죠. 지금처럼 수능 최저학력기준을 활용하면 되는데, 의대처럼 최상위 모집단위에 내신 1등급 학생만 지원하면 결국은 수능 최저 학력 기준을 통해 합격과 불합격이 결정되는 수능전형이 되어버릴 가능성이 아주 큽니다. 이 점도 유념해서 살펴보기 바랍니다.

정시 지원자도 자기주도적 학습태도를 기르자

정시를 준비하더라도 자기주도적 학습태도를 기르도록 하세요. 이번 대입 개편은 교육적으로 의미 있는 학습과 평가란 무언인지, 그 의미를 찾는 데 중점을 두었습니다. 그러니 수능을 대비해 문제 풀이 방식으로만 공부하면, 시대 변화를 따라가지 못하는 어정쩡한 상태가 될 수 있습니다.

수능은 객관식 문제를 풀고 하나의 정답만 찾는 체제이기에 아무리 사고력을 평가하는 문항을 출제해도 자기주도 학습이 근본적으로 불가능합니다. 점수를 잘 받으려면 학생이 자기주장을 반영해서는 안 되며, 무조건 출제자가 요구하는 관점에 맞춰야 하기 때문이죠. 수능이 요구하는 공부는 문제 풀이일 뿐 학습이 아닙니다.

오늘날은 교과에서 지식을 배우면 학생이 그 지식의 내용을 여러 관점에서 생각해보고 자신만의 위치에서 해석할 수 있어야 학습이라 합니다. 배운 지식을 자기 것으로 만들어 지식의 폭과 깊이를 넓히고 깊게 해야 참 공부라는 뜻이죠. 이것이 교육적으로 의미가 큰 자기주도 학습입니다. 수능을 준비해도 수능과 별개로 이런 교육의 본질에 충실한 학습태도를 틈틈이 기르도록 하세요.

고교학점제의 성패는
자기 설계 역량에 달렸다

고교학점제가 도입되면 어떤 마음가짐으로 공부해야 할까요? 고교학점제는 탈 표준화 시대에 학생 각자가 맞춤형으로 성장하는 힘을 비축하는 데 초점을 둡니다. 따라서 나의 삶과 학업을 적극적으로 디자인한다는 생각을 갖는 것이 중요합니다. 여기서는 이런 마음가짐으로 고교 생활을 하는 데 참고할 만한 정보들에 관해 설명하겠습니다.

교육의 주인공은 우리 아이다

현대사회는 다양한 맥락에서 복잡성이 증가하고 테크놀로지가 급격히 발전함에 따라 학생들도 정해진 정답이 없는 모호하고 비구조화된 상황을 자주 접할 것입니다. 그래서 '옳음'과 '틀림'이라는 이분법에 근거하는 '정답적 사고'와는 다른 유형의 사고방식을 키워야 합니다. 이를 앞서 '디자인적 사고'라 했죠.

디자인적 사고는 미리 결정된 내용을 의무적으로 따르는 방식이 아니라 주변 사람들과 공감하고 소통하며 자기에게 맞는 목표와 내용과 방법을 끊임없이 찾고 개선해가는 방식을 말합니다. 학생들이 디자인적 사고방식을 갖추면 어떻게 될까요? 우선 교사, 부모, 친구 등과 지속해서 공감하고 소통합니다. 또 처음에는 막연한 상태에서 출발하지만 차츰 최적의 상태를 만들어가며, 자신에게 가장 맞는 미래를 찾아 성장하게 됩니다.

저는 고교학점제 기반 교육과정이 추구하는 교육 디자인을 크게 학교와 교사가 하는 '교육과정 디자인'과 학생이 하는 '자기 디자인'으로 구분합니다. 이를 표로 정리하면 다음과 같습니다.

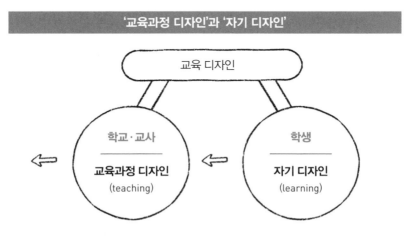

'교육과정 디자인'과 '자기 디자인'

이렇게 그려놓고 보니 고등학교에서의 교육 디자인은 자전거 모양과 비슷하네요. 앞바퀴는 학교와 교사 측이 하는 교육과정 설계를 의미하고, 뒷바퀴는 학생들이 자기 자신을 디자인하는 활동을 나타냅니다. 『21세기 핵심 역량』이라는 책에도 이와 비슷한 자전거 형태의 교육모형이 나옵니다. 이 책은 '학생 바퀴student wheel'와 '교사 바퀴teacher wheel'가 협력하며 수행하는 '프로젝트형 학습 자전거 모형'을 제시합니다.

우리 고등학생들도 이런 자전거 모형을 생각하며 학교생활을 하면 어떨까 싶네요. 학교 자전거가 앞으로 나아가기 위해서는 앞바퀴와 뒷바퀴가 서로 소통하고 협력해야만 하겠지요. 맞습니다. 한 바퀴에 문제가 생기면 다른 바퀴도 제 역할을 하지 못한다는 점에서 두 바퀴는 나누어져 있지만 사실은 한 몸입니다.

여기서 가장 주목해야 할 점은 자전거 모형의 두 바퀴 중에서 자전거를 앞으로 나아가게 하는 것은 뒷바퀴, 즉 학생 바퀴라는 사실입니다. 학생이 어떤 공부를 하고 싶어 하고 어떤 학습을 희망하느냐에 따라 학교 바퀴가 맞춰줘야 합니다. 즉 앞으로 나아가는 추진력은 학생 바퀴에서 나오고 어디로 가는지 방향은 교사 바퀴가 맡아 결정하는 것이죠. 고교학점제에 따라 교육을 받는 학생들은 이런 뒷바퀴 역할을 적극적으로 수행하려는 의지와 마음가짐을 가지고 있어야 좋은 결과를 얻을 수 있습니다.

학생들은 학교생활 전체나 개별 교과 학습에서나 항상 내가 주체라고 생각하세요. 그리고 학교에서 참여하는 사안마다 '계획 – 탐구 – 실행 – 검토 – 개선' 단계를 거치며 더 나은 결과를 만들려는 의지를 갖추도록 해야 합니다. 그러면 앞바퀴도 여기에 호응해 방향도 잡아주고 다양한 가능성도 만들어줄 것입니다.

이러한 바퀴 모양의 교육 체제에서 핵심은 상호 배려와 조화입니다. 고교학점제가 효과를 보기 위해서는 교사의 교육과정 설계와 학생의 자기 디자인이 지나친 통제나 무심한 방임에서 벗어나 서로를 의지하고 배려하며 소통하는 마음가짐을 가져야 합니다. 그래야 학교 내에 다양한 교육 기회가 만들어지고 학생 각자가 자신의 꿈과 진로에 맞게 성장해나갈 수 있습니다.

고교학점제, 행복으로 이끄는 원동력이 되다

뒷바퀴에 해당하는 학생의 자기 디자인은 개별화 교육 체제에 근거를 둡니다. 과거처럼 고등학교가 문·이과로 나누어 똑같은 교육을 하면 굳이 자기 디자인이 필요하지 않겠지요. 오늘날 개별화 교육은 사회현상일 뿐만 아니라 학교의 교육 목표, 교육 내용, 교육 방법, 교육 평가에서 두루 행해집니다. 그 속에는 학생을 학교에서 수동적 존재가 아니라 행위 주체자로 인정하는 관점이 공통으로 들어 있습니다.

제가 말하는 학생의 '자기 디자인'은 OECD의 학생 행위 주체성stu-dent agency 개념을 새롭게 표현한 말입니다. 행위 주체자란 학교의 중심에 서서 스스로 목표를 설정하고 과정을 성찰하며 책임감 있게 변화를 이끄는 사람을 의미합니다. 따라서 학생 행위 주체성이란 학생이 자신에게 성장과 진화가 일어나게 하는 능력과 의지를 갖춘 상태라 할 수 있습니다.

여기서 자기 디자인은 학생이 부모 및 교사와 소통하며 자신의 능력과 소질에 맞게 스스로 '진로 – 생애 – 학업 – 수업' 네 분야를 주도적으로 수행하고, 이를 긍정적으로 변화시키는 자질을 지칭합니다. 학생의 자기 디자인을 구성하는 핵심 영역은 다음과 같습니다.

학생의 자기 디자인 구성 요소	
삶 영역	① 진로 디자인: 학교 공동체를 통해 자신의 '행복 루트' 찾기 ② 생애 디자인: 자신이 추구할 삶의 기본 방향 탐색하기
학습 영역	③ 학업 디자인: 진로에 맞는 과목을 선택해 이수하기(학업 설계) ④ 수업 디자인: 교실 수업에 능동적으로 참여하기(깊이 있는 학습)

위의 표 '학생의 자기 디자인 구성 요소'를 보니 학생들은 삶의 영역에서 진로와 생애를 디자인하고, 학습 영역에서 학업과 수업을 디자인해야 한다는 의미임을 알 수 있습니다. 고교학점제에서 학교는 학생들이 스스로 성장을 추진하고 경험하는 공간입니다. 그러려면 학생 각자가 학교 공간에서 '진로 – 생애 – 학업 – 수업'을 주체적으로 설계하고 이행하려는 의지와 마음가짐을 가져야 합니다. 학생들에게 이러한 네 가지 디자인 활동은 자신만의 가치를 발견하고 행복 루트를 찾는 일종의 '개인 웰빙well-being 프로젝트'라 할 수 있습니다.

OECD는 교육의 일반적 목표를 개인의 '웰빙'에 두는데, 우리의 고교학점제도 마찬가지입니다. 학생들은 고교학점제를 활용하며 자신에게 어떤 삶이 가장 행복한 삶인지 그 방향을 차근차근 찾아보아야 합니다. 이때 부모님은 곁에서 대화를 나누며 자녀가 자신의 특성과 소망에 맞는 웰빙의 길을 발견하도록 도움을 주셔야 합니다. 자신에 대한 이해를 바탕으로 미래 꿈과 비전을 갖추면, 진로에 대한 기대가 커지고 소중히 여기는 마음이 생기게 되죠. 이를 통해 내부에 형성되는 자존감은 자녀의 행복한 삶을 만드는 중요한 동력이 됩니다.

제5부

학생부종합전형,
원하는 대학으로 통하는
완전 활용법

학생부종합전형에 대한 오해와 진실

오늘날 대입에서는 학종이 대세라고 합니다. 학교 교육을 충실히 받으면 누구나 준비가 가능하고 내신성적 반영도 학생부교과전형에 비해 유연해 전국적으로 이 전형 유형에 대한 학생들의 기대가 아주 큽니다.

하지만 학종은 수능이나 학생부교과전형에 비해 취지와 평가 과정이 복잡하기 때문에 아직도 잘못 알고 계시는 분들이 많습니다. 여기서는 학종에 대해 알아두면 도움이 될 기본적인 내용을 정리해 설명하려 합니다.

빠르게 변화하는 교육 환경에 최적화된 학종

헤르만 헤세는 "인간의 몸은 하나지만 영혼은 모두 다르다."라고 했습니다. 사람은 겉으로 보기에는 비슷하지만 깊은 곳에 자신만의 고유함을 갖고 있다는 의미입니다. 고유함은 그 사람을 그 사람답게 만드는 내면적 특성으로 우열을 가릴 수 없습니다. 학생들도 마찬가지입니다. 모두가 다른 능력, 진로, 적성, 성격, 소망 등을 지니며 다른 환경과 여건 속에서 공부합니다. 따라서 이들을 표준화된 하나의 기준과 절차로 평가하고 한 줄로 세우는 방식은 바람직하지 않습니다.

학종은 획일화된 잣대로 평가할 수 없는 각자의 다양성을 존중하는 데서 출발합니다. 즉 학생의 내면에 있는 다양한 특성과 외적 환경을 종합적으로 고려해 평가하는 전형 유형이 학종입니다. 「2025학년도 서울대학교 학생부종합전형 안내」(2025) 책자에는 이렇게 설명되어 있습니다. "학종은 수치로 계산된 성적만을 반영하지 않고, 지원자가 제출한 서류를 바탕으로 학업 역량뿐만 아니라 학업에 대한 노력, 의지, 열정, 적극성, 도전 정신, 발전 가능성 등을 종합적으로 평가하는 학교 교육 기반의 평가 방식이다."라고요.

서울대의 설명에 의하면 학종의 특성은 다음과 같이 요약할 수 있습니다. '성적으로 줄을 세우지 않는다', '학생부를 중심으로 평가한다', '학업 역량 외에도 다수의 평가 항목이 있다', '학교 교육을 기반으로 하는 종합적 평가 체제다'. 여기서 '종합적 평가'란 여러 항목의 점수 수치를 단순히 합산하는 방식이 아니라 지원자의 교과 성적과 활동의 결과, 동기, 과정 등을 다면적으로 판단한다는 의미입니다.

학종이 지닌 핵심 취지는 학생의 지속성장 가능성을 중심에 둔다는 점입니다. 지금은 새로운 지식이 끊임없이 생성되며 빠른 속도로 다변화하는 시대죠. 따라서 고등학교와 대학이 마치 하나의 교육기관처럼 협력하며 일관된 교육을 제공해야 효과적입니다. 대입도 지원자가 지속가능한 성장을 이어갈 자질을 갖추었는지를 확인하는 것이 중요해졌습니다.

그런데 이러한 지속 성장의 자질은 학업성취도를 양적으로 측정하는 일회성 국가고사로는 확인하기 힘듭니다. 여러 사람이 긴 시간 관찰해서 정리한 자료들을 통해서만 제대로 파악할 수 있습니다. 그 결과 교사들이 3년간 확인한 내용을 정리해서 기록한 학생부가 관심을 끌게 되었습니다. 학교생활의 모습은 오랜 기간의 성장을 나타내는 중요한 지표이기 때문이죠. 그러면서 자연히 대학도 학생부를 교육적 가치가 가장 높은 평가 서류로 여기기 시작합니다.

이러한 취지와 흐름에 맞춰 학종은 2014학년도에 공식적으로 수시전형에 등장합니다. 당시 학종에 대한 학교와 대학의 관심은 대단했습니다. 교육 당국, 대학, 학계, 심지어 정치권까지 한목소리로 긍정적 의견을 내는 유일한 제도라고 말할 정도였으니까요. 대학별고사는 사교육 민감성이 높아 한국 사회에 정착하기 어렵고, 국가고사는 다양성의 시대에 맞지 않다는 의견이 팽배하던 때였죠. 이런 분위기 속에서 학교와 대학이 협력적으로 인재를 육성하는 학종이 교육의 본질에도 부합하며 한국의 실정에도 맞다고 여겨졌습니다. 특히 학종은 우수 학생의 확보라는 실리와 교육적 가치를 내세운 명분이 어우러져 지금도 상위권 대학들이 가장 선호하는 전형입니다.

'학종은 입학사정관전형의 연장선이다?'

아직도 많은 분이 학종과 입학사정관전형을 같은 것으로 알고 있습니다. 학부모뿐만 아니라 언론 기사 중에도 둘을 같은 전형으로 설명하는 사례들이 많은데 그렇지 않습니다. 두 전형 모두 대학의 입학사정관이 평가를 주도하니 그런 오해를 하는 것 같습니다만, 둘은 취지나 평가 서류에서 많은 차이가 납니다. 입학사정관전형이 학종의 전신이라는 말은 완전히 틀린 것이 아닙니다. 그러나 저는 두 전형은 근본적으로 다르며, 심지어 입학사정관전형의 방향에 가장 반대하는 입장이 학종이라고 봅니다.

　그럼 두 전형에는 구체적으로 어떤 차이가 있을까요? 이를 정리하면 다음과 같습니다.

입학사정관전형과 학생부종합전형의 차이		
비교	입학사정관전형	학생부종합전형
핵심 기준	개인의 독특한 경험	학교생활 충실도
준비 구호	자기 경험을 스토리로 만들고, 이를 다시 히스토리가 되게 하라	교육과정이 최고의 스펙이다
주요 서류	자기소개서 – 학교생활기록부	학교생활기록부 – (자기소개서)
존속 기간	2007~2014	2014~현재

　입학사정관전형은 이명박 정부 시절에 대입전형이 선진화로 가는 계기를 마련하겠다는 취지로 도입했습니다. 지금까지 수능이든 내신

이든 성적 점수 위주로 학생을 선발하던 방식에서 벗어나 입학사정
관전형은 지원자의 경험과 잠재 능력을 다면적으로 평가함으로써 대
학들이 다양한 인재를 확보하도록 하는 데 목적을 두었습니다.

그래서 '개인의 독특한 경험'이 전형의 핵심 기준이 되었고, 학생들
은 교내 활동보다는 학교 밖에서 자기만의 특별한 경험을 쌓는 데 매
진했습니다. 교외 경시대회나 올림피아드 참가, 소논문 집필, 과도한
봉사 활동, 해외캠프 참가, 모의 국제기구 활동 등을 주기적으로 하다
보니 학교 교육은 오히려 뒷전으로 밀리는 부작용이 나타났죠. 그리
고 입학사정관전형의 경우 자신의 특별한 경험을 자소서에 담아 스
토리로 만들고 이를 다시 자신의 이력이 되도록 잘 포장해야 합격 가
능성이 높아졌습니다. 그 결과 자소서 컨설팅이 유행하고 부모들까지
나서서 자녀의 스펙을 만들어주는 심각한 부작용이 나타났습니다.

학종은 이러한 입학사정관전형이 지닌 문제점을 해결하기 위한 대
안으로 등장했습니다. 그래서 학종은 일체의 외부 스펙을 배제하고
학교에서의 활동만을 평가의 대상으로 삼습니다. 이제 '학교생활 충
실도'가 서류평가의 핵심 평가 기준이 된 것이죠. 여기에는 학교 교육
과정에 근거해 수행한 교육 활동의 과정과 결과만 보아도 충분한 선
발 근거가 된다는 판단이 들어 있습니다. 이때 학교생활은 교실 수업
을 중심에 두되 교과 외 활동도 비중 있게 반영합니다. 그 결과 학교
의 공식 기록인 학생부가 평가 서류의 중심을 차지하고, 자소서는 이
를 보완하는 역할만 하다가 결국 폐지되기에 이릅니다.

우리 사회가 학종과 입학사정관전형을 혼동하면서 한동안 잘못된

정보가 수험생들을 대단히 혼란스럽게 했습니다. 학종은 소논문을 평가에 전혀 반영하지 않는데, 언론은 계속 부모 찬스와 소논문을 기사화했지요. 그뿐만이 아닙니다. 마치 자소서 내용만 화려하면 합격이 보장되는 것이 학종인 것처럼 보도해 대학의 입학처들이 나서서 해명하기도 했습니다.

우리 사회를 뒤흔든 부모 찬스에 따른 스펙 논란은 모두 입학사정관전형 초기에 일어난 사안들입니다. 입학사정관전형도 후기에 들어서면서 외부 스펙을 금지하기 시작합니다. 그런데 외부 스펙 반영을 가장 반대하는 입장인 학종이 잘못을 덮어쓰는 것은 일종의 '마녀사냥'에 가까운 현상입니다. 우리 사회가 진실을 왜곡하면 대입에서는 선의의 학생들만 피해를 보기에 특히 조심할 필요가 있습니다.

학생부, 고등학교와 대학교를 잇는 다리가 되다

학종은 고교와 대학 사이 '교육적 연계'를 중심 가치로 두는 대표적 전형입니다. 고등학교에서 학교 공부를 열심히 하고도 대입을 위해서 또 다른 공부를 해야 하는 상황은 바람직하지 않습니다. 그리고 대학에 들어갔는데 막상 고등학교에서 배운 내용이 전공 학업과 별로 관련이 없으면 이것도 문제입니다. 그렇게 되면 학교도 학생도 모두 힘들어지겠죠.

이러한 연계성의 추구는 현대사회의 메가 트렌드입니다. 오늘날 사회 각 분야는 전문성을 유지하되 교류와 융합을 통한 상호의존성이 아주 커졌습니다. 대학의 인재 양성 역시 학교 및 사회와 긴밀한 관계 속에서 이루어져야 합니다. 언젠가 서울대 유홍림 총장도 인터뷰에서 이런 말을 했습니다. "서울대는 상아탑에서 벗어나 대학의 존재 이유를 사회 전체와의 관계 속에서 찾겠습니다." 지금 서울대 정문 앞에 놓인 구조물 '샤'는 우리 사회 혹은 다양한 학교들과 서울대 사이의 연계성을 상징화하는 형상물입니다.

이런 흐름에서 보면 대입은 학교 교육이 달려가는 목표 지점이 아니라 연계의 마디를 구성하는 중간 부분, 즉 교량이라 할 수 있습니다. 고교와 대학이 제도적으로는 분리되어 있지만 교육 이념적으로나 사회적으로 두 기관이 동일한 교육 공동체를 구성하며, 일관된 목적

1) 인재상의 연계 : 핵심 역량
- 학교 교육이 추구하는 인간상과 대학 교육의 인재상 사이의 연관성

2) 교육 내용 및 교육 활동의 연계 : 전공적합성
- 학교의 교육 활동(교과 수업, 창의적 체험 활동, 교과 외 활동 등)과 대학의 전공 학업(전공 강좌, 전공 관련 활동 등) 사이의 연관성

3) 인적자원의 연계 : 인적 협력
- 고교 인력이 대입전형 과정에 참여(공교육영향평가위원회, 자문교사단 등)
- 입학사정관 등 대학 인력이 고등학생 진로 지도 등에 참여

4) 대입 준비 과정의 연계 : 연계 활동
- 대입전형에 대한 대학의 홍보 및 설명회 개최
- 대학이 다양한 학습, 진로, 전형 관련 연계체험 활동 제공(전공 캠프, 모의 면접 등)

실현을 위해 협력하는 구도가 바로 고교 – 대학 연계교육입니다. 이러한 연계교육은 현재 대입제도에서 공동의 비전, 공동의 교육 활동, 공동의 인적자원, 공동의 교류 활동 이렇게 네 차원에서 진행됩니다.

연계교육의 가장 기본이 되는 것은 인재상의 공유입니다. 대입이 협력적 연계 지점이 되기 위해선 중등과 대학이 동일한 인재상에 근거를 두어야 하기 때문입니다. 고등학교는 교육과정에 명시된 인간상이나 핵심 역량에 맞춰 학생들을 교육했는데, 지원하는 대학이 갑자기 다른 인재상을 요구하면 대입이 제대로 운영될 수 없겠지요. 다행히 대학이 학종에서 추구하는 인재상의 모습은 현재 고등학교 교육과정이 추구하는 인재상과 거의 유사합니다.

두 번째, 교육 내용 및 교육 활동의 연계는 '전공적합성' 혹은 '진로역량'이라는 명칭으로 활발하게 진행되고 있습니다. 학생이 고교에서 수행한 다양한 교과 및 교과 외 활동이 학종의 평가 항목에 반영되고 이후 전공 학업에도 도움을 주는 상황을 나타냅니다. 사실 네 가지 연계교육 차원 중에서 가장 중요한 부분이죠. 교육 내용 및 교육 활동 차원의 이상적 연계는 고교의 교육 활동이 학종평가에 충분히 반영되고, 반대로 이러한 평가가 고등학교 교육의 방향 설정과 질적 향상에도 기여하는 순환 체제가 형성되는 상태를 말합니다.

세 번째, 고등학교와 대학이 서로 전문가를 교류하는 인적자원의 연계입니다. 현재 대학은 장학사나 교원을 입학처의 자문위원이나 각종 위원회의 구성원으로 활용하며, 학종의 서류나 면접평가에 평가자나 참관인으로 참여시키기도 합니다. 고등학교가 대학교수나 입학사정관을 컨설팅이나 강연에 초빙하는 것도 여기에 해당합니다.

마지막은 대입을 준비하는 과정에서 양측이 주관하는 다양한 행사들입니다. 연계교육 개념이 처음 도입된 시기에는 주로 이 네 번째 '연계 활동' 차원만을 의미했습니다. 현재 모든 대학은 학생들의 입시 준비 과정에 도움을 주기 위해 단독으로 혹은 지역 대학들이 연합해 다양한 연계 활동을 진행합니다.

대학의 홍보 행사, 입시 설명회, 전공별 안내, 모의 면접, 모의 서류 평가, 다양한 학습 캠프, 대학 초청 방문, 대학 실험실 체험 등이 대표적 사례입니다. 학교나 지역사회에서 이러한 행사들이 열리면 학부모님들도 적극적으로 활용해보세요. 대입 준비에 도움이 되는 구체적 정보들을 많이 얻을 수 있을 겁니다.

더욱 공정한 선발이 될 수 있도록

학종의 평가 체제는 현재 큰 도전에 직면해 있습니다. 지금까지는 학생부, 자소서, 추천서, 그리고 학교 소개자료를 통해 교과와 교과 외 영역을 균형 있게 평가했습니다. 하지만 교육부가 '대입제도 공정성 강화 방안'(2019. 11. 28.)을 발표한 이후 큰 변화를 겪었습니다. 이와 관련해서 학생과 부모님 모두 반드시 숙지하고 있어야 할 점들이 있는데, 그 내용은 다음과 같습니다.

우선 서류평가와 면접은 '블라인드 평가'를 합니다. 이제는 전형서 류를 제출할 때 학교명이 드러나지 않아야 합니다. 학종의 공정성을 높이기 위해 학생의 성명, 출신 고교, 수험번호 등 개인정보를 모두 블라인드 처리하고 평가를 진행합니다. 선발에 영향을 줄 수 있는 정보들을 배제하고 학생의 개인 특성과 역량을 중심으로 평가를 하는 것이 목적이죠.

당연히 '학교 소개 자료school profile'도 제공할 수 없습니다. 대학에서는 학생부와 해당 학교의 과목 리스트만으로 서류평가를 합니다. 다만 과목 리스트만 봐도 특목고와 일부 특정 학교는 어느 정도 짐작이 가능합니다. 하지만 일반고는 서울 소재 일반고인지 지방 소재 일반고인지 거의 구분이 되지 않습니다.

또한 자소서나 추천서도 순차적으로 폐지되었습니다. 추천서는 학생의 학업 특성이나 개인적으로 두드러지는 자질과 경험들에 대해 학교 측이 작성해주는 서류죠. 사실 대학 입장에서 추천서는 학생과 오랫동안 함께 지낸 교사가 지원자에 대해 객관적인 판단을 해주는 자료이기에 꽤 유용합니다. 그러나 교사 측에서 보면, 그 많은 학생의 추천서를 작성하는 과정이 보통 힘든 일이 아닙니다. 한국에서는 부정적 기술을 자제하는 분위기가 뚜렷해 효용성이 의심받기도 했죠. 그래서 결국 2022학년도부터 폐지되었습니다. 대신에 지금은 학생부의 종합의견란이 추천서 역할을 일부 대신하고 있습니다.

자소서는 뜨거운 감자입니다. 학생부에 기재된 다양한 내용에 대해 학생 자신의 의견이나 입장을 들어보는 유익한 자료이기는 합니다. 그러나 학생이 스스로 작성한 진술이기에 자소서마다 정보의 가치 면에서 차이가 심하고 내용의 진정성도 확신할 수 없다는 문제가 있었죠. 따라서 학종이 도입된 후에 자소서는 주된 전형 자료라기보다는 참고자료의 성격을 지니게 됩니다. 그러다가 2024학년도부터 완전히 사라집니다.

　교육부의 '대입제도 공정성 강화 방안'은 학생부의 구성 요소 중 특히 비교과 영역의 주요 항목들을 대입전형에 활용하는 데 많은 제약을 둡니다. 2024학년도부터 적용된 주요 변화를 정리하면 다음 표와 같습니다.

2024학년도부터 적용된 학교생활기록부 기재 주요 변화		
구분		학교생활기록부 기재 주요 변화(2024학년도부터)
① 교과 활동		• 세부능력 및 특기사항 과목당 500자 • 방과후학교 활동(수강) 내용 미기재 • 영재·발명 교육 실적 대입 미반영
② 종합 의견		• 연간 500자
③ 비교과 영역	자율 활동	• 연간 500자
	동아리 활동	• 연간 500자 • 자율동아리는 대입 미반영 • 청소년 단체 활동 미기재 • 소논문 기재 금지
	봉사 활동	• 특기사항 미기재 • 개인 봉사 활동 실적 대입 미반영, 단, 학교 교육계획에 따라 교사가 지도한 실적은 대입 반영
	진로 활동	• 연간 700자 • 진로희망 분야 대입 미반영
	수상 경력	• 대입 미반영
	독서 활동	• 대입 미반영

※ 용어 구분 : (미기재) 학교생활기록부에서 삭제.
　　　　　　　 (미반영) 학교생활기록부에는 기재하되 대입자료로 미전송

표 '2024학년도부터 적용된 학생부 기재 주요 변화'에서 보는 바와 같이, 2024학년도부터 다양한 비교과 영역을 학생부에 기재할 수 없거나 대학 측에 제공하지 않습니다. 심지어 독서 활동과 수상 경력도 대입에 미반영됩니다. 나아가 교육과정에 기반을 둔 창체(자율, 동아리, 진로 활동)마저 기재 분량이 최소한도로 줄어들어 대입 정보로서의 역할이 축소될 수밖에 없습니다.

따라서 대입제도 공정성 강화 방안이 전면 적용되는 2024학년도 이후에는 아마 교과 활동과 교과 외 활동을 균형 있게 반영하는 형태는 어려울 것입니다. 그리고 전체적으로 교과 부분의 영향력이 증가할 가능성이 큽니다. 이렇게 되면 학종의 평가 과정에서 자연히 교과 외 활동에 대한 관심이 줄어들고, 교실 수업에 중심을 둔 채 학업 역량이나 전공(계열) 적합성을 중점적으로 판단할 것입니다.

독서 활동까지도 대입에 반영하지 못하게 한 것은 지나치다는 생각입니다. 지금은 저자와 제목만 기재하고, 책을 읽고 느낀 소감이나 진로와의 연관성 등은 독서 활동 부분에 담을 수 없습니다. 독서는 학교 공부와 성장의 핵심적 바탕입니다. 그래서 독서를 많이 하면 끈기 있게 탐구하는 자세가 길러지고 학업도 깊이 파고들게 됩니다. 반대로 독서를 소홀히 하면 학생의 두뇌에 '생각의 지도'가 만들어지지 않습니다. '생각의 지도'는 각자가 듣거나 읽은 지식과 경험들이 기억 속에 질서정연하게 저장되면서 하나의 체계, 즉 지도를 구성한 상태를 말합니다.

독서는 머릿속에 '생각의 지도'를 만듦으로써 학생들이 교과에서 배우는 내용과 삶의 다양한 현상들을 바라볼 때 그 해상도를 크게 높여줍니다. 그래서 독서를 많이 하는 만큼 공부를 잘할 가능성이 커진다고 하는 것이죠. 자소서가 있던 시절, 서울대가 굳이 네 번째 항목에 '지원자가 읽은 책이 자신에게 어떤 변화를 주었는지'를 작성하도록 한 이유도 이 때문입니다.

'대입제도 공정성 강화 방안' 등 여러 가지 요인들을 고려해보면, 학종의 핵심 평가 기준이 지금의 '학교생활 충실도'에서 '교과 활동 충실도'로 변화될 가능성이 커 보입니다. 교과와 교과 외 활동으로 구성된 학교생활 중에서 교실에서의 활동이 상대적으로 중요해진다는 뜻이죠. 그러면 학생들이 수업에 참여하는 방식과 태도, 여기에서 이루어낸 성취도, 교실에서의 자기주도적 참여 활동 등이 입시에서도 핵심 증거자료가 될 겁니다.

교과 수업 내에서 학생이 수행하는 참여 활동과 그 태도를 기재한 '세특'의 중요도가 점점 커지는 이유도 이 때문입니다. 앞서 언급한 독서 활동도 마찬가지입니다. 교과 외 활동으로는 기록할 수 없으니 이제 학생들의 독서 경험은 모두 '세특'에 기재되어 대학에 전달됩니다. 어쩌면 이런 방식이 더욱 바람직할 수도 있습니다. 자신이 읽은 책을 각 교과 학습과 연결해 깊이 생각하고 활용하면 교과 공부에도 깊이를 더해줄 테니까요.

평가 항목을 아는 것이
준비의 시작이다

지원하려는 대학을 결정한 후 만일 수시 학종을 통해 진학을 희망한다면, 먼저 그 대학이 운영하는 학종의 평가 항목이 무엇인지를 상세히 파악해야 합니다. 대학마다 평가 항목은 유사하면서도 세부적으로 들어가면 약간씩 차이가 있습니다. 여기서는 각 대학이 서류평가와 면접평가에 활용하는 평가 항목의 유형과 세부 내용들에 대해 알아보겠습니다.

학종의 다섯 가지 평가 원칙

대학별 평가 항목을 알아보기 전에 학종의 일반적 평가 원칙에 대해 알아보겠습니다. 학종은 학교 교육을 통해 길러진 학업 역량과 전공 적합성, 성장 잠재력과 사회 역량을 두루 반영합니다. 이때 학생부에 기재된 활동의 결과, 즉 성취도만을 보는 것이 아니라 활동의 동기, 과정, 특성 등을 심층적으로 판단합니다. 학생들은 대부분의 시간을 학교에서 보내죠. 따라서 학종은 입학사정관전형과는 달리 학교에서 이루어지는 활동의 내용과 결과만을 평가해도 충분하다고 생각합니다. 그런 만큼 학생들도 학교에서 성장해가는 자신의 모습을 진정성 있게 관리해야 합격 가능성이 높아집니다. 다면적인 평가를 하는 학종에서는 학생들이 단순히 보여주기식으로 활동한 내용은 전형 과정에서 걸러지기 쉽습니다.

학종의 일반적 평가 원칙은 대략 다음의 다섯 가지 정도로 요약할 수 있습니다. '종합평가', '맥락화된 평가', '정성평가', '학교 교육 중심 평가', '역량평가'가 그것입니다. 이러한 평가 원칙의 특징들을 유념해서 살펴보세요.

종합평가
항목별 점수의 수치를 단순히 합산하는 형식이 아니라 종합평가를 합니다. 종합평가는 교과별 성적과 활동의 수준을 확인할 때 성취도, 동기, 과정 등을 다면적으로 보는 방식을 말합니다.

맥락화된 평가
학생이 처한 교육적 여건과 상황을 고려해서 판단합니다. 학생이 어떤 맥락 속에서 이러한 학업을 수행하고 결과를 만들었는지 확인하고 반영해준다는 뜻입니다.

정성평가

대학 입학사정관이 정성평가를 합니다. 서류평가를 할 때 개별 학생이 학교 교육을 통해 경험하고 성취한 결과를 기계적으로 반영하지 않고 전문가로서 '인적 판단human judgements'을 하는 것이 정성평가입니다.

정성평가를 수행하는 대학 입학사정관은 상시적으로 입학 업무를 전담하는 전임 입학사정관, 그리고 전형 시기에만 참여하는 전공별 교수, 즉 위촉사정관을 모두 포함합니다.

학교교육 중심 평가

학교 교육을 통해 함양한 학생의 자질을 평가합니다. 철저히 학교 교육 중심으로 전형을 운영한다는 의미입니다. 학교의 공식 서류인 학생부를 전형 유형의 명칭에 붙인 이유도 이 때문이죠.

역량평가

학생의 학업능력뿐만 아니라 스스로 성장해나가는 잠재력, 사회적 관계의 모습, 자신과 학업을 관리하는 태도 등을 두루 평가에 반영합니다. 일종의 역량평가를 한다는 의미입니다.

대학이 원하는 인재상은 평가 항목 속에 있다

학종에서 '평가 항목'은 무엇을 말하는 것일까요? 학종은 고교와 대학이 공유하는 인재상에 기반을 두기에 평가 항목들의 합은 곧 대학이 추구하는 인재상이라 보면 됩니다. 즉 평가 항목은 대학이 설정한 인재상을 구성하는 개별 요소들을 의미합니다. 이러한 개별 항목들을 각각 평가해 합산하면, 학종의 전체 평가 결과가 되는 것이죠. 평가 항목은 대학에 따라 '평가 요소' 혹은 '평가 영역' 등으로 부르기도 하니 참고하세요.

저는 학종이 추구하는 인재상을 '지·호·락知·好·樂'으로 설명하는 것이 적절하다고 봅니다. 지·호·락은 '아는 것은 좋아하는 것만 못하고, 좋아하는 것은 즐기는 것만 못하다'라는 뜻입니다. 인재상을 설계할 때 이 세 단계를 적용하면, 더욱 체계적으로 인재상을 구성할 수 있습니다. 1단계 지知는 객관적인 실체로서 인간이 갖추는 부분이며, 2단계 호好는 내적 요소로서 인간의 자기관리 부분이 1단계에 추가된 상태입니다. 그리고 3단계 락樂은 1, 2단계에 더해 타인과 나누는 공동체 의식까지 갖춘 이상적 인물을 의미하죠.

여기서 지는 지식과 지혜, 창의적 사고 등의 지적 역량을 아우르며, 호는 성실, 열정, 집중력, 자기주도성 등의 자기관리 역량을 뜻합니다. 마지막으로 락은 공감과 소통, 리더십, 공동체의식 등의 사회 역량을 모두 포함하죠. 이처럼 '지-호-락'의 3단계를 갖춘 인물은 충분한 지적 역량을 소유하고, 자신을 잘 관리할 줄 알며, 타인과 바람직한 사회적 관계를 유지하는 이상적 인재가 됩니다.

이러한 '지호락' 기반의 인재상을 기준으로 몇몇 대학이 학종의 서류평가에서 운영하는 평가 항목들을 분류하면 다음과 같습니다.

주요 대학의 평가 항목 분류(2025학년도 기준)

분류	항목 사례	서울대	연세대	고려대	서강대
1단계 지知 지적 역량	학업 역량	학업 역량	학업 역량 진로 역량	학업 역량	학업 역량
	전공적합성				
	탐구 역량				
2단계 호好 관리 역량	학업태도	학업태도		자기계발 역량	성장 가능성
	성장 가능성				
	자기주도성				
3단계 락樂 사회 역량	공동체 역량	학업 외 소양	공동체 역량	공동체 역량	공동체 역량
	인성				
	학업 외 소양				

위의 표 '주요 대학의 평가 항목 분류'에서 볼 수 있듯이 대학들은 학종의 서류평가를 위해 지적 역량, 관리 역량, 사회 역량의 3단계에 맞춰 평가 항목을 설정하고 있습니다. 학업 역량은 거의 모든 대학이 1차적으로 요구하는 자질로 지적 역량을 대표합니다. 사회 역량의 범주에 속하는 공동체 역량도 대학마다 명칭은 다르지만 공통된 평가 항목입니다.

반면 2단계의 관리 역량은 대학마다 편차가 심합니다. 서울대는 학업태도, 고려대는 자기계발, 서강대는 성장 가능성으로 표현하며, 연세대는 별도로 두지 않습니다. 연세대의 경우 이전에는 학업 역량, 전공적합성, 발전 가능성, 인성, 이렇게 네 가지 항목을 두었습니다. 한데 이를 지금처럼 세 항목으로 줄이면서 전공적합성은 진로 역량으로, 인성은 공동체 역량으로 명칭을 바꾸고, 2단계에 해당하는 발전 가능성은 아예 빼버렸습니다. 전국적으로는 연세대처럼 평가 항목을 운영하는 대학들이 가장 많은데, 대부분 2단계의 자기관리 역량을 1단계에 포함해 평가하는 분위기입니다.

연세대가 평가 항목을 줄였듯이, 지금은 대부분의 대학이 학종 서류평가에서 세 개의 평가 항목을 운영합니다. 그리하여 평가 항목의 통일성이 높아져 학생들의 학종 준비가 약간 편해진 면도 있죠. 물론 평가 항목을 아직 4개로 운영하는 대학도 있는데, 이런 경우는 학업 역량, 진로 역량, 공동체 역량 외에 대개 잠재 역량이나 발전가능성을 별도의 항목으로 설정합니다.

현재 전국 대학의 학종 서류평가에서 평가 항목은 전공적합성 혹은 진로 역량을 보는 관점에 따라 크게 세 가지 유형으로 분류할 수 있습니다. 이 점을 알아두는 것도 학종의 평가 체제를 이해하고 대비하는 데 큰 도움이 됩니다.

제1유형 : 학업 역량과 진로 역량을 별도로 둠

연세대처럼 학업 역량과 진로 역량을 별도로 두는 대학이 여기 속합니다. 이런 경우 일반적 학업 역량 따로, 전공 중심의 진로 역량 따로 평가한다는 뜻이죠. 그러면 전공과 관련된 고등학교 과목 성취도는 학업 역량과 진로 역량에 이중으로 반영될 수도 있습니다. 전국의 대학 대부분이 이 유형을 따릅니다. 물론 대학마다 세 개 평가 항목의 비중은 다르게 운영합니다. 2025학년도 현재, 연세대 외에 강원대, 건국대, 경북대, 경희대, 계명대, 단국대, 동아대, 명지대, 부산가톨릭대, 부산대, 서울여대, 숭실대, 전남대, 전북대, 중앙대, 한국외대, 한밭대 등이 이 유형에 해당합니다. 이런 대학 중에는 일부 항목을 대학에 맞게 조정한 경우도 있습니다. 예를 들어, 숭실대는 공동체 역량을 '숭실 역량'으로, 부산대는 '사회 역량'으로 칭합니다.

제2유형 : 전공적합성 혹은 진로 역량을 별도 항목으로 두지 않음

이런 경우 전공적합성은 학업 역량이나 다른 역량(예: 탐구 역량) 속에 들어 있는 하부 요소로 간주합니다. 제2유형은 고등학교 때 교과 전반에 대한 학업을 두루 해두는 것을 더욱 중시하는 편입니다. 전공에 필요해 꼭 이수하기를 권장하는 과목들은 '핵심 권장과목'이라는 명칭으로 요강에 공지해두니, 굳이 별도의 항목으로 평가할 필요가 없다는 입장이기도 하죠. 서울대가 이 두 번째 유형을 대표합니다. 그외 고려대, 서강대, 서울시립대, 성균관대, 이화여대, 충남대, 한양대 등도 크게 보면 이 유형에 해당합니다.

제3유형 : 전공적합성 혹은 진로 역량을 학업 역량보다 위에 둠

전공적합성이나 진로 역량을 더욱 강조해 이를 학업 역량보다 상위에 두는 대학입니다. 성취도 중심의 학업 역량 개념보다는 지원자와 대학 학업 사이의 연관성에 근거를 두는 전공적합성을 더욱 중시하는 입장이죠. 이 유형에서는 학업 역량이나 성취도가 오히려 전공적합성이나 다른 평가 항목(예: 탐구 역량)의 하부 평가 요소로 존재합니다. 경상대, 공주대, 국민대, 숙명여대 등이 이 유형에 속합니다.

이러한 유형 분류는 2025학년도를 기준으로 한 것입니다. 대학마다 필요한 경우에는 평가 항목들을 매년 조금씩 수정하는 사례들도 많습니다. 그러니 대학들이 입학전형 시행계획이나 수시모집요강을 발표하면, 혹시 평가 항목에 변화가 있지는 않은지 반드시 확인하도록 하세요.

평가 항목에 대한 정확한 이해가 성공의 열쇠

그러면 대학들은 학종의 서류평가에서 평가 항목을 통해 무엇을 확인하는 것일까요? 여기에 대한 정보는 각 대학이 발행하는 학종 안내 자료나 수시모집요강에 상세히 설명되어 있으니 사전에 입수해 꼭 숙지해두기 바랍니다. 연세대의 평가 항목 표의 일부를 첨부하니 참고하세요.

연세대 사례에서 보듯이 대학의 평가 항목표는 대개 '평가 항목(평가 요소) - 세부 평가 항목(평가 요소) - 평가 내용(평가 기준)' 세 가지 단계로 구성됩니다. 대학의 요강에 담긴 이러한 평가 항목표를 보면, 학종으로 지원할 때 어떤 점에 중점을 두고 준비해야 할지 방향을 정할 수 있습니다. 항목별로 평가하는 내용을 꽤 세부적으로 제시하고 있어 각 평가 항목이 추구하는 의미와 목표가 잘 드러납니다.

연세대의 학종 평가 항목(일부)		
평가 항목	세부 평가항목	평가 내용
학업 역량	학업 성취도	• 대학 수학에 필요한 기본 교과목의 교과 성적, 그 외의 교과 성적 • 학기별/학년별 성적의 추이
	학업태도	• 성취동기와 목표의식을 가지고 자발적으로 학습하는 의지 • 새로운 지식을 획득하기 위한 자기주도적 노력 • 교과 수업에 적극적으로 참여해 수업 내용을 이해하려는 태도와 열정
	탐구력	• 교과와 각종 탐구 활동 등을 통해 지식을 확장하려고 노력 • 교과와 각종 탐구 활동에서 보인 구체적인 성과 • 교내 활동에서 드러나는 학문에 대한 열의와 지적 관심
진로 역량 (70%)	전공 관련 교과 이수 노력	• 전공(계열)과 관련하여 선택하고 이수한 과목 수 • 전공(계열)과 관련된 과목을 이수하기 위한 노력(예: 공동교육과정), • 선택과목(일반/진로)을 교과목 위계에 따라 이수
	전공 관련 교과성취도	• 전공(계열)과 관련된 과목의 석차등급/성취도, 원점수 등 성취수준 • 전공(계열)과 관련된 동일 교과 내 진로선택과목의 성취수준
	진로 탐색 활동 및 경험	• 자신의 관심 분야나 흥미와 관련한 다양한 활동에 참여하는 노력 • 교과 활동이나 창의적 체험활동에서 전공(계열)을 탐색한 경험

앞서 언급한 평가 항목의 유형에 맞춰 세부 내용을 살펴보도록 하죠. 우선 학업 역량과 진료 역량이 별도로 설정된 제1유형입니다. 연세대의 사례를 보면 학업 역량과 진로 역량이 합해 70퍼센트의 비중을 차지합니다. 두 역량이 평가 영역으로는 구분되어 있지만 배점 측면에서는 통합되어 있어서 실제 평가할 때 양 역량을 오가며 비교적

유연하게 점수를 부여하는 것 같습니다. 하지만 이렇게 평가 항목 사이에 배점이 열려 있는 경우는 흔하지 않습니다. 대부분의 1유형 대학은 항목별로 배점을 고정해두고 있습니다.

제1유형의 특징은 진로 역량이 학업 역량과 대등한 위상을 지닌다는 점입니다. 그러다 보니 진로 역량의 하부 항목들이 꽤 세분화되어 있지요. 진로에 맞는 과목을 이수하려는 노력, 그 과목들의 성취도, 진로 관련 다양한 활동과 경험들이 각각 별도의 하부 항목으로 존재합니다. 이런 설정은 진로 역량의 모든 구성 요소를 개별적으로 들여다본다는 뜻입니다. 그러니 전공 관련 과목 이수 노력, 과목의 성취도 관리, 전공과 연관된 활동들이 학생부에 명확히 분리된 채 드러나게 하는 것이 효과적입니다.

다음은 진로 역량을 별도의 항목으로 두지 않는 제2유형의 사례입니다. 제1유형이 탐구력을 학업 역량의 하부에 둔 반면, 제2유형인 성균관대는 탐구 역량을 학업 역량과 동등한 위치에 올려놓았습니다. 대신에 제1유형이 강조한 진로 역량은 탐구 역량의 하부 항목으로 배치했고요. 사실 진로도 탐구의 대상이기 때문에 진로와 관련된 활동들은 모두 탐구 역량에 해당될 수 있습니다.

그러나 여기서 탐구 역량이 말하는 관심 분야는 비단 진로만이 아니라 교과의 관심 분야 등에 포괄적으로 해당될 수 있습니다. 따라서 교과든 진로든 학생이 자기주도적으로 찾아 집중적으로 탐구한 사례와 경험을 쌓아두면 좋은 평가를 받을 것으로 보입니다.

예들 들어, 관심이 많은 분야인데 재학하는 학교에는 과목이 없어서 주말에 공동교육과정으로 이수한다든가, 난도가 높은 과목이나 소인수 과목이라 해도 관심 분야라면 적극적으로 선택해 이수한 사례 등이 여기에 해당합니다. 이처럼 내가 지원하고자 하는 대학의 평가 항목을 미리 파악해두는 것은 대입 준비에 아주 중요합니다.

마지막으로 학업 역량을 평가 항목으로 두지 않는 제3유형의 사례입니다. 이 유형은 학업 역량 대신에 전반적인 학업태도를 더욱 중시하는 방향입니다. 일반적으로 학업성취도 중심의 학업 역량을 강조하는 체제와는 다른 접근 방식이라 하겠죠. 숙명여대와 같은 제3유형은 학업성취도보다 대개 자기주도적 학습태도, 지적 호기심, 탐구하는 태도와 역량 등을 더욱 높게 평가합니다. 이런 요소들이 학생의 미래 성장 가능성에 더 큰 의미를 지닌다는 취지의 반영이겠지요. 만일 이런 평가 방향이 자신의 대입 준비 상황과 맞으면 제3유형을 적극적으로 활용하도록 하세요.

다시 정리해볼게요. 공동체 역량은 거의 모든 대학에 들어 있습니다. 그리고 다른 두 평가 항목의 설정 방식에 따라 세 가지 유형으로 구분됩니다. 각 유형을 대표하는 대학의 사례를 들었지만 같은 유형이라도 대학별로 세부 항목에서는 조금씩 차이가 납니다. 그러니 앞서 설명한 유형별 특성을 참고하되, 관심이 가는 대학의 모집요강을 살펴보며 세부 평가 항목과 구체적 평가 내용이 무엇인지를 개별적으로 꼭 확인하세요. 평가 항목에 대해 정확하게 이해하는 것은 대입에서 성공의 길로 가는 지름길입니다.

면접까지 충실하게 준비하자

학종에서 면접 단계의 평가 항목은 면접의 성격, 전형의 취지, 대학이 설정한 중점 사항에 따라 아주 다르게 구성되어 있습니다.

구술고사처럼 교과 기반 제시문을 사용하는 면접에서는 대부분 세부적 평가 항목을 공개하지 않습니다. 구술고사는 매년 출제되는 문항에 따라 평가 요소가 달라질 수 있으므로, 평가 항목을 일반화해 공개하기가 어렵습니다. 대신에 구술고사는 '지원자가 지닌 교과에 대한 깊은 사고력과 문제해결 역량을 평가한다' 등으로 두리뭉실하게 제시하는 경우가 많습니다. 구술고사는 대개 출제 문항에 따른 채점 기준이 보편적 평가 항목을 대신하기 때문입니다.

일반 면접인 경우에는 서류평가를 보완하는 성격이 강하기에 서류평가의 평가 항목과 꽤 유사하게 면접 평가 항목을 운영합니다. 면접의 평가 항목에도 몇 가지 유형이 눈에 띄네요. 가장 대표적인 형태는 서류평가 항목인 '학업 역량', '진로 역량', '공동체 역량' 셋 가운데 면접에서 확인이 어려운 '학업 역량'만 제외하고 나머지 두 항목을 운영하는 방식입니다. 이런 경우 두 항목에 '발전 가능성', '자기주도성', '종합적 사고력', '의사소통역량' 중에서 하나를 추가해 세 항목을 면접에서 평가하는 대학들도 많습니다.

다른 방식은 서류평가 항목과 똑같이 운영하는 형태입니다. 앞서 설명한 서류평가 제1유형이면 면접에서도 '학업 역량'을 볼 겁니다. 그리고 학업 역량이 서류평가에 없는 제3유형이면 서류평가 항목을 그대로 면접에 사용해도 됩니다.

　또 다른 형태는 학종에서 서류평가만 100퍼센트 반영하고 면접 단계를 아예 두지 않는 체제입니다. 서류평가만 해도 충분히 변별할 수 있는데 굳이 면접을 두어 번거롭게 할 필요가 없다는 입장인 것 같습니다. 이런 대학들도 의외로 많으니 수시모집요강을 꼼꼼히 읽어보기 바랍니다. 그리고 대학이 수시에 운영하는 학종이 여러 가지인 경우에 각각의 전형 명칭마다 면접을 운영하는 체제가 다르니 이점도 반드시 확인해야 합니다.

학업에서 창체까지, 핵심은 '전공적합성'이다

학종을 준비할 때 가장 중요하다고 여기는 것 중 하나가 '전공적합성' 입니다. 그런데 전공적합성이라는 용어가 너무 제약적인 요소로 작용할 우려가 있어서 최근에는 좀 더 넓은 의미의 '진로 역량'으로 명칭을 바꾸었습니다.

전공적합성이란 지원하는 전공과 관련해서 대학이 요구하는 과목을 이수했는지, 학생 개인의 관심사가 그 전공과 잘 맞는지, 열정과 의지는 어느 정도인지를 보여주는 지표입니다. 대학은 여기에 진로 탐색 활동의 내용까지 포함해 평가합니다.

그러면 전공적합성이 구체적으로 무엇이며, 어떤 준비가 필요한지 조금 더 자세히 알아보겠습니다.

스스로 진로를 설계하는 힘이 중요하다

대입에서 '전공적합성'은 지원자가 희망하는 전공의 학업을 성공적으로 수행할 바탕을 얼마나 갖추고 있는지를 보여주는 지표로서 학종의 핵심 평가 항목을 구성합니다. 일반적으로 전공적합성은 해당 전공 학업에 필요한 과목 이수와 학업성취도, 전공에 대한 지원자의 관심과 열정, 전공과 관련한 자기주도적 진로 탐색 활동을 두루 포함합니다. 즉 전공적합성에는 학업, 경험, 흥미, 열정, 활동 등 인지적 · 정서적 · 의지적 요소들이 다 들어 있습니다.

최근에는 전공적합성이라는 용어가 일선 학교와 학생들에게 너무 제약적인 요소로 작용할 우려가 있어서 좀 더 넓은 의미의 '진로 역량'으로 명칭을 바꾸었습니다. '전공적합성'이라는 명칭 때문에 고등학생들이 대학의 전공에 대해 미리부터 압박을 느끼고 예민하게 생각하는 부작용이 나타났기 때문이죠. 이런 부담을 덜어주고자 '전공'이라는 표현 대신 '진로'라는 좀 더 폭넓은 의미의 단어를 쓴 겁니다.

어떤 과목을 듣느냐가 중요한 게 아니라, 어떻게 진로를 설계하고 그에 맞춰 어떤 과목을 선택할지 고민하라는 의미가 담긴 것이지요. 이에 맞춰 대부분의 대학이 학종의 평가 항목에서 '전공적합성'을 이제 '진로 역량'으로 변경해 운영합니다. 따라서 공식 용어는 '진로 역량'으로 통일해 부르고, 일상적으로는 익숙한 '전공적합성'을 그대로 사용하면 좋겠습니다.

학종은 학생이 자신의 진로를 설계하고 여기에 맞춰 과목을 선택 ·

이수하는 개별화 학습 자체를 높이 평가합니다. 다만 학생의 진로가 바뀌었을 때 학교 교육과정이 각각의 상황에 따라 유연하게 대처하기에는 한계가 있기 때문에 진로 변경 학생에게는 매우 부담스러운 상황이 연출될 수도 있죠. 따라서 일관된 진로와 과목 선택도 중요하지만 진로 변경으로 인해 지원 전공과 무관한 과목을 선택한 학생을 지나치게 부정적 시각으로 바라보는 것은 바람직하지 않습니다.

과목 이수와 관련한 전공적합성은 명확한 근거를 제시하기 참 어렵습니다. 일반적으로 고교 수준의 보편적 학업 역량을 갖추면, 이는 곧 전공적합성도 충족한 상태로 볼 수 있습니다. 그러나 자연계(공대, 자연대, 의약계열 등) 모집단위에서는 수학, 과학 등 교과의 이수 상황을 전공적합성 항목에 적극적으로 반영하는 편입니다.

반면 인문사회계의 경우는 경제학 전공에서 수학 교과 이수를 요구할 수 있으나 영향력은 상대적으로 적습니다. 특히 이수 또는 미이수만 가리는 교양과목은 전공적합성과의 연계성을 유연하게 적용하는 것이 맞습니다. 반영하려면 학업 역량이나 전공적합성보다는 스스로 찾아서 공부하는 학업태도에 일정 수준 고려해줄 수 있겠습니다.

예를 들어, 사범대 지원자에게 교양과목 '교육학' 이수 여부, 그리고 심리학과 지원자에게 '심리학' 이수 여부를 지나치게 높게 평가하는 형태는 맞지 않아 보입니다. 교양과목이나 예·체능 과목은 학생들이 관심에 따라 편안하게 이수하는 과목이 되어야 합니다.

그리고 학생의 진로희망과 관련된 선택교과를 모두 개설할 여건이 마련되지 않은 고등학교도 적지 않습니다. 이를 보완하기 위해 인근 지역이나 교육청 단위로 (온라인)공동교육과정을 개설해 학생들의 과목 선택권을 보장해주기도 합니다. 이처럼 학교는 과목 선택의 기회를 늘려주기 위해 나름 다양한 노력을 하고 있죠.

따라서 대학은 교과 부분 평가에서 학교가 과목을 개설하지 않아서 선택하지 못했다는 학생이 있으면, 공동교육과정 등 다른 이수 가능성이 없었는지 확인해볼 필요가 있습니다. 그런 경우에 공동교육과정 이수 상황은 학업 역량보다는 일반적인 학업 의지나 전공적합성을 맞추려는 학업 태도에 반영해주는 것이 타당합니다.

전공적합성은 학종에서 특히 중요한 부분인데, 의외로 이에 대해 제대로 파악하고 있는 학부모와 학생들이 많지 않습니다. 또한 전공적합성을 최대한 맞추려다 보면 내신등급에서 불이익이 생기거나 뒤늦게 해당 과목을 이수해야 하는 등 여러 혼선을 빚기도 합니다. 전공적합성에 맞는 과목을 우선적으로 이수해야 하는가, 내신등급이 잘 나오는 과목 위주로 이수해야 하는가 하는 문제를 아주 예민하게 느끼더군요.

정해진 답은 없습니다. 저는 인문계 분야 진학을 준비하면 내신을 우선시하고, 자연계 분야 진학을 희망하면 맞춤형 과목 이수를 먼저 생각하라고 조언합니다. 자연계 분야는 전공 학업에 필요한 기초과목의 이수 여부가 대입평가에도 반영되고 실제 대학의 학업에도 영향을 주기 때문입니다.

학부모나 학생 대상의 강의를 다녀보면 가장 질문을 많이 하는 주제 중 하나가 전공별로 어떤 과목을 이수해야 대입에 유리하냐는 것입니다. 교육청 등 여러 기관에서 전공별 과목 선택 가이드북을 만들어 안내하고 있습니다. 의외로 많은 학생이 전공별로 선택해서 들어야 하는 과목 리스트가 정해져 있는 것처럼 생각하더군요. 나중에 원하는 대학에 불합격하면, 특정 과목을 선택하지 않았기 때문일 것이라는 불안감을 잔뜩 가진 듯했습니다.

'핵심권장과목'을 주목하면 전공적합성의 해답이 보인다

그래서 서울대부터 나서서 2024학년도에 전공별로 지원자가 이수하기를 권장하는 과목들을 아예 공지하기로 한 것이죠. 이것을 '전공 연계 교과 이수과목'이라 합니다. 이제 서울대는 전공별로 이수를 권장하는 과목 리스트를 모집요강에 넣어 누구나 볼 수 있도록 발표합니다. 그러니 과목 이수에 따른 전공적합성 부분은 상당히 명확해졌습니다. 서울대에 의하면 '전공 연계 교과 이수과목'은 지원 자격과는 무관합니다. 하지만 모집단위가 권장하는 과목의 이수 여부는 수시모집 서류평가와 정시모집 교과평가에 모두 반영됩니다.

과목 리스트는 '핵심권장과목'과 '권장과목' 두 가지로 구성되어 있습니다. 전자는 학과(부)에서 공부하기 위해 필수적으로 이수를 권장하는 과목이며, 후자는 학과(부)에서 공부하기 위해 이수를 권장하는 과목입니다. '필수적'이라는 표현의 차이만 있습니다.

서울대처럼 전공별로 이수해야 할 과목들을 알려주면, 학생들은 해당 과목은 먼저 선택하고 나머지는 흥미나 관심도에 따라 편한 마음으로 수강할 여유를 가질 수 있습니다. 사실 대학 측에서 보면 모집 단위별 핵심권장과목을 발표하는 것은 대단히 부담되는 일입니다. 핵심권장과목이 자칫 지원 자격처럼 되어 지원자 수를 감소시킬 위험성이 있기 때문이죠. 그래도 '전공 연계 교과 이수과목' 발표는 학생들에게 학종을 준비하는 부담을 조금이라도 덜어주는 긍정적인 조치로 보입니다.

앞의 평가 항목 부분에서 설명했듯이, 서울대는 '전공적합성' 항목을 평가 항목에 별도로 두지 않습니다. '학업 역량', '학업태도', '학업 외 소양' 세 가지가 평가 항목이죠. 학종 서류평가에서 전공적합성을 독립된 평가 항목으로 운영하지 않고, 학업 역량 안에서 평가한다는 뜻입니다. 즉 전체 과목의 성취도와 일반적 학업 역량을 중시하되, 전공별로 필요한 과목 이수 상황은 학업 역량 항목에서 확인합니다. 일부 과목의 성적을 중점적으로 반영하기보다는 예·체능을 비롯해 전과목을 두루 이수하기를 권장하려는 취지가 엿보입니다.

서울대가 발표한 '전공 연계 교과 이수과목'에서 가장 두드러지는 특징은 인문사회계열은 경제학부를 제외하고는 어떤 학과도 참여하지 않고, 자연계열 학과는 대부분의 학과가 빠짐없이 '핵심권장과목'을 발표했다는 사실입니다. 인문사회계열은 전공적합성에 매달리지 않고 편하게 과목을 이수해도 된다는 입장입니다. 반대로 자연계는 이수해야 할 과목을 최소화해서 알려줄 테니 특히 수학과 과학 교과에서 이런 과목들은 반드시 이수하고 입학해 달라고 요청하는 것처럼 보입니다.

현재 서울대 요강에 제시된 '전공 연계 교과 이수과목' 리스트는 2015 개정 교육과정에 따른 자료입니다. 2022 개정 교육과정에 맞춘 자료도 서울대가 조만간 발표할 것으로 예상됩니다. 새로운 선택과목 체제는 2026년 고2부터 적용되니 그전에는 새로운 리스트가 나와야 하겠죠. 2022 개정 교육과정에 의거해 '전공 연계 교과 이수과목'을 조정할 때 서울대가 이런 점들을 고려해주면 좋겠습니다.

첫째, 핵심권장과목과 권장과목의 통합입니다. 어차피 지원자격 수준이 아니라 권장하는 수준이라면 두 가지를 합해 가독성을 더욱 높이기를 제안합니다. 둘째, 새로 생기는 융합선택과목은 리스트에서 제외해야 합니다. 융합선택은 학생들이 관심에 따라 자유롭게 이수하는 과목들이니 진로진학 때문에 특정 과목을 선호하도록 하는 방향은 옳지 않습니다. 셋째, 지금처럼 수학이나 과학 교과만 대상으로 하되, 일반선택과 진로선택과목 중에서 교과의 핵심 분야를 다루는 과목만 포함해야 합니다. 그러면 수학의 진로선택에서 '경제 수학'이나 '직무 수학' 등은 굳이 고려할 필요가 없겠죠. 넷째, 리스트에 들어가는 과목 수는 가급적 최소화하는 것이 맞습니다. 그래야 학교가 교육과정을 더욱 유연하게 편성·운영할 수 있을 겁니다.

서울대가 '전공 연계 교과 이수과목'을 발표한 이후 서울의 주요 대학에서도 비슷한 흐름을 보이는 현상은 바람직합니다. 우선은 연구 수준에서 고려대, 연세대, 성균관대, 경희대, 중앙대 등이 '핵심과목'과 '권장과목' 리스트를 발표했는데, 전체적인 방향은 서울대와 비슷합니다. 마찬가지로 자연계열 모집단위 중심이고 수학 및 과학 교과를 대상으로 한 점이 눈에 띄네요.

　서울대의 과목 리스트는 입학본부가 공식적으로 발표한 자료이기에 대입전형 평가에 직접 적용되는 반면, 서울의 다섯 개 사립대 자료는 연구 결과로 나온 리스트입니다. 아마 각 대학 입학처가 이러한 연구 결과를 바탕으로 전공별 교과 이수과목을 추가로 발표하리라 예상됩니다. 각 대학의 움직임을 주시하면서 개별 대학과 전공별로 맞춤형 진로 역량을 갖춰가도록 하세요.

다양한 체험활동을 하나의 서사로 꿰다

학교에서 이루어지는 다양한 교과 외 활동은 주로 창체의 영역에 해당합니다. 새로운 교육과정에서 창체는 총 시수도 24단위에서 18학점으로 줄어들고, 영역도 기존의 네 분야에서 자율자치 활동, 동아리 활동, 진로 활동 세 분야로 단순화되었죠. 하지만 창체는 교과 수업에 비해서 학생들이 자율적으로 선택해 참여하는 사례가 많고 학생의 관심과 역량을 잘 드러냅니다. 대입평가에서 교과 영역과 더불어 지원자를 종합적으로 평가하는 데 있어 중요한 근거자료가 됩니다.

　물론 창체는 학교마다 내용과 운영 방식이 다르고, 활동에 참여하는 학생의 태도도 큰 차이를 보입니다. 학교가 의욕적으로 운영하는 최고의 프로그램이지만 학생이 곁에서 숟가락만 올리는 예도 있고, 반대로 프로그램 자체는 미흡하더라도 학생이 능동적으로 참여해 대단한 열정과 창의성을 발휘하기도 합니다. 이에 따라 학종에서도 활동 자체보다는 여기에 참여하는 학생의 태도와 활동의 의미를 최대한 세밀하게 확인합니다. 그러니 대입을 준비할 때 이 점도 유념하기 바랍니다.

'대입제도 공정성 강화 방안' 발표 후 교과 외 활동은 많은 제약을 받고 있습니다. 그러니 교과 외 활동 중에서 자신의 학업에 큰 의미를 지닌 활동들이 있으면 최대한 교과 수업과 연결하도록 하세요. 독서 활동이나 동아리 활동 중에는 교과 수업과 연결해 수행하면 수업에도 유익하고 교과 외 활동에도 도움이 되는 사례가 많습니다. 이런 사례들이 세특의 내용을 더욱 응집력 있게 만들기도 하고요. 학종에서는 대입을 겨냥한 보여주기식 활동이 아니라 학생이 교실 수업과 연동해 자신의 관심사를 스스로 확장해가는 태도를 더욱 눈여겨봅니다.

창체 중에서는 특히 진로 활동이 관심을 끕니다. 다양한 진로 활동 경험을 보면, 학생의 진로 방향에 대한 정보를 얻을 수 있기 때문이죠. 더군다나 진로희망이 대학에 제공되지 않는 상황에서는 창체의 진로 활동에서 관련 정보를 찾을 수밖에 없습니다. 진로 활동 영역의 '특기사항'에는 학생의 진로 관련 자질, 수행한 활동, 참여도, 의욕, 태도의 변화 등 다양한 내용과 진로상담을 한 결과 등이 기재되어 있으니까요.

반면 자율적 교육과정 중 진로집중형 프로그램의 활동 내용은 창체 진로 활동 영역의 특기사항에 기재하지 않습니다. 이들은 교과 차원의 활동이므로 관련 교과의 '세특' 또는 '개인별 세특'에 기재해야 합니다. 요즘 세특은 다용도 그릇과 같습니다. 학생들은 교과의 세특에 과목마다 진로와 관련된 내용을 담아줘야 대학 입학에 유리한지 질문을 많이 합니다. 물론 자기 진로와 관련성이 높은 교과가 있으면, 그 교과의 세특에 진로와 관련한 내용을 적는 게 도움이 될 것입니다.

하지만 거의 모든 교과에 진로 관련 사항을 꼭 기록할 필요는 없습니다. 세특은 그 과목에 대한 학생 개인의 관심, 특성, 우수성, 성취수준의 구체적 모습을 기재하는 곳입니다. 게다가 글자 수도 제한되어 있으므로 진로와 관련된 내용을 무리하게 기재하다 보면, 정작 적어야 할 내용을 놓칠 수도 있으니 조절이 필요합니다. 물론 대학 중에서 전공적합성을 강조하는 곳은 세특의 진로 기록을 높게 평가할 수도 있겠죠. 이처럼 대학의 특성에 따라 세특에 대한 기대가 서로 다를 수 있다는 점도 유념해서 준비하기를 바랍니다.

합격하는 학생부는
강력한 학업 역량에서 온다

앞 장의 평가 항목 부분에서 보았듯이 학종평가에서 가장 영향력이 큰 부분은 학업 역량입니다. 그런데 오늘날 학업 역량은 단순히 우수한 교과 성적을 의미하지 않고, 성취도, 의미, 태도, 동기, 활용, 성장 등을 모두 포괄하는 꽤 복잡한 개념입니다. 이제 학종에서 말하는 학업 역량이 무엇이고 어떻게 준비하는 것이 바람직한지 알아보죠.

학업 역량은 단순히 높은 성적이 아니다

'학업 역량이 뛰어나다'는 것은 어떤 의미일까요? 옛날에는 각 과목의 성적이 좋은 것을 학업 역량이 뛰어나다고 했습니다. 그동안 우리나라는 정적인 학력 개념을 사용하다 보니 지식의 콘텐츠와 학업 역량을 동일시했는데, 이제는 지식을 운영하는 방법이나 태도도 학력 속에 포함합니다. 즉 지식을 갖추는 것만이 아니라 지식에 대한 학생의 동기화 및 그 지식을 관리하는 태도도 학력의 중요한 구성 요소라는 뜻이죠. 이러한 넓은 의미의 학업 역량을 갖추려면 학교에서 수업을 통해 지식을 수동적으로 흡수하는 방식에 머물러서는 안 됩니다. 여기서 나아가 선생님이 전해주는 지식을 자신의 것으로 만들고, 경우에 따라서는 적극적으로 새로운 지식을 탐색해나가는 자기주도적 탐구력을 길러야 합니다.

참된 학력은 기본적으로 다음 세 가지를 포함하는 개념입니다. 첫째, '인간, 사회, 자연의 질서와 원리에 대한 넓은 이해'입니다. 학교에서 배우는 다양한 교과의 내용과 원리에 대해 소상히 알아야 한다는 뜻이죠. 둘째, 교과에서 배우는 내용을 자기 삶의 방향이나 관심과 연결시킬 줄 알아야 합니다. 배우는 지식을 자기 것으로 만들어야 한다는 의미입니다. 셋째, 어떤 내용을 배우든 종합적으로 인식하고 개별 지식을 여러 각도에서 바라보는 능력을 지녀야 합니다. 교과 지식을 자신의 관점에서 성찰하고 이를 다양하게 적용, 융합, 활용해야 한다는 말이죠.

요약하면 중심이 되는 것은 국·영·수 등 교과별 학업인데, 이를 단순히 암기해서 아는 수준이 아니라 스스로 지식을 습득, 성찰, 활용할 수 있어야 참된 학력이라는 뜻입니다.

이렇게 학력에 대한 기준 자체가 바뀌었으니, 학종의 학업 역량 평가에서도 위에서 언급한 세 가지 요소를 기본적으로 갖춘 학생이 좋은 결과를 얻을 수 있습니다. 서울대의 학종에서 학업 부문의 세부 평가 기준을 보면 이해가 될 겁니다.

서울대 학생부종합전형 세부 평가 기준	
학업 역량	• 교과 및 학업 활동 내용에서 우수한 학업 역량이 고르게 나타나는가 • 단순 암기 수준 이상의 깊이 있는 이해를 바탕으로 한 지식을 갖추었는가 • 특별한 의미가 있는 학습 경험이 있는가 • 자신의 성취를 성찰하고 더 필요한 공부가 무엇인지 고민한 경험이 있는가 • 습득한 지식을 적절히 활용한 경험이 있는가 • 노력을 통해 성장했는가
학업 태도	• 열심히 공부한 이유가 무엇인가 • 지식을 쌓기 위한 과정은 어떠했는가 • 적극적이며 지속적으로 노력했는가 • 학교생활 전반에 적극적으로 참여했는가 • 스스로 알고자 하는 호기심과 도전적 태도가 나타났는가 • 자기주도적으로 학습했는가
학업 외 소양	• 인성이 바른가 • 학교생활에서 리더십을 발휘할 수 있는가 • 공동체 의식이 있는가 • 폭넓은 시야를 갖추기 위해 노력했는가 • 학교생활에서 겪은 어려움을 극복한 경험이 있는가 • 사회적 약자를 배려하고 도움을 주고자 하는 마음이 있는가

* 출처: 「2025학년도 서울대 학생부종합전형 안내」

대학이 생각하는 참된 학력은 우수한 학업 역량과 바람직한 학업 태도를 함께 갖춘 상태를 말합니다. 그리고 학업 역량도 암기해서 알고 있는 지식수준만을 의미하지 않습니다. 학습 경험의 의미, 학업에 대한 성찰, 지식의 활용, 이에 따른 성장 모습 등을 두루 아우르죠. 여기에 학생의 학습태도까지 평가에서 중요하게 바라봅니다. 공부하는 이유, 과정, 노력하는 자세, 적극적 참여, 지적 호기심, 자기주도적 탐구력 등 정말 넓은 영역을 포함합니다. 물론 이러한 다양한 지표들이 있지만 그래도 교과별 학업성취도가 가장 중요하다고 봐야 합니다. 학업성취도는 그 자체로도 중요하지만 다른 지표들을 해석하는 데도 핵심적 근거가 되기 때문이죠.

참된 학업 역량의 의미를 파악했다면 이제 학종에서 학업 역량은 어떤 것에 주안점을 두는지 살펴보겠습니다. 대개 네 가지 평가 기준을 생각해볼 수 있습니다.

첫째, 보편적인 학업 역량입니다. 교과 성적이 두루 좋은지 여부와 교과별로 성적의 특징을 따져보며 전반적 학업 역량의 수준을 파악합니다. 3년 동안의 학업성취도와 학년별 성취도 추이 등을 유심히 봅니다.

둘째, 심화 학습 여부와 진로 연관 학업이 어떻게 이루어졌는지 확인합니다. 주요 교과 공부를 어느 정도 깊이 있게 해왔는지, 진로와 연관된 학업은 어떻게 했는지 등을 살펴보는 것이죠. 주로 진로선택 영역에 들어 있는 심화와 진로 관련 교과들이 여기에 해당합니다.

셋째, 능동적인 탐구 학업태도입니다. 능동적인 학업태도는 단순 암기를 넘어 자기주도적인 탐구경험과 지적 호기심, 과제 수행력 등을 적극적으로 갖추고 추진하는 자세를 말합니다. 특히 자기주도적인 탐구학습은 세특에 기록되기 때문에 대학들도 요즈음 세특을 점점 더 중요시하죠. 이 점을 특히 유념하기 바랍니다.

넷째, 자신의 학업에 대한 관리 역량입니다. 공부의 내용과 방식에 대해 스스로 성찰하고 이를 개선해나가는 모습은 장점 중의 장점입니다. 자신의 학업을 자주 점검하고 더 필요한 공부가 무엇이며, 무엇을 보완해야 하는지를 찾아 해결해가는 성찰과 개선의 경험이 쌓이면 성장은 저절로 일어납니다.

학업 역량을 최대로 끌어올리는 영역별 학습 계획

그러면 편제표의 각 영역별 과목을 이수할 때 학종의 평가와 관련해 유의할 점을 알아보겠습니다.

공통과목

고등학교 1학년 때 이수하는 공통과목은 각 교과의 기초 소양 함양과 기본 학력 보장을 목표로 합니다. 그러므로 1학기 공통과목은 중학교까지의 교육에 근거한 교과별 기초 다지기의 성격을 지닙니다. 반면 2학기 공통과목은 다음 학년의 선택교과 이수에 대한 전반적인 준비 역할을 수행한다고 보면 됩니다. 과목별로 기재하는 세특도 1, 2학기를 구분해 다르게 작성하므로, 대학의 학생부평가에 지금보다 더욱 다양한 정보를 제공합니다.

무엇보다도 공통과목은 고교 수준에 맞는 자기주도적 학습력을 키우고 훈련하는 기회로 활용하세요. 특히 '통합사회', '통합과학', '과학탐구실험' 과목의 경우 복잡한 사회 현상이나 과학 원리에 대한 종합적 이해와 문제해결 능력을 함양하기 위해 토의·토론 학습, 프로젝트 학습, 탐구·실험 학습 등을 장려합니다. 이런 기회에 적극적으로 탐구학습 경험을 쌓아둘 필요가 있지요. 그러면 대입 학업 역량평가에서 차츰 중요도가 더해지는 자기주도적 학업태도 항목에서 좋은 결과를 얻을 수 있을 겁니다.

공통과목의 또 다른 관심사는 2025년 고1부터 '통합사회'와 '통합과학'이 수능 과목이 된다는 점입니다. 교과별 기초 다지기의 성격에 더해 수능 준비라는 전략적 접근이 필요하다는 뜻이죠. 고등학교에 진학하자마자 수능 과목을 공부하는 것이 부담스러울 수밖에 없습니다. 그렇다 해도 사회와 과학 교과에서는 각자가 탐구학습력 제고와 수능 준비라는 두 마리 토끼를 잡는다는 마음가짐을 가져야만 합니다.

일반선택과목

일반선택은 고등학교 단계에서 각 교과의 핵심 분야에 대해 집중적으로 배우는 과목이며, 따라서 교과 학습의 중심을 이룹니다. 다시 말해 일반선택과목은 교과를 구성하는 각 영역을 과목으로 편성한 것으로서 교과의 영역별로 주요 내용과 원리 및 사회적 활용 양상을 학습하도록 합니다.

따라서 대입에서 학업 역량을 판정할 때도 가장 중점을 두는 부분은 일반선택과목의 평가입니다. 기본적으로 5단계 성취등급과 석차등급에서 학업성취도를 가름합니다. 그리고 원점수, 평균, 수강생 수, 성취등급 분포 등을 확인하며 지원자의 교과별 성취수준을 디테일하게 판단할 겁니다. 이때 세특도 세밀히 독해하면서 지원자의 수업태도, 탐구 경험, 학업 관심도 등도 종합적으로 파악합니다.

아마 일반선택과목은 공통과목처럼 과목별 이수 학생 수가 적정 규모를 유지할 겁니다. 따라서 상대평가든 성취평가든 이수 학생 수가 성적을 왜곡시킬 가능성은 비교적 적습니다. 9등급 상대평가 체제에서는 일반선택의 일부 교과의 경우, 수강생 수가 지나치게 적거나 이수자 풀이 우수 집단으로만 구성되기도 했습니다. 따라서 이 교과들을 이수한 학생에게 다른 관점(도전적 학업태도 등)에서 배려해주었죠. 이제 5등급으로 바뀌면 수강생 수 때문에 학생의 등급이 실제 학업 역량보다 낮게 나오는 경우는 많이 줄어들 것으로 예상됩니다.

진로선택·융합선택과목

고교학점제 교육과정의 주요 변화 중 하나는 심화, 진로, 생활, 융합을 모두 아우르던 기존의 진로선택과목을 진로선택과 융합선택으로 나누어 범주화한 것입니다. 즉 새로운 교육과정의 진로선택은 교과별 심화 학습과 진로연계 학습을 위한 과목, 융합선택은 다양한 융합학습과 실생활연계 학습을 위한 과목들로 구성되어 있습니다.

일반선택과목의 다수는 이런저런 이유에서 공통으로 이수할 가능성이 크기에, 실제로 학생의 과목 선택권은 진로선택·융합선택과목에서 구현될 것입니다. 따라서 학교는 교육과정을 편성할 때 학생들이 원하는 과목을 충분히 이수할 수 있도록 진로선택·융합선택과목을 다양하게 개설하려는 노력을 해야 합니다.

향후 고교학점제의 성공 여부는 진로선택·융합선택과목이 어떻게 운영되느냐에 달려 있다고 해도 과언이 아니죠. 그러므로 대학도 각 선택과목 그룹의 취지에 맞는 평가 체제를 운영함으로써 학생들의 진로 및 심화 학습에 대한 의지를 충분히 존중해주어야 합니다.

특히 융합선택은 '수학과제탐구', '사회문제탐구', '융합과학탐구' 등 다양한 탐구과목을 포함합니다. 이런 과목들은 상당 부분 교사 재량에 맡겨져 있어서 어떤 교사가 운영하느냐에 따라 학습 내용에 차이가 날 수 있습니다. 예를 들어 '수학과제탐구'를 이수했다고 해도 그것 자체가 학생의 수학적 능력을 드러내는 결정적 지표라고 단정하기는 어렵습니다. 그러나 '수학과제탐구' 과목은 기본적으로 우리 사회의 다양한 현상에 대한 연구 또는 탐구 경험을 쌓아가는 교과이기에 지원자가 인문, 상경, 자연, 공학 등 어떤 계열을 지원하든 대학이 유의미한 평가를 해주어야 합니다.

깊이 있는 학습이 차별화된 '세특'을 만든다

학종의 '학업 역량' 항목에서 좋은 평가를 받으려면 학생이 자기주도적으로 탐구하는 학습태도를 갖추는 것이 중요합니다. 2022 개정 교육과정은 이러한 자기주도적인 학업태도를 '깊이 있는 학습'이라 부릅니다.

여기서는 깊이 있는 학습이란 무엇이며, 어떤 유형이 있는지, 그리고 대입과는 어떻게 연관되는지 등에 관해 설명하겠습니다. 아울러 자기주도적 탐구학습의 내용을 주로 기록하는 세특에 대해서도 알아보겠습니다.

깊이 있는 학습과 공부의 세 단계 차원

학부모님들께 퀴즈를 하나 내보겠습니다. 아래 그림 속 버스는 어느 방향으로 가고 있을까요? 오른쪽으로 가고 있을까요? 아니면 왼쪽으로 가고 있을까요? 언뜻 보면 도무지 알아차릴 수가 없습니다. 학생들에게 물어봐도 마찬가지입니다. 고개만 갸웃거릴 뿐 선뜻 답을 내놓지 못합니다. 그런데 유치원생들은 금세 답을 하더군요. 그 이유는 조금 뒤에 설명하겠습니다.

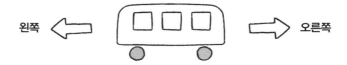

버스가 가는 방향은 어디일까?

저는 인터넷에서 본 이 문제를 공부의 다양한 차원을 설명하는 데 자주 활용합니다. 그림 속 버스를 유심히 보면 타는 문이 없습니다. 그래서 방향 찾기가 더 어려웠던 것이죠. 문이 보이지 않으면 타는 문은 반대쪽에 있습니다. 타는 문이 저쪽 편에 있으면 버스의 운전석은 이쪽 편에 위치합니다. 그러면 이 버스는 왼쪽으로 가야 합니다. 즉 왼쪽이 정답입니다.

그런데 이 답은 한국이라는 관점에서만 정확한 답이고, 운전석이 반대편에 위치한 영국, 일본, 싱가포르 등에서는 답이 오른쪽이 됩니다. 이처럼 같은 내용도 관점을 어떻게 설정하느냐에 따라 답이 달라질 수 있습니다.

다면적 관찰이 필요한 상황은 공부도 마찬가지라 봅니다. 공부의 다양한 차원은 세 단계로 나눌 수 있습니다.

1단계 : 자동화된 공부

앞의 버스 그림을 보는 순간 바로 답을 하는 유치원생의 반응과 같습니다. 유치원생은 이런 버스를 아침마다 타기 때문에 굳이 깊이 생각하지 않아도 금방 아는 것이지요. 그런데 이러한 자동화된 공부는 사고력 진작에는 별로 도움이 되지 않습니다. 그냥 편리함을 주는 정도의 역할만 합니다. 구구단을 외우고, 외운 대로 문제를 푸는 방식은 이런 1단계 공부에 해당합니다. 1단계 공부는 빠르게 문제를 푸는 장점을 갖추도록 해줍니다.

2단계 : 분석을 통해 정답을 찾는 공부

문이 어느 쪽에 있고 운전석은 어디에 있는지 분석해서 답을 찾아가는 방식이죠. 그러기 위해서는 필요한 지식을 갖추고 그 지식을 활용해 정답을 도출해내야 합니다. 상당한 분석력과 추리 능력이 필요하지만 학습자가 스스로 관점을 설정해 바라볼 기회는 주어지지 않습니다. 그랬다가는 오답을 제시할 수 있기 때문이죠. 우리 수능은 대표적인 2단계 공부입니다. 객관식 시험이기에 학생들이 정해진 정답을 찾을 수 있도록 출제자가 하나의 관점을 고정해주어야 합니다.

3단계 : 다면적으로 사고하는 공부

본인이 스스로 관점을 설정해 하나의 사안을 다면적으로 생각하는 방식입니다. 우선 특정 사안이나 지식의 내용을 바라보는 관점에 어떤 것들이 있는지 인식하고, 다양한 관점을 적용해 사안이나 내용을 종합적으로 판단합니다. 따라서 시험에서 객관식은 불가능하며 항상 자기 관점을 다양하게 적용할 수 있는 논·서술식이 될 수밖에 없습니다. 그래서 서구의 나라들은 학교에서의 평가에 객관식 문항을 사용하지 않는 것이죠. 대입의 학종도 기본적으로 3단계 공부를 추구합니다.

진정한 학력을 갖추려면 이러한 3단계 공부 방식에 익숙해져야 합니다. 배우는 교과 내용에 대해 차츰차츰 자신의 관점을 설정하고 적용해서 다각도로 사고하고 설명할 수 있어야 한다는 뜻입니다. 물론 3단계 공부에서도 그 중심은 항상 교과 학습입니다. 교과가 흔들리면 3단계 공부도 의미가 없습니다. 교과에서 배우는 내용을 숙지하고, 그것에 내 관점을 넣어서 새로운 질문을 던져보고 다른 관점에서 생각해볼 수 있을 때 '학습'이 됩니다. 학습은 풀이와는 다른 차원의 공부입니다.

가장 쉬운 예는 이런 것이죠. '2+3은 얼마인가?'라는 질문에 '5'라고 답하는 것은 '풀이'입니다. 수능에서 답을 고르는 식이죠. 이것이 학습이 되려면 다양한 상황에서 5라는 답이 나오도록 만들어보게 하는 질문을 던져야 합니다. 그러면 '1+4', '3+2', '6-1'도 '5'가 되고, 심지어 '1만 5-1만'도 '5'가 됩니다. 선택의 가능성이 무궁무진해지는 거죠. 이제 우리나라 학교도 학생 주도의 이런 다면적 사고가 중심을 이루도록 교육 체제를 차츰 개선해야 합니다.

시력을 모두 잃었으면서도 미국에서 박사학위를 받고 행정부 고위직까지 오른 강영우 박사는 우리에게 많은 감동을 남겼습니다. 그뿐만이 아닙니다. 자녀들도 잘 키워 차남 강진영 군은 로스쿨을 나와 변호사가 되었죠. 그렇게 성장한 비결로 어릴 때 아버지와 한 '거스름돈 놀이'를 들더군요. 예를 들어 아버지가 '거스름돈 87센트'라고 하면, 진영 군이 다양한 조합으로 87센트를 답하는 놀이를 했던 것입니다. '25 ¢ 3개 + 10 ¢ 1개 + 1 ¢ 2개' 등 다양한 경우의 수를 구성해 답을 할 수 있겠죠.

이를 통해 수학이든 우리 삶의 문제든 한 가지 답만 있는 것이 아니라는 교훈을 배우게 됩니다. 어릴 때부터 학생이 자기주도적으로 내용을 구성하는 방식에 익숙해지면, 훨씬 깊이 있는 사고력을 갖출 수 있습니다. 반면 우리 식으로 정답을 제시하는 풀이(20 ¢ 2개와 1 ¢ 5개를 합하면? 답은 45 ¢)만 하면, 뇌가 기능적 역할에만 익숙해지고 사고력을 확장해가는 데는 느려질 수밖에 없습니다.

물론 학생이라면 '풀이'도 할 수 있어야 합니다. 풀이를 못 하면 학습이 불가능하니까요. 중요한 것은 풀이 자체가 목적이 되어서는 안 된다는 점입니다. 전 세계에서 객관식 문제 풀이를 잘해서 대학에 가는 경우는 거의 없습니다. 진정한 의미의 학습은 배운 내용을 자기 관점에서 다면적으로 분석하고 그것을 또 다른 영역에 적용하는 공부 방식입니다. 이를 '깊이 있는 학습'이라 부르는 것이죠.

자기주도적으로 공부하는 깊이 있는 학습

지금껏 말한 내용을 종합해보면, '깊이 있는 학습'은 학생이 자기주도적으로 깊게 사고하고 탐구하는 활동을 의미합니다. 그러면 깊이 있는 학습과 심화 학습은 같은 걸까요? 아닙니다. 깊이 있는 학습은 수행 방식과 태도에 따른 심층 학습을 지칭하기에 교과 내용의 난이도에 따라 분류하는 '심화 학습'과는 구분됩니다. 내용의 수준이 높은 과목 명칭은 '심화 수학', '심화 영어' 등 심화라는 말을 사용하죠. 다시 말해 '깊이 있는 학습'은 어려운 내용을 학습한다는 뜻이 아닙니다. 아주 쉬운 내용이라도 깊게 사고하고 탐구하는 학습 형태를 말합니다.

현대사회는 모든 것이 한 분야에 고정되어 있지 않고 분야를 서로 넘나드는 융합적 사고가 확대되는 추세입니다. 그래서 표준화된 콘텐츠에 의존하기보다는 개인 각자의 다면적 판단을 더욱 중요시하는 경향을 보입니다. 이런 시대에 학교에서의 학습은 많은 내용의 지식을 확보하는 활동이 아니라 지식을 자기주도적으로 탐구하고 확장함으로써 깊이 있게 사고하는 힘을 키우는 과정을 의미합니다.

2022 개정 교육과정의 총론에는 '깊이 있는 학습'에 대해 설명되어 있는데요, 주요 부분만 인용하면 다음과 같습니다.

> 가. 학교는 학생들이 '깊이 있는 학습'을 통해 핵심 역량을 함양할 수 있도록 교수 학습을 설계해 운영한다.
> 1) 단편적 지식의 암기를 지양하고 각 교과목의 핵심 아이디어를

중심으로 지식·이해, 과정·기능, 가치·태도의 내용 요소를 유기적으로 연계해 학생의 발달 단계에 따라 학습 경험의 폭과 깊이를 확장할 수 있도록 수업을 설계한다.

2) 교과 내 영역 간, 교과 간 내용 연계성을 고려해 수업을 설계하고 지도함으로써 학생들이 융합적으로 사고하고 창의적으로 문제를 해결하는 능력을 함양할 수 있도록 한다.

3) 학습 내용을 실생활 맥락 속에서 이해·적용하는 기회를 제공함으로써 학교에서의 학업이 학생의 삶에 의미 있는 학습 경험이 되도록 한다.

교육과정이 기술한 위의 내용을 종합해보면 '깊이 있는 학습'은 학교에서 교수·학습을 설계하고 운영할 때, 깊은 사고를 통해 핵심 역량을 기르도록 하는 데 중점을 둡니다. 저는 이러한 깊이 있는 학습을 교육과정에 의거해 다음의 세 차원으로 분류합니다. 핵심 아이디어 기반의 깊이 있는 학습, 융합적·창의적 사고력으로서의 깊이 있는 학습, 지식의 맥락화로서의 깊이 있는 학습이 그것입니다. 이 세 가지를 하나씩 살펴보겠습니다.

깊이 있는 학습 전략 1단계 : 암기에서 이해로

핵심 아이디어는 교과에서 배우는 여러 세부 내용에 걸쳐 적용되는 포괄적이면서 중심적인 개념과 원리를 말합니다. 각 교과의 핵심 아이디어를 파악하면 '지식과 이해', '과정과 기능', '가치와 태도'를 연계해 교과 내 지식이 작동되는 원리를 이해할 수 있습니다. 따라서 핵심 아이디어 기반의 깊이 있는 학습은 단편적 지식의 암기를 넘어 중심적 원리를 파악하는 데 치중합니다. 이러한 학습이 이루어지면 학생들은 교과 내용을 체계적으로 내면화하거나 자기 지식으로 만들어 학습 경험의 폭과 깊이를 확장할 수 있습니다. 또한 이를 여러 상황에 대입하거나 적용해 다양하게 활용할 수 있게 됩니다.

핵심 아이디어는 세부 내용을 포괄하는 중심적인 요소입니다. 세부 내용은 잊어버리더라도 핵심 개념과 원리는 남아서 학생들이 그 지식을 응용할 수 있게 하는 거죠. 예를 들어, '남북전쟁과 남부의 재건'이라는 주제로 학습을 수행한다고 해보죠. '캔자스 유혈사태, 미국 수정 헌법 제13조 조항, 링컨 대통령의 노예해방 선언, 40에이커와 노새 한 마리 조항' 등은 디테일한 학습 요소가 됩니다. 이러한 세부 내용을 관통하는 핵심 개념으로는 '자유'와 '갈등' 등을 제시할 수 있죠. 그리고 더 나아가 디테일한 학습 요소들에 공통으로 담겨서 전체를 엮어주는 핵심 아이디어로 '자유에 대한 정의는 개인과 집단 및 시대에 따라 서로 다른데, 이것이 사회적 긴장과 갈등의 원인이 된다'라는 문장을 도출할 수 있습니다.

저 역시 대학에서 '이해란 무엇인가'라는 주제의 강의를 진행하면서 핵심 아이디어를 기반으로 하는 깊이 있는 학습의 방법을 활용한 적이 있습니다. 우선 다양한 세부적 텍스트(카톡, ppt, 신문 기사, 문학 등)를 이해하는 과정을 두루 살펴본 후, 인간의 이해를 관통하는 핵심 개념으로 '분석'과 '수용'을 설정합니다. 그리고 이를 토대로 '바르게 이해하는 것이 중요하지만 다양하게 이해하는 것도 이해의 본질이다', '인간의 이해는 표현 못지않게 생산적 특성을 지닌다' 등의 핵심 아이디어를 도출했습니다. 인간은 어떤 사실을 이해할 때 실제 내용을 따져보기만(분석) 하는 것이 아니라, 자신의 차원에서도 무언가를 추가(수용)한다는 의미입니다.

깊이 있는 학습 전략 2단계 : 지식을 연결하며 깊어지는 사고력

다음은 사고력 수준에 따른 '깊이 있는 학습' 유형입니다. 특정 사안을 다른 과목, 분야, 상황, 사실과 연결해 융합적 혹은 창의적으로 접근해 사고력의 깊이를 더하고 문제를 해결하는 유형입니다. 노먼 웹 Norman Webb은 지식의 깊이Depth of Knowledge, DOK를 설명하기 위해 지식 활동에서의 사고력 수준을 기억·회상, 기능·개념, 전략적 사고, 확장적 사고, 총 4단계로 구분했습니다.

　지식의 깊이 수준을 꽤 어렵게 설명했지만 Level 4가 가장 깊은 사고력이라는 점만 아시면 됩니다. 간단한 예를 들어 설명하면 다음과 같습니다. 독일 작가 베르톨트 브레히트Berthold Brecht의 『만남』이라는 작품은 아주 짧고 쉬운 이야기입니다. 내용을 먼저 보죠.

　　K를 오랜만에 만난 어느 남자가 그에게 말했다. "당신은 그동안 변한 것이 없군요." 그러자 K는 창백해진 얼굴로 "아!" 탄식했다.

이 짧은 작품의 내용 자체는 아주 간단합니다. 그동안 K는 많은 변화를 이루었는데 오랜만에 만난 남자가 그 변화를 알아차리지 못하자 실망하는 내용입니다. 인간 세상의 일상적 주제인 '변화'를 다루는 이 작품은 대단히 평범한 내용을 담고 있습니다. 학습자들은 이 내용을 평범하게 학습하는 데 그칠 수도 있고, 이러한 평범한 내용을 깊이 있게 사고할 수도 있습니다. 아래는 학생들의 이해 수준을 지식의 깊이 레벨에 따라 분류한 사례입니다.

레벨 1은 학생이 자신의 일상적 경험을 회상하며 여기에 맞춰 해석했군요. 외모, 능력, 나쁜 버릇 등을 고쳤는데 친구가 알아채지 못해 실망하는 사례입니다.

레벨 2는 여기에서 더 나아가 변화가 무엇인지 개념을 정리해 사고합니다. 우리의 일상에서 변화는 현재의 긍정적 상태를 더욱 좋게 만드는 경우(금상첨화형 변화)와 부정적 상태를 긍정적 상태로 바꾸는 경우(개과천선형 변화)로 나눌 수 있습니다. 두 개념의 변화에서 상대방이 알아주지 않으면 실망의 강도는 어떻게 차이 날지도 논의 거리가 될 수 있습니다.

레벨 3은 인지적 수준을 더욱 높여 '변화'를 설명합니다. 변화와 유사한 상황까지 포함해 더욱 넓은 범위에서 분석과 추론을 진행한 것을 알 수 있습니다. 변화와 변신을 구분하는 것이 하나의 사례입니다. 변화는 기본 상태는 유지하면서 더욱 좋게 바뀌는 경우(ABC→DEF)입니다. 반면에 변신은 기본적 상태마저도 바뀌는 근본적인 탈바꿈(ABC→가나다)을 의미합니다. 나아가 이러한 변화 혹은 변신이 일어나면 어떤 이익이 발생할 수 있는지를 우리 사회의 다양한 사례를 통

노먼 웹이 제시한 지식의 깊이 4단계		
지식 깊이 DOK	사고 수준	주요 특징
Level 1	기억·회상 (recall)	• 사실, 정의, 용어, 단순 절차 등 정보를 기억에서 회상하거나 알고 있는 간단한 연산 및 공식을 적용함.
Level 2	기능·개념 (skill·concept)	• 회상이나 자동적 반응을 넘어선 정신적 활동 과정을 투입함. • 자기 판단을 통해 사례를 추상적 개념(원리)으로 일반화하려 시도함.
Level 3	전략적 사고 (strategic thinking)	• 추론, 설계, 증거 제시 등을 행하며, 자신의 사고에 대해 논리적으로 설명함. 인지적 요구 수준이 더욱 복잡하며 추상적임.
Level 4	확장적 사고 (extended thinking)	• 더 많은 시간이 필요한 복잡한 추론과 사고를 요구함. 다양한 요소와 변수를 종합적으로 고려해 더욱 큰 주제에 적용함.

『만남』을 읽은 후의 사고력 수준 비교		
DOK	사고 유형	주요 내용
Level 1	기억·회상	• 더욱 좋게 변했는데 이를 알아주지 않은 데 대한 실망 (예: 외모, 능력, 나쁜 버릇)
Level 2	기능·개념	• 변화의 유형 구분은?(금상첨화형, 개과천선형) • 학교에서 위 유형에 따른 자신의 변화 경험은?(학업, 교우관계 등) • 유형별 변화에서 실망 강도는?(이에 대한 논거 제시)
Level 3	전략적 사고	• 관점1: 사회적으로 '변화'와 '변신'의 구분 • 관점2: '변화'와 '변신'에 따른 이익의 배분은? • 관점3: 독자의 자유로운 이해에 대한 원리(수용이론)
Level 4	확장적 사고	• '변화'를 다른 분야에 확장: 교육의 본질에 대한 설명 (예: 금상첨화=성장, 개과천선=탄생) • 『중용』 23장의 '변화'와 비교: 영화 「역린」의 명대사 • 수용 이론의 확장 = 학습자 중심 문학 교육에 적용

해 분석해볼 수 있습니다. 그리고 하나의 작품을 모두가 다르게 이해하는 데 관한 문학 원리와 이론(수용이론)들을 생각하는 것도 이 레벨에서 가능합니다.

레벨 4는 상당히 수준이 높습니다. 이 단계는 하나의 내용이 전하는 메시지를 우리 사회 전체로 확장해 설명하고 해석하는 사고 수준을 말합니다. 그렇게 하려면 사회 분야나 현상에 대해 평소 깊은 문제의식과 안목을 갖고 있어야 합니다. 이 사례에서는 금상첨화, 개과천선 두 변화 유형을 통해 교육의 본질을 설명하고 있네요.

학교 교육의 본질은 세 가지입니다. 첫째, 단기적 성과를 내게 하는 것. 둘째, 지속적으로 성장하도록 하는 것. 셋째, 부족한 상태를 탈바꿈하도록 하는 것. 셋 중 첫째와 둘째는 금상첨화형 변화, 셋째는 개과천선형 변화에 해당합니다. 이는 『중용』 24장에 나오는 "지극히 정성을 다하는 사람만이 나와 세상을 변하게 한다."라는 문구와도 일맥상통합니다. 이는 영화 「역린」의 명대사이기도 하죠. 그리고 레벨 3에 나온 수용이론을 통해 국어 교과의 큰 방향 중 하나인 학습자 중심 문학 교육의 근거를 설명한다면, 이것도 레벨 4에 해당합니다.

이처럼 아무리 쉬운 내용이라도 그것을 통해 진행하는 사고력은 사람마다 천차만별입니다. 학생들은 하나의 사안에 대해 더욱 깊게 사고하는 힘을 차근차근 길러가야 합니다.

현재 고등학교 학생이라면 위 네 레벨 중 어느 단계까지 사고할 수 있어야 할까요? 저는 레벨 1이면 충분하다고 봅니다. 만약 레벨 2까지 사고를 한다면 상당히 우수한 고등학생입니다. 대학생이 되면 레벨 3까지 가야 합니다. 레벨 4는 특정 분야에서 전문적 활동을 준비하는 사람의 수준으로 볼 수 있습니다. 석사논문을 쓰려는 대학원생은 여기에 해당하겠네요. 그러니 고등학생은 자신의 사고력 레벨이 낮다고 실망할 필요 없습니다. 대학과 대학원을 거치며 이런 수준의 사고력을 갖추겠다는 의지와 마음가짐을 다지도록 하세요.

깊이 있는 학습 전략 3단계:
여러 가지 맥락에 적용하는 공부

지식의 맥락화는 자기주도적 탐구학습의 한 유형입니다. 교과의 지적 내용을 여러 맥락 속에서 다면적으로 사고하고 그것을 토대로 지식을 자기 것으로 만드는 학습을 말합니다. 학생들은 맥락화를 통해 교과들의 내용을 서로 연계하고, 거기서 얻은 지식과 깨달음을 자기 삶에 적용합니다. 그리고 배운 것을 다른 상황에 대입하거나 전이하는 학습을 수행함으로써 교과의 내용을 자기의 지식 재산으로 저장합니다.

맥락화는 다양한 차원에서 수행할 수 있는데 크게 세 가지 형태를 생각해볼 수 있죠. 첫째, 교과 맥락 차원입니다. 교과 사이에 내용을 연계하고 다면적으로 분석·적용하는 방식이 여기에 해당합니다. 둘째, 사회 맥락 차원입니다. 학습한 지식을 우리 사회의 제도, 문화, 환경, 공동체 등과 연결해 활용합니다. 셋째, 개인 맥락 차원입니다. 교과 지식을 자기 삶, 진로, 환경 등과 연결하는 것이죠.

다양한 교과들을 공부하면서 특별히 관심이 가는 주제를 발견하면 학습 내용을 여러 가지 맥락과 연결해 깊게 사고해보고, 다양한 사례들을 '맥락화 노트'에 정리해두는 것도 좋은 학습전략입니다. '맥락화 노트'는 관심이 가는 주제에 대해 주요 내용, 자신의 생각, 다른 교과와 연결되는 부분, 적용되는 우리 사회의 분야, 향후 추가적 탐구 및 활용 계획 등을 일차적으로 적어놓은 메모를 말합니다. 맥락화 노트를 잘 정리해두면 나중에 세특의 기재 내용을 풍부하게 하는 데도 도움이 됩니다.

맥락화 기반의 '깊이 있는 학습'은 키런 이건Kieran Egan의 '깊은 학습Learning in Depth, LiD'과도 주요 내용이 일맥상통합니다. 이건의 깊은 학습은 익숙한 주제를 하나 선정해(사과, 먼지 등) 다양한 관점에서 탐구학습을 수행하는 방과 후 프로젝트를 말합니다. 그가 제시하는 깊은 학습은 개별 지식과 자기 관심을 연결한 자기주도 학습을 통해 지식이 작동하는 원리를 탐구함으로써 학습의 즐거움을 높여주고 무한한 상상력을 자극하는 데 목적을 둡니다.

맥락화 기반의 깊이 있는 학습을 할 때는 개별 교과 내용을 학습할 때 학생 스스로 '지적 질문'을 던지고, 탐구 활동을 통해 스스로 답을 찾는 방식이 역시나 도움이 됩니다. 이러한 학습 방식은 문제 풀이를 통해 하나의 정답을 찾는 공부와 대비되죠. 앞서 언급했듯이 학습은 지적 내용에 대해 학생이 여러 관점을 설정해 다면적으로 사고하는 공부를 의미합니다. 맥락화 기반의 깊이 있는 학습은 풀이를 넘어 다양한 상황 맥락을 고려해 종합적으로 사고할 때만 가능합니다.

우리 아이만의 '세특'은 깊이 있는 학습으로 완성된다

대입평가에서 학생부의 세특은 학생이 개별적으로 수행한 '깊이 있는 학습'을 확인하는 경로로도 큰 의미를 지닙니다. 세특은 성적으로는 확인할 수 없는 학생의 수업 참여 방식뿐만 아니라 학생의 관심도와 태도, 자기주도적 활동과 경험을 보여주는 자료입니다. 대입에서 그 중요도가 점점 더 올라가는 이유는 앞서 언급했듯이 추천서와 자소서가 폐지되고, 다양한 교과 외 활동이 대입평가에 미반영되면서 상대적 비중이 커졌기 때문입니다. 그리고 학생의 학업태도, 앞으로의 발전 가능성, 교과와 관련한 다양한 활동 경험, 교과 학업과 진로의 연관성 등을 중요하게 여기는 시대적 흐름과 부합한다는 사실도 세특에 더욱 관심을 갖게 만듭니다.

교과 담당 교사가 교과별로 세특에 기본적으로 기재하는 정보들은 어떤 것일까요? 교과의 성취기준에 기반한 학생의 성취수준과 우수한 역량, 교과 학업 내용과 연계한 학생의 자기주도적 탐구 활동, 수업에 대한 학생의 흥미와 참여 태도, 수업이나 실험에서 보여주는 창의적 생각이나 문제해결력, 학생 관심사(진로 등)에 따른 수업 내용의 적용과 활용 등입니다. 특정 교과와 연계되지 않은 학생의 자율적 교육 활동은 별도로 '개인별 세특' 부분에 담임 교사가 기재해줍니다.

그렇다면 학종은 학생들의 세특에서 무엇을 보고 싶어 할까요? 가장 중요한 것은 수업 시간에 배운 교과 내용을 바탕으로 학생이 자신의 역량과 사고력을 어떻게 강화하고 성장해나가느냐 하는 것입니다. 이는 결국 깊이 있는 학습을 어떻게 했는지를 확인하는 과정이라 할 수 있습니다. 특히 세특에는 앞서 언급한 자기주도적 탐구 활동 등과 같은 기본적 기재 사항 외에도 다양한 것이 담기면 좋습니다. 수업에 호기심을 갖고 능동적으로 참여하는 모습, 교과 공부에 대해 성찰하며 개선해가는 자세, 수업 중의 발표나 토론 및 협동학습에서 보여주는 적극성 등이 대표적인 것들이죠.

학종에서 세특이 얼마나 중요한지는 더 이상 설명할 필요가 없을 것 같습니다. 다만 이것을 잘 써야 한다는 생각에 너무 이것저것 넣어서 가짓수를 늘릴 필요는 없습니다. 요즈음은 과목당 글자 수를 500단어로 제한하므로 어차피 장황하게 쓸 수도 없지만요. 그래도 학생이 40개 과목을 이수한다고 가정하면, 거의 2만 자 규모의 정보가 대학에 전달됩니다.

입학사정관들은 지원자마다 일일이 내용을 다 읽어봅니다. 즉 특정 부분만 보는 게 아니므로 이를 작성할 때는 나의 긍정적 학습태도와 역량 요소들을 여러 교과에 전반적으로 녹여내는 것이 중요합니다. 이를 위해서는 평소에 능동적으로 공부하는 태도를 기르고 깊이 있게 생각하는 습관을 갖는 것이 가장 중요하겠지요.

특히 유의할 점은 세특에 교과의 수업 내용을 기록하는 것이 아니라 학생의 실제적 수업 활동을 담아야 한다는 점입니다. 단순히 교과의 내용을 기록한 자료는 세특의 기재 분량이 제한된 오늘날의 상황에서는 비효율적인 정보가 될 수 있습니다. 오늘날 고교 대부분이 학생 참여형 수업을 하고 있으며 세특 내용의 기록에 대한 정보들을 많이 갖고 있습니다. 그래서 일반적으로 보면 학교 간 차이가 두드러지지 않은 편입니다.

이는 대학이 서류평가를 더욱 세심하게 하도록 하는 자극제이기도 하며, 학종이 학교 교육에 끼친 긍정적인 효과이기도 합니다. 그렇지만 세특의 사례와 관련한 정보들이 넘쳐나다 보니 기록에서 개인 특성이 사라지고 지나치게 천편일률적으로 바뀌는 경향도 관찰됩니다. 만일 그렇게 된다면 대학은 세특 평가의 비중을 줄이고 교과 성적에 더욱 의존하려 할 터이므로, 이런 쪽으로 평가의 중심이 변하지 않도록 유의할 필요가 있습니다.

학생부종합전형은
누구에게나 열려 있다

학종은 가장 학교 교육 친화적인 전형이라 할 수 있습니다. 전형 취지나 평가 방식, 선발 결과 모두 학교 교육에 맞추기 때문이죠. 그러므로 학종은 학교생활을 충실히 하면 대입을 의식하지 않더라도 자연스럽게 준비가 됩니다. 여기서는 학교에서 학종을 대비하는 기본 마음가짐과 유의할 사항에 대해 알아보겠습니다.

충실한 학교생활이 곧 대입 준비의 정석이다

학교는 자라는 세대들이 미래 삶을 살아갈 힘을 길러주는 사회 제도입니다. 세상을 살아가는 힘은 지식이나 실력에서도 나오지만, 사람이 사람답게 되는 됨됨이에서도 만들어집니다. 그래서 학교는 공부하는 장소이기도 하고 사람이 되는 장소이기도 하죠. 학교 교육은 다양한 교과 활동과 교과 외 활동뿐만 아니라 친구들과의 교우관계, 선생님과의 사제관계 등을 통해 학생들이 지적, 정신적, 정서적, 사회적 성숙을 경험하도록 합니다.

우리 사회의 어떤 기관도 학교의 이런 역할을 대신할 수 없습니다. 그래서 독일 같은 나라는 교육 의무가 아니라 '학교 의무'를 둡니다. 즉 학교에 가서 받는 교육만 인정해준다는 뜻이죠. 그리고 해당 학교를 졸업하면 대학에 진학할 수 있는 자격도 자연스럽게 생깁니다.

대입의 학종도 취지는 똑같습니다. 우리는 대학진학의 경쟁이 심해 고등학교 졸업이 대학에 '진학'하는 자격이 아니라 '지원'하는 자격을 주는 데 그칩니다. 하지만 학교 교육 활동에 선발 과정의 근거를 두는 것은 큰 의미를 지닙니다. 사실 학종의 중심 취지는 학교생활에 우수한 학생을 선발하는 것이 아니라, 학교생활을 열심히 하는 학생을 선발하는 데 있습니다.

아동·청소년 시기에 학교를 다니면 성취도가 어떤 수준을 보이든 성장과 발달의 리듬을 기본적으로 맞추게 된다고 합니다. 학교에 다닌다는 사실만으로 학생에게 성장이 일어난다는 뜻이죠. 제대로 이해하든 못하든 교실에 앉아 다양한 수업을 듣고 또래 친구들과 어울리는 시간 자체가 성장의 진원지가 되기 때문입니다.

교과별 수업을 통해 들어오는 다양한 지식이 반드시 자신 속에 흡수되고 디테일한 내용들을 오랫동안 기억해야 성장이 일어나는 것은 아닙니다. 아인슈타인도 이런 말을 했습니다. "교육이란 학교에서 배운 것을 모두 잊어버린 후에 자기 속에 남는 것을 말한다." 수업 시간에 배운 세부 지식은 비록 잊어버려도 학교에서 경험한 사고와 원리는 영원히 교육으로 남는다는 뜻인 것 같습니다. 콩나물에 물을 주면 물은 빠져나가지만, 콩나물은 자라는 것과 같은 이치죠. 학교 교육은 그 자체가 바로 준비입니다.

이러한 학교 교육의 근본적 의미를 새기며 학교생활을 열심히 하는 것이 학종을 준비하는 가장 중요한 자세입니다. 그러면 성과는 자연히 따라옵니다. 반대로 성과를 내기 위해 공부를 하면, 모든 활동이 도구화되면서 교육의 중심에 있는 학생 자신도 기능적 존재로 변해버리고 맙니다. 그러니 긴 호흡을 유지하며 차근차근 기반을 쌓는다는 마음가짐으로 학교에 다니도록 하세요. 여기서 긴 호흡이란 고교 3년과 대학 4년을 마치 하나의 학교에서 공부하듯이 생각하며, 앞으로의 계획을 설계하고 이를 매년 충실히 실천해가는 자세를 말합니다.

요즈음 교육은 고졸, 대졸 등 졸업장으로 대변되는 학교별 완성을 추구하지 않습니다. 대신에 다가오는 삶에서 자기 맞춤형 성장을 이어갈 바탕을 마련해주는 데 치중합니다. 즉 현대 교육은 완성을 시켜주는 교육이 아니라 성장을 촉진하는 교육의 성격을 지닙니다. 학종도 이러한 성장 중심 교육을 구성하는 하나의 마디에 해당합니다. 학교에서의 개인별 교육 활동이 자연스럽게 그다음 마디인 대학으로 이어지게 하려는 것이 학종의 핵심 취지인 것이죠.

학종의 첫 단추, 어떤 선택 과목을 이수할까

고등학교에서 대학으로 건너갈 때 학종이라는 다리를 적극적으로 활용하세요. 이러한 연계 관계에서 보면, 학종은 대학과 학생 사이에 정보재를 나누는 것과 같습니다. 대입에서는 정보가 곧 재산입니다. 정보의 가치를 보고 서로가 서로를 선택하는 것이니까요.

양측이 가장 중요하게 보는 것은 아무래도 학업 역량과 관련된 정보재입니다. 그런데 학종에서 학업 역량은 성적만을 의미하지 않습니다. 성적은 학생의 학업 역량을 보여주는 정보재 중의 하나에 불과합니다. 학생부교과전형이 등급 성적만을 유일한 평가 기준으로 삼는 것과는 다릅니다. 실제로 교과전형에 비해 종합전형은 내신 컷에서 등급 상승 효과가 꽤 나타납니다. 교과전형보다 내신점수가 낮아도 같은 모집단위에 합격할 수 있다는 뜻이죠.

2025년 고1부터는 내신 산정 방법 자체가 바뀌니 새로운 성적 체제에 맞춰 학종을 대비해야 합니다. 여러 번 설명했듯이 이제 내신은 9등급 상대평가가 없어지고 5등급 상대평가와 5단계 성취평가 성적이 부여됩니다. 전체적으로 내신 변별력이 줄어드는 만큼 앞으로 학업 역량에 대한 평가는 종합적인 판단에서 이루어질 가능성이 더욱 큽니다. 학업 역량을 평가할 때 대학 입학사정관이 학생부의 기재 내용에서 확인하는 요소들은 다음과 같습니다. 따라서 대입에 활용할 정보재로서 먼저 이 요소들을 잘 관리하도록 하세요.

① 주요 과목별 성취평가 등급(ABCDE)과 등급별 학생 비율: A(5%), B(25%) 등

② 부가 기록: 주요 과목별 지원자의 원점수, 과목 평균, 과목 수강 생 수

③ 주요 과목의 상대평가 석차등급(1~5등급)

④ 이수 과목의 성격과 내용 수준

⑤ 이수 과목의 전공 연관성

⑥ 지원자의 학업태도와 특성(세특)

⑦ 과목별 평가 정보: 지필평가와 수행평가 비중, 수행평가 영역명, 성취도별 분할점수 등

이 중에서 ①~③은 내신성적에 관한 내용이고 ④~⑥은 과목 이수와 학업태도에 관한 정보입니다. 그리고 ⑦은 과목별로 평가가 어떻게 이루어졌는지에 관한 자료입니다. 기본적으로 내신성적은 성취평가 등급과 상대평가 석차등급을 함께 관리해야 합니다. 성취등급은 A인데, 석차등급은 2등급인 경우도 흔히 볼 수 있을 겁니다. 우수한 집단들이 모여 수강하는 과목의 경우엔 그럴 수밖에 없는데, 대학은 2등급이라는 정보재(34퍼센트 이내)에 이전처럼 그렇게 높은 가치(11퍼센트 이내)를 부여하지 않을지도 모릅니다. 그런 경우에는 내신성적 외에 ④~⑥의 정보재를 보고 이 지원자의 학업 역량을 정밀하게 해석하려 할 것입니다. 따라서 2022 개정 교육과정이 시작되면, 내신성적 외에 과목 이수 상황이나 자기주도적 탐구학습태도에 대해 더욱 신경을 써야 합니다.

학종을 준비하는 첫걸음은 선택과목을 이수하는 것입니다. 학생과 학부모님들의 고민 중 하나가 고등학교 2학년이 되면 선택과목을 어떻게 정할 것이냐 하는 문제더군요. 대부분 진로와 지망 학과를 우선으로 고려해서 선택하고 싶지만, 좋은 성적을 받는 게 쉽지 않아서 고민하는 경우가 많습니다. 과목의 내용 수준, 적성, 진로 연관성 등에 따라 학생마다 과목 선택의 방향이 다르겠지만, 일반적으로는 아래 네 가지 방향에 대해 숙지해두시면 도움이 됩니다.

일반선택과목을 충실하게 이수하자

일반선택과목을 충실하게 이수하는 것이 중요합니다. 왜냐하면 기본 학업 역량은 일반선택과목을 바탕으로 형성되기 때문이죠. 대학도 아마 우선 일반선택과목을 성실히 이수해야 해당 교과를 제대로 공부한 학생으로 판단할 겁니다.

자신의 진로에 맞춰 선택과목의 조합을 구성하자

진로선택과 융합선택은 어떤 성격의 과목을 이수했는지가 중요합니다. 그러므로 해당 과목이 '심화', '진로', '생활', '융합' 중 어떤 학업 역량을 추구하는지를 확인하고 자신의 진로에 맞춰 선택과목의 조합을 구성하도록 하세요.

수학 교과의 경우에 '경제 수학', '인공지능 수학'은 진로 연계이고, '미적분Ⅱ'와 '기하'는 심화 공부이며, '실용 수학'은 이들 과목에 비해 상대적으로 난이도가 낮습니다. '수학과 문화', '수학과제 탐구'는 자신의 흥미와 관심에 따라 자기주도적으로 탐구하고 다양한 인간 활동과 수학을 연결해 융합적으로 사고하도록 하는 과목입니다. 그러므로 진로선택과 융합선택에서 선택한 과목들의 조합은 해당 학생의 진로와 학업 목적에 대한 중요한 메시지를 전달해줍니다. 이 점을 꼭 유의하기 바랍니다.

특목고 교과목을 일반고에서 이수할 때는 과목 위계에 맞게 선택하자

특목고 교과목을 일반고에서 이수할 때는 무엇보다 과목 위계에 맞게 선택하는 것이 중요합니다. '고급 기하', '고급 미적분', 고급 물리학', '물리학 실험' 등의 과목이 여기에 해당하죠. 이런 과목이 일반고 학생부에 등장하면 입학사정관은 그 학생이 과목 위계에 맞춰 공부했는지를 따져볼 것입니다.

예를 들어, 과학고 과목인 '물리학 실험'을 들은 학생은 일반선택의 '물리학'과 진로선택의 물리학 관련 과목을 듣고 난 다음에, 해당 과목을 이수해야 좋은 평가를 받을 수 있습니다. 이전에는 이런 특목고 과목을 전문교과라 불렀는데, 지금은 전문교과라고 하면 특성화고 과목만 의미하니 주의하세요.

교양과목 등 흥미가 느껴지는 과목은 적극적으로 이수하자

교양과목 등의 교과 이수입니다. 교양과목, 예·체능, 제2외국어, 공동교육과정 등도 필요한 대로 이수해놓으면 학업태도 측면에서 '이 학생의 관심사가 다양하고 깊다'라는 인상을 줄 수 있습니다. 그러니 흥미가 가는 과목이 있으면 적극적으로 이수하는 것도 좋은 전략입니다.

단순한 문제 풀이를 넘어 나만의 생각을 담다

무슨 과목을 이수해야 하느냐 하는 문제 못지않게 중요한 것이 '공부를 어떻게 해야 하느냐' 하는 점입니다. 여기에 대해서는 『논어』「위정편」爲政篇에 좋은 설명이 있습니다. 학생들도 이 말을 꼭 명심하세요.

> 학이불사즉망(學而不思則罔), 사이불학즉태(思而不學則殆)
> 배우기만 하고 생각하지 않으면 배운 것이 아니고,
> 생각만 하고 배우지 않으면 위태해진다.

 지식을 습득하기만 하고 여기에 자기 생각을 담지 않으면 공부라 할 수 없고, 자기 생각만 하고 필요한 지식을 습득하지 않으면 선무당이 사람 잡는 것과 같다는 뜻입니다. 오늘날 학종이 기대하는 공부 방식을 이처럼 잘 요약한 문장은 없습니다. 교과 공부를 열심히 하며, 배운 내용에 여러분의 생각을 자꾸 추가해보세요. 이것이 자기주도적 탐구학습이며 깊이 있는 학습입니다.

 요즈음 자기주도적 탐구력이 중요시되면서 이에 대해 주로 기록하는 '세특'에 대한 관심이 아주 큽니다. 따라서 학종을 준비하려면 평소에 '수업은 교과 학습이면서 나의 탐구 활동이다'라는 생각을 기본적으로 가질 필요가 있습니다. 앞서 언급한 『논어』의 구절과 현대적 용어를 사용해 설명하면, 기회가 될 때마다 다음과 같은 과정으로 교과를 공부하라는 의미입니다.

① 교과 내용 학습 → ② 핵심 원리 이해
→ ③ 나의 관심과 생각 넣기(교과 주제 또는 큰 주제)
→ ④ 교과 내용의 적용, 융합 활동(깊이 있는 학습)
→ ⑤ 학업에 대한 성찰과 개선
→ ⑥ 성장한 모습 확인 및 기록

　수업 시간에 배운 세부적인 교과 내용을 주제나 단원별로 핵심 원리를 찾아 정리하는 것이 깊이 있는 학습의 시작입니다. 가시적인 파도만 보지 말고 이면의 바람을 보라는 것이죠. 그리고 자신의 관심사를 교과 내용에 연결해봅니다. 동일 교과에서 관심이 많았던 다른 주제와 연결해도 되고, 자신의 큰 인생 주제가 있으면 이것과 교과 내용을 연결해서 생각해봐도 좋을 듯합니다.

　어떤 학생은 '예술적인 사고도 과학과 수학을 이해하는 데 도움을 주는가'라는 인생 주제를 갖고 있더군요. 이를 바탕으로 학생 스스로 교과 주제를 더욱 깊이 탐구하고, 자신의 관점을 넣어 과제로 발표하며 이를 여러 방면으로 융합·활용하면 정말 모범적인 자기주도 학습이 됩니다. 나아가 공부 과정에서 얻은 교훈과 부족한 부분들을 성찰하며 개선해나가면 금상첨화겠죠. 이러한 활동들은 세특을 아주 풍부하게 해줄 겁니다.

　물론 매번 이런 과정을 거칠 수는 없습니다. 여러 교과를 공부하다가 교과마다 최소한 한 번 이상은 이런 깊이 있는 학습을 의도적으로 수행해보세요. 교과 내용의 원리를 이해하고 나의 관점에서 교과 내용을 바라보고 활용하는 것이 핵심입니다. 수업에서 참여 활동 가운데 가장 중요한 것은 '생각 참여'입니다. 교과 내용에 자기 생각을 참여시킬 때 관련되는 책을 읽고 함께 참여시키면 더욱 큰 도움이 됩니다.

저는 개인적으로 가장 힘이 느껴지는 '세특' 기록은 교과 관련 독서 경험과 학생의 개인적 생각이 교과 내용(성취기준)과 잘 조화를 이룬 경우입니다. 교과마다 한두 번이라도 이런 방식으로 공부를 해보면, 교과 주제에 대한 흥미도 생기고 학업에 대한 자부심과 뿌듯함을 자연스럽게 느끼게 될 것입니다.

학종은 원하는 대학으로 모두를 데려가줄 기회다

학종은 개인의 역량과 경험을 종합적으로 평가하기에 수치에 의한 산술적 비교나 줄 세우기식 서열을 따르지 않습니다. 계량화된 학업 성취도에서 벗어나 특정 모집단위에서 공부하기 적합한지를 따져보는 정성적 판단을 중심에 두기 때문입니다. 따라서 학교에서 자신의 역량과 소양을 차근차근 쌓아온 학생이라면, 어떤 학교에 다니든지 좋은 결과를 기대할 수 있습니다.

그리고 지원자가 공부하는 지역, 학교, 환경 속에서 보여준 모습을 평가하기에 다른 전형보다 어려운 여건의 학생들이 합격하기 쉽습니다. 이런 걸 앞에서 '맥락화된 평가'라 했죠. 맥락화는 동일한 기준을 기계적으로 적용하기보다는 지원자의 전후 사정과 학업 과정을 고려해 입체적으로 평가하는 방식입니다. 학생이 다닌 학교는 어떤 학교인지, 그 학교에는 어떤 과목을 개설했는지, 학생은 어떤 분야에 관심을 두고 공부했는지 등과 같은 맥락을 출발점으로 하여 학업 내용을 상세하게 검토합니다.

맥락을 반영하는 평가를 하면 모든 유형의 학교가 손해를 보지 않습니다. 그러니 학종에 적극적으로 도전해보도록 하세요. 사실 학종은 모두에게 좋은 기회입니다. 영재고, 특목고, 자율고, 일반고, 특성화고 등의 학교 유형들뿐만 아니라 수도권과 지방, 교육 특구 지역과 산간 어촌 지역 학교 어디든지 학종은 대학으로 가는 유용한 다리가 될 수 있습니다.

서울대의 사례를 보죠. 이전에 수능 중심으로 학생을 선발할 때는 합격자를 배출하는 고등학교 수가 극히 제한되어 있었습니다. 그런데 수시 학종 체제가 도입된 이후에는 그 수가 급격하게 증가해 지금은 900개 전후의 학교에서 합격자를 냅니다. 특정 지역이나 학교 유형을 떠나 다양한 학생들이 자기 학교에서의 활동과 성취도에 근거해 입학하기 때문이죠. 지역사회 여건이 열악한 산간벽지나 섬 지역에서 자라 오직 학교 공부만으로 서울대에 들어온 히든 챔피언형 인재들은 거의 수시로 입학한 학생들입니다.

'히든 챔피언'이란 뛰어난 잠재력과 높은 자존감 및 의지를 지니고 있어 세월이 가면 갈수록 두각을 나타내는 회복탄력성resilience을 지닌 인물을 말합니다. 지역균형전형과 기회균형특별전형으로 입학한 학생 가운데는 이러한 히든 챔피언이 많습니다. 한 학년이 15여 명밖에 되지 않는 작은 섬의 학교 출신으로 서울대 외국어교육 계열에 선발된 어느 학생의 경우를 살펴볼까요. 그 학생은 '의자왕'이라는 별명이 있을 정도로 늘 의자에 앉아 공부하는 모습으로 지역주민, 학생, 친구들에게 각인되었습니다. 어려운 여건 속에서도 인터넷 강좌를 통해 끊임없이 영어를 듣고 연습했습니다. 그 노력과 열정이 미래 챔피언으로 성장할 가능성을 충분히 보여주었기에 서울대도 이 학생을 자신 있게 선발할 수 있었던 거죠. 실제로 이런 학생들은 학년이 높아질수록 더욱 뛰어난 학업 성과를 보여줍니다. 모두에게 좋은 기회가 되는 학종을 통해 여러분의 꿈을 실현하길 기원합니다.

제6부

결국 성공하는 아이에게는
멘토 같은 부모가 있다

행복한 아이에게서
학업 역량이 자란다

최근에는 성공하려면 먼저 행복해야 한다는 주장들이 많이 나옵니다. 그렇다면 입시에서 성공하는 비결 중 하나도 자녀가 행복을 느끼도록 하는 것이지 않을까요. 멘토 같은 학부모는 자녀를 행복하게 만드는 부모입니다. 여기서는 자녀에게 행복이 왜 중요한지, 행복하면 왜 성공하는지를 설명하겠습니다.

행복한 아이를 만드는 부모가 되려면

부모는 자녀를 생각만 해도 가슴이 따뜻해집니다. 행복해하는 자녀의 모습을 보면 덩달아 기분이 좋아지죠. 그럼 행복하다는 느낌은 무엇일까요? 행복은 세 가지 느낌, 즉 즐거움, 만족감, 뿌듯함이 혼합된 상태입니다. 즐거움은 재미있고 편안한 기분을 말합니다. '행복한 시간', '행복한 가족'이라 하면 주로 이런 뜻이죠. 만족감은 기대한 것 이상의 충족감이 드는 상태를 나타냅니다. 아이가 공부나 행동에서 좋은 모습을 보여주면 부모는 만족해하며 행복하다고 생각합니다. 하지만 뿌듯함은 조금 다릅니다. 앞의 둘은 기분이 좋은 상태인데, 뿌듯함은 자랑스러운 느낌이 드는 것을 말하죠. 자기가 한 행동이나 결과가 나에게나 공동체에 의미를 지닌다고 생각하면 뿌듯한 기분이 듭니다.

이렇게 보니 편안함은 행복을 구성하는 일부분일 뿐이고, 나와 주변의 가치를 높여주는 뿌듯함도 우리를 행복하게 만드네요. 사실 가장 영양가 있는 행복은 뿌듯함에서 오는 행복입니다. 아이들이 뿌듯함을 느끼면 자존감과 자부심이 커지면서 무엇이든 열심히 하려 합니다. 그래서 아이가 성공하게 하려면 먼저 행복하게 해주어야 한다는 말이 나오는 겁니다.

미국의 에드 디너Ed Diener 교수는 행복 과학 분야의 세계적 권위자입니다. 행복 과학계의 찰스 다윈이라 불리기도 하죠. 이전까지 사람들의 관심사는 '행복해지려면 어떻게 해야 하는가'였습니다. 하지만 디너 교수는 관점을 바꾸어 '행복하면 어떤 결과를 낳는가'를 중점적으로 연구했습니다. 그의 연구를 종합해보면 행복한 사람이 더욱 성공하고, 건강하고, 좋은 인간관계를 맺습니다.

예를 들어보죠. 디너 교수는《동아일보》와의 인터뷰에서 "17세 때에 행복하다고 느낀 청소년이 40세가 되어서 더욱 높은 수준의 연봉을 받고 있다."라는 연구 결과를 밝히기도 했습니다. 자녀가 느끼는 행복이 자기계발에 매진하는 노력과 깊은 관련성을 지닌다는 뜻이죠. 성공해서 행복한 사람도 있지만, 행복해서 성공한 사람도 많습니다.

『긍정 심리학』이라는 책을 쓴 미국의 마틴 셀리그만Martin Seligman 교수도 행복한 아이는 그렇지 않은 아이보다 끈기, 문제해결력, 호기심, 열정 등에서 뛰어남을 밝힌 바 있습니다. 이런 연구들을 통해 행복이 자녀의 성장에 큰 힘을 보태준다는 걸 알 수 있지요.

그래서 저는 행복을 두 가지로 분류합니다. 하나는 '안주형 행복'이고, 다른 하나는 '성장형 행복'입니다. '안주형 행복'은 즐거움과 편안함에 젖어 마음이 나태해지면서 현재의 자신에 눌러앉는 상태를 말합니다. 반면 '성장형 행복'은 자기 행동과 결과에 뿌듯함을 느끼며 계속 의지를 키우고 새로운 목표에 도전하며 의미를 찾는 경우입니다.

그러니 우리 부모님들도 이제 자녀 행복 프로젝트를 한번 진행해보세요. 별것 아니에요. 아주 쉽습니다. 기회 있을 때마다 자녀가 뿌듯함을 느끼도록 곁에서 말과 행동으로 도와주며 행복감을 키워가도록 유도하면 됩니다. 물론 이때 안주형 행복이 아니라 성장형 행복이 되도록 해야 합니다. 자녀가 사소한 일에도 뿌듯함을 느끼며 자신감을 키우도록 배려하고 격려해주면 어느새 자녀에게 성장형 행복이 찾아옵니다.

이러한 사실에서 보면 대입 또한 행복한 사람 위주로 선발해도 되겠다는 상상을 해봅니다. 그렇게 해도 성취도 위주로 선발한 결과와 별다른 차이가 없을 가능성이 큽니다. 하지만 대입은 엄격한 제도적 기준을 토대로 진행되어야 하기에 행복과 같은 내적 즐거움이 평가 요소가 될 수는 없습니다. 그럼에도 교육의 본질이 학업 역량을 갖추면서 행복한 사람이 되도록 이끄는 데 있다고 한다면, 학종도 행복이라는 요소를 간접적으로나마 고려해보아야 합니다. 우리의 교육과정이 경쟁적 지식 위주의 학력에서 벗어나 행복감을 높여주는 교육으로 패러다임 전환을 강조하는 것도 같은 맥락입니다.

가정에서의 행복이 학교까지 이어질 수 있도록

학교에서 학생들이 행복하려면 어떻게 해주어야 할까요? 다시 말해 학교 교육이 학생들의 성취도를 향상시키며 아울러 행복도를 높여주기 위해서는 어떻게 해야 할까요? 이에 대해 설명하기 전에 문제를 하나 내보겠습니다.

'①사회 활동, ②생활 환경, ③유전적 기질' 이 셋 중에서 어느 것이 사람들의 행복에 가장 큰 영향을 줄까요? 유명한 행복학자인 소냐 류보머스키Sonja Lyubomirsky가 긴 연구 끝에 답을 찾아냈습니다. 정답은 '③유전적 기질'입니다. 유전적 기질(50퍼센트)이 사회 활동(40퍼센트)과 생활 환경(10퍼센트)을 앞섭니다. 똑같은 상황에서도 기질적으로 행복을 느끼는 사람이 있고, 그렇지 않은 사람이 있다는 의미입니다. 따라서 학교는 행복을 느끼지 못하는 학생들에게 행복이라는 감정을 가르쳐줘야 하며, '행복해지려고 결심하도록' 자극을 주는 것이 필요합니다.

행복은 철저히 주관적인 감정입니다. 그래서 디너 교수는 행복을 '주관적 안녕감subjective well-being'이라 불렀습니다. 행복은 개인의 기질에 따른 주관적 느낌이기에 스스로 '행복하다고' 생각하거나 '행복해질 거라고' 결심하는 마음가짐을 갖추는 것이 가장 중요합니다.

사실 행복과 관련해서 한국 교육은 아직 제자리를 잡지 못한 것 같습니다. 우리 학생들은 학업성취도는 세계적으로 선두 그룹인 데 반해 학교에서 느끼는 행복도는 최하위에 머물러 있다는 통계를 여러 번 보았습니다. 그러면 우리 학생들은 왜 좀처럼 행복을 느끼지 못하는 것일까요? 물론 그 원인은 여러 곳에서 찾을 수 있겠지만, 저는 사회적으로나 심리적으로 우리들이 '비교의 늪'에 빠져 있기 때문이라고 진단해봅니다.

우리는 주로 비교에 의거해 가치 판단을 합니다. 그러다 보니 자신의 소유물, 성취도, 소망까지도 다른 사람과의 상대적 위치 속에서 생각하는 데 익숙합니다. 『꾸뻬 씨의 행복 여행』이란 책에 따르면, 행복의 비밀은 자신을 남과 비교하지 않는 데 있습니다. 다른 사람과 상향적 비교를 하면 스트레스를 받게 되고, 하향적 비교를 하면 우쭐한 티를 내면서 사회적 관계가 훼손되기 십상입니다. 그러면 행복감을 느낄 여유가 없어지겠죠.

학생들도 마찬가지입니다. 그동안 우리 교육은 타인과의 비교에 의존하는 상대평가 체제에 치중해왔고, 학생의 내적 안정감을 키워주는 데는 소홀했습니다. 진정 학생들을 행복하게 만들기 위해서는 비교를 통해 서열을 확인하는 방식에서 벗어나도록 해야 합니다. 그 대신 학생 각자가 지닌 가치, 특성, 미래 진로를 소중한 가치로 인정해주고, 이를 통해 자신을 자신답게 만들어가는 데서 스스로 행복을 느끼도록 해주어야 합니다.

그러기 위해서는 무엇보다도 비교에 의존하는 줄 세우기식 경쟁을 줄여야 합니다. 학생의 다양한 활동과 경험을 존중해주고 대학은 이를 다면적으로 평가할 도구를 운영하는 것이 필요하죠. 학생이면 누구나 자신에게 맞는 교육을 받아야 합니다. 따라서 이것을 대입에 반영해주는 교육과 입시의 선순환구조를 조성하는 노력이 가장 중요합니다. 학종은 이러한 사회적, 교육적 요구를 반영하기 위해 도입한 제도 중의 하나라 할 수 있습니다.

행복이 공부의 효율을 극대화시키는 이유

행복감을 느끼는 학생들은 어떤 긍정적 특징을 지니기에 행복을 강조하는 것일까요? 그 특성 몇 가지를 정리하면 다음과 같습니다.

행복을 느끼면 하는 일에 몰입할 수 있다

행복을 느끼면 하는 일에 몰입할 수 있고 몰입하면 더욱 행복해집니다. 몰입이란 일의 목적과 의미에 깊이 공감하며 심리적 일치를 이룬 상태를 말합니다. 그러니 몰입에서 중요한 것은 그 일의 목적과 의미에 대한 공감 여부입니다. 하루 종일 게임에 빠져 있는 경우에는 즐거울지 모르지만, 목적과 의미에 대해 심리적 일치를 이루며 뿌듯함을 느끼진 않습니다.

요약하면, 몰입하다 보면 안주형 행복이 아니라 성장형 행복이 찾아든다는 뜻입니다. 자기 일에 일정 시간 몰입하면 기대 이상의 결과가 나오며 만족감을 느끼고, 자신을 유능한 사람이라 생각하는 긍정적 자기 인식, 즉 뿌듯함이 만들어집니다. 이러한 뿌듯함의 느낌은 '몰입→좋은 결과→몰입'을 반복하며 자녀의 학업에도 성장이 일어나도록 자극을 줍니다.

행복은 자녀의 내부에 긍정 정서를 만들어준다

긍정 정서는 자신이 하는 활동이나 학교생활 등을 긍정적으로 인식하며, 시도하는 만큼 좋은 결과가 만들어질 것이라고 기대하는 심리 상태를 말합니다. 긍정 정서를 갖추면 생각과 행동의 범위가 확대되면서 학업이나 진로 개척에 대처하는 바탕이 넓어지고 상향적 발전이 이루어집니다. 반대로 부정 정서가 강해지면, 자신이 하는 활동이나 주변 환경에 대한 기대감이 약해지면서 쉽게 걱정에 휩싸이게 됩니다.

이럴 때 부모로서 멘토가 되어주어야 합니다. 부정 정서가 강한 자녀에게는 꼭 '대표 강점'을 강조해주세요. 대표 강점은 자녀의 특성에 해당하는 장점으로서 자부심이나 개성을 보여주는 요소를 말합니다. 자녀가 학업에 어려움을 겪거나 매사에 자신감이 없는 경우라도, 가

만히 생각해보면 외모든 성격이든 장점이 되는 요소가 하나는 있을 겁니다. 자녀의 장점을 찾아 언급하면서 "너는 이것 하나는 잘 하지 않니?", "너는 이것이 정말 좋은 점이야."라고 말하며 위로와 격려를 해주면 자녀에게 큰 힘이 됩니다. 대표 강점 의식을 갖추면 이것이 다른 곳에도 전이되어 차츰 자신감과 긍정 정서를 높여갈 수 있습니다.

행복을 느끼면 사회적 관계를 더욱 잘하게 된다

최근 '행복하면 더욱 이타적이 된다', '행복하면 타인과 소통을 잘하게 된다'라는 연구 결과들이 많습니다. 다시 말해 행복한 사람은 기부나 봉사 활동 등 남을 도와주는 일에 적극적이고, 행복한 사람은 남을 이해하는 마음의 여유도 크다는 뜻이죠. 한마디로 행복을 느끼면 더욱 의미 있는 인간관계를 만들게 됩니다.

학생에게는 무엇보다도 학교가 의미와 소통이 가득한 장소가 되어야 합니다. 지리문화학자 이푸 투안Yi-Fu Tuan은 '공간space'과 '장소place'를 구분합니다. '공간'은 우리가 그냥 있으며 해야 할 활동을 하는 곳이고, 장소는 그곳이 우리와 내적인 의미로 연결된 경험의 터전을 뜻합니다. 다시 말해 공간이 장소로 변하려면 그곳에서 올바른 의미와 경험이 만들어져야 합니다.

아쉽지만 요즘에는 그냥 공간에만 있을 뿐 그곳에서 아무런 의미를 찾지 못하는 사람들이 아주 많습니다. 학생들에게 교실이 그러합니다. 교실에 있는 의미와 소통 관계의 소중함을 느끼지 못한 채 그냥 벽과 천장이 있는 공간에 앉아 시간을 보내는 학생이 많습니다. 이런 식이면 교실은 장소라 할 수 없죠. 그런 아이들에게 교실이 장소가 되려면 먼저 '여기 있어서 행복하다'라는 생각이 들게 해야 합니다. 즉 의미와 뿌듯함을 느끼도록 유도하는 것이 첫걸음이 되어야 하는 거죠.

행복 중에 최고 행복은 매일 나아지는 나를 보는 것입니다. 어제보다 나은 나의 모습을 보는 것은 참으로 행복한 일이죠. 그리고 나로 인해 주변이 더욱 나아지는 모습을 확인하면 더욱 행복합니다. 이것을 '뿌듯함'이라 부릅니다. 학교가 나의 의미와 소통으로 가득한 '장소'가 되게 하려면 늘 자기계발에 충실하고 탐구적 자세를 보여야 합니다. 다음 장에서는 나를 발견하고 나에게 의미 있는 미래와 학업을 설계하는 4단계 과정에 관해 설명하겠습니다.

10년 뒤를 내다보는
진로진학 설계가 답이다

사람은 행복하면 성장이 촉진되고, 성장을 느끼면 행복해합니다. 성장과 설계는 동전의 양면과 같죠. 그러므로 중·고등학생이 되면 자신에게 맞는 진로와 학업이 무엇인지 적극적으로 탐색해보아야 합니다. 다음에 소개하는 4단계를 통해서 진로와 학업을 설계하도록 조언해주세요.

우리 아이를 위한 네 단계 진로진학 로드맵

막상 진로와 학업을 설계하라고 하면 왜 해야 하는지, 어떻게 하는 것인지, 진로와 학업을 설계하면 어떤 좋은 결과가 생기는지 잘 모릅니다. 오늘날 학업과 삶에서 설계를 하는 이유는 '강한 개인'이 되기 위해서입니다. 현대사회는 '강한 개인'이 성공하는 시대입니다.

'강한 개인'이란 자신이 어떤 특징과 장단점을 지닌 사람인지 파악한 후 여기에 맞는 활동 계획 혹은 미래 계획을 설계하고, 이를 체계적으로 실행함으로써 바람직한 결과를 만들어내는 인물을 말합니다. 자신의 계획이 좋은 결과를 낳을 때만큼 행복한 순간은 없죠.

계획을 결과로 잘 만드는 인물을 역량이 뛰어나다고 합니다. "현대사회의 불확실성에 대응하기 위해서는 표준화된 인재가 아니라 최고의 역량을 지닌 '강한 개인'을 키워야 합니다." 유홍림 서울대 총장의 연설 내용입니다. 자신의 독특성을 찾지 못한 채 남들처럼 표준화된 인재는 '강한 개인'이 아닙니다. 변화의 주기가 짧아진 현대사회에서 표준화된 인재는 어정쩡한 상태를 벗어나지 못합니다.

옛날에는 사회가 요구하는 기준이 학력이고 실력이었습니다. 오늘날은 학력과 실력의 기준이 개인 각자에게서 나옵니다. 어떻게 하면 내가 경쟁력을 갖출 수 있는지 파악한 후 스스로 자기 맞춤형으로 매섭게 설계하고 실행해서 결과를 도출해내야 살아남는 시대입니다. 이를 한병철 교수는 '피로사회'라고 이름을 붙였지요. 이전에는 정해진 규율이나 사회 기준대로 하면 되었지만, 이제는 본인 스스로 선택하고 계획해 성과를 내야 합니다. 그런 데서 오는 피로감을 이겨내는 사람만 현대사회의 재목감이 됩니다.

그러면 10대들 수준에서는 무슨 설계를 해야 할까요? 바로 진로·학업 설계입니다. 지금부터 진로·학업 설계를 위한 4단계를 알아보도록 하겠습니다.

1단계는 '자신에 대한 이해'입니다. 자신이 어떤 특성을 갖고 있는지를 알아야 자기에게 맞는 행복 루트를 찾을 수 있습니다. 2단계는 '직업에 대한 이해'입니다. 여러 직업의 가치에 대해 그리고 직업별로 필요한 핵심 역량에 대해 알아봄으로써 자신에게 맞는 직업을 찾아봅니다. 3단계는 '삶의 방향 정하기'입니다. 삶의 방향을 정하면 진로와 학업에서 일관성 있게 나아감으로써 효율성이 높아집니다. 4단계는 '학업 설계하기'입니다. 앞서 살펴본 내용을 바탕으로 진로에 맞는 학업과 진학을 디자인하는 단계입니다. 이제 각 단계를 좀 더 자세히 알아보도록 하죠.

진로진학 로드맵 1단계 : 아이에게 맞는 행복 루트 찾기

진로 설계의 출발점은 '자신에 대한 이해'입니다. 나를 이해해야만 나에게 맞는 행복 루트를 찾을 수 있기 때문이죠. 모든 사람에게 맞는 행복 루트가 존재할까요? 당연히 그렇지 않습니다. 자신을 이해하는 것은 자신의 강점과 소망이 무엇인지, 어떤 가치관을 갖고 있는지, 어떤 일에 열정과 동기를 지녔는지 등을 파악하는 과정입니다.

저는 '자신에 대한 이해'를 중학교 1학년 자유학기 시기에 마음먹고 한번 해보길 추천합니다. 그렇다고 중학교 1학년 때에 생각한 것을 끝까지 유지할 필요는 없습니다. 그보다는 자신을 계속 관찰하며 2학년을 보내고, 중학교 3학년 후반기에 진로연계교육을 하면서 한

번 더 깊이 생각해보면 됩니다. 중학교 시절에는 깊이 있게 자기를 이해하는 데 미흡해도 괜찮습니다. 고등학교 1학년이 되어서 하면 되니까요. 하지만 고등학교 1학년 때는 반드시 자기 발견의 시간을 진하게 가질 필요가 있습니다. 이 시기를 놓치면 학교생활의 템포가 느려지면서 항상 주변을 따라가기만 하게 됩니다.

좀 더 구체적으로 이야기해볼까요. 자신의 진면목을 이해하려면, 다음의 세 가지 질문을 던져보아야 합니다. 나는 무엇을 좋아하는가? 나는 무엇을 잘하는가? 그리고 내가 부러워하는 것은 무엇인가? 이 세 가지 질문은 따로따로 하나씩 생각해보는 방식이 더 좋습니다. 세 질문을 한꺼번에 해결하려 들면 머릿속이 뒤죽박죽될 거예요. 그러므로 일주일은 좋아하는 것만 생각해보고, 또 일주일은 잘하는 것만 적어보고, 또 일주일은 부러워하는 것이 무엇인지를 써보는 겁니다.

이렇게 자신의 특성과 소망 등을 확인하면서 가장 바람직한 준비 방향을 설계하는 것을 진로 디자인이라 합니다. 하나의 길을 남이 결정해주면 디자인이 아니죠. 좋아하는 것, 잘하는 것, 부러워하는 것을 며칠 동안 나누어서 생각하고 이를 적어보면, 자신에 대해 새로운 사실을 의외로 많이 알게 될 것입니다.

자녀가 진로 디자인을 할 때 부모님도 틈틈이 도움을 주세요. 진로 디자인의 핵심은 좋아하는 것은 '준비'하고, 잘하는 것은 '활용'하고, 부러워하는 것은 '도전'한다는 점입니다. 이러한 '준비', '활용', '도전'의 방향과 방법에 대해서 자녀 세대는 제대로 알기 어렵습니다. 이때 부모님이나 교사가 곁에서 구체적 내용에 대해 조언을 해주어야 하죠. 그렇게 하는 사람이 멘토 같은 부모입니다.

예를 들어, 아이가 자신에 대해 파악한 결과 성격이 꼼꼼하면서 사람들을 도와주길 좋아하고, 교과 중에 과학을 특히 잘하고, 전문직을 부러워한다면 어떤 진로를 고려해야 할까요? 가장 먼저 '의사'를 떠올릴 수 있을 겁니다. 결론적으로 '나에게는 의사가 되기 적합한 DNA가 들어 있구나' 이런 생각을 하면 진로 관련 '자기효능감self-efficacy'이 크게 올라갈 것입니다.

진로 자기효능감이 높아지면 자신의 진로에 대해 나도 잘할 것 같은 생각이 들고 다양한 과업들을 성공적으로 수행할 자신감이 생겨납니다. 자기효능감의 특징은 실제 능력과는 관련이 없다는 점입니다. 능력이야 어떠하든 자기효능감이 생기면 자녀의 진로 발달에 아주 긍정적인 영향을 줍니다. 부모가 강요해서 의대를 준비하는 경우와 비교하면, 진로 자기효능감에서 큰 차이가 날 수밖에 없죠.

진로진학 로드맵 2단계 :
다양한 직업을 폭넓게 탐구하기

자신에 대한 이해를 마쳤다면, 그다음은 '직업에 대한 이해'를 해야 합니다. 다양한 직업의 가치와 그 직업에 필요한 역량 등을 파악해보는 시간입니다. 이것은 막연하게 어떤 직업을 갖고 싶다고 생각하는 것과는 다릅니다. 직업에 대한 탐구는 내가 관심을 두는 직업과 나 사이에 어떤 연결성이 있는지를 알아보는 것이 핵심이죠.

우리나라는 정말 직업 명칭을 잘 만들어놓았습니다. 각각의 명칭

뒤에 붙는 글자로 그 직업의 본질과 특징을 알 수 있으니까요. 직업 명칭에 붙는 글자는 수手, 공工, 부夫, 부婦, 자者, 원員, 가家, 사使 등이 있습니다.

이 가운데 공무원, 연구원, 회사원 등 마지막 글자가 원員인 직업은 상사가 있고 부하가 있는 조직을 운영하는 특징을 지닙니다. 이런 직업들은 책임감, 팀워크 등의 역량이 필요하지요. 또 기업가, 미술가, 음악가, 작가 등 마지막 글자가 가家인 직업은 자신만의 비법을 터득해 일상적으로 수행하는 분야, 즉 가업이나 기업 혹은 예술 활동을 의미합니다. 이런 직업들은 창의력이나 도전 정신 등의 자질이 탁월해야 합니다. 사使는 멀리 파견을 나가는 직업을 나타내기에 낯선 환경에 대한 적응력, 파견자의 대리 활동 역량 등이 중요한 자질입니다.

그리고 많은 사람이 선망하는 '사士, 師, 事' 자로 끝나는 직업이 세 가지 있지요. 세 유형의 직업은 정말 정교하게 분류해놓았습니다. 이것을 표로 보겠습니다.

사士, 사師, 사事 자가 붙는 직업명		
사士	사례	변호사, 공학기사, 변리사, 회계사, 영양사, 조종사
	특성	전문적 내용 / 기술 수행(It 중심) = 전문 직책
	역량	분야에 대한 관심과 열정, 전문지식, 합리성
사師	사례	의사, 약사, 간호사, 교사, 강사, 목사, 이발사, 요리사
	특성	상대방 맞춤형 업무 수행(You 중심) = 관계 직책
	역량	공감역량, 배려심, 다양성 의식, 맞춤형 판단
사事 관官	사례	판사, 검사, 영사, 도지사, 입학사정(관), 경찰(관)
	특성	특정 업무를 위임받아 스스로 판단(I 중심) = 공무 직책
	역량	리더십, 공평성, 디테일 판단, 자기관리

이들 직업은 각자가 독립적으로 활동할 수 있는 전문성을 지닌 것이 가장 큰 특징입니다. 그래서 인기가 있는 것이죠. 기본이 되는 것은 '선비 사土' 자가 들어가는 직업입니다. 여기서 '선비 사土' 자는 현대가 전문성을 지닌 분야 중심의 사회가 되면서 각 분야의 전문가를 지칭하는 용어입니다. 각 분야를 대표하는 직업에 이 글자를 붙입니다. 그래서 사람보다는 분야(It) 중심입니다. 변호사, 변리사, 회계사, 법무사, 영양사, 조리사, 조종사, 공학기사 등 무수히 많습니다. 이들은 각 분야의 전문가로서 높은 전문 지식이나 기술을 가지고 일합니다.

두 번째, '스승 사師' 자가 붙는 것은 특별한 직업입니다. 전문가지만 분야 중심에만 머물지 않고 상대방 맞춤형으로 사고하고 활동해야 하는 직업에 붙이는 명칭입니다. 그래서 상대방(You) 중심입니다. 의사, 간호사, 수의사, 약사와 같은 의약계, 교사, 강사와 같은 교육계, 목사, 전도사와 같은 종교계만 특별히 이 글자를 사용합니다. 이런 직업은 환자, 학생, 신자들을 모두 똑같이 대하는 것이 아니라 항상 각자에게 맞춤형으로 도움을 주어야 합니다. 따라서 공감, 배려심, 맞춤형 판단 등의 역량이 특별히 필요합니다. 그런데 이발사, 미용사, 요리사도 이 '스승 사師' 자를 사용합니다. 왜 그런지 이해되시죠? 영양사土와 조리사土는 전문가이지만 요리사師는 상대방 맞춤형 직업이라는 의미입니다. 정말 하나하나 정교하게 분류해놓았습니다.

'일 사事' 자는 국가나 기관이 특별한 사람에게 권한을 주어 공적인 판단을 대신해서 내려달라고 위임한 직업을 말합니다. 따라서 앞의 '선비 사土' 자나 '스승 사師' 자가 붙은 직업처럼 자격증으로 관리하지 않고, 임명장이나 위임장으로 권한을 부여합니다. '일 사'는 공적 직책으로서 스스로 판단이나 결정을 내려야 하기에 자기(I) 중심이라 할 수 있습니다. 판사, 검사, 도지사 등이 여기에 해당하죠. 이들은 특정 권한을 위임받아 스스로 판단해야 하므로 특별히 리더십, 공평성, 세밀한 판단력, 자기관리 등의 역량이 필요합니다.

한편 '관官' 자는 '일 사事' 자와 동일하다고 보면 됩니다. 그래서 우리는 판사事를 법관官이라 부르기도 하죠. 입학사정관官 역시 여기에 해당합니다. 입학사정관도 자격증으로 역할이 부여되는 게 아니라 임명을 받으며, 대학의 권한을 위임받아 스스로 판단하고 결정해야 하는 직업이라는 뜻입니다.

이렇게 직업은 그 성격과 취지가 아주 다양합니다. 그러니 학생들도 진로를 설계할 때 각 직업이 요구하는 역량이 무엇이며, 나와는 어떻게 연결되는지를 따져보면서 직업을 탐색할 필요가 있습니다. 맞춤형 판단이 중요한 의사라는 직업을 희망하면서 면접관의 질문에 전문성만 강조한다면 진로의 방향을 잘못 잡은 응시자로 보일 것입니다.

자녀의 특성을 고려해 세 가지 직업 유형 중 어떤 것이 가장 맞을지를 생각해본 후, 아이에게 유익한 조언을 해준다면 멘토 같은 부모의 역할을 충실히 해줄 수 있지요. 만일 아이가 의대에 지원하겠다고 마음먹는다면 어떨까요? 리더십, 공평성보다는 공감, 배려심, 맞춤형 판단이 더 필요하겠죠. 이런 차이들을 잘 구분하고 판단하면서 진로를 고민하고, 대입을 준비하는 자세가 가장 기본적인 진로 디자인입니다.

진로진학 로드맵 3단계 : 삶의 나침반이 될 가치 만들기

자신과 직업에 대한 이해가 완료되었다면, 그다음은 앞으로 내가 무엇을 위해 어떻게 살아갈 것인지를 고민해봐야 합니다. 즉 미래 삶의 기본 방향을 정해야 하죠. 삶의 방향도 당연히 한번 정한다고 끝나는 것이 아닙니다. 기회가 있을 때마다 생각을 거듭해서 유연한 태도로 계속 다듬어나가야 합니다. 삶의 방향은 진로 분야를 찾거나 대학의 전공을 정할 때도 매우 중요한 바탕이 됩니다. 삶의 방향을 어떻게 정하느냐에 따라 가치관에 맞는 진로와 직업이 결정되기 때문이죠.

미래 삶의 큰 방향은 네 가지로 나눌 수 있습니다. 이 중에서 자녀가 가장 관심을 갖는 방향이 무엇인지 한번 생각해보세요.

첫 번째는 전문직 수행입니다. 앞에 소개한 직업 가운데 '사士, 師, 事' 자로 끝나는 의사, 약사, 변호사, 판사와 같은 전문직입니다. 아마 우리 부모님들이 가장 원하는 선택이 이런 방향이 아닐까 합니다.

두 번째는 취업 활동과 사업 수행입니다. 삼성전자나 구글과 같은 기업에 취업하거나 시험을 통해 공무원이 되는 것이 여기 속합니다. 그리고 독자적으로 사업을 시작하는 창업도 여기 해당하는 선택입니다. 직업으로 보자면 원員 또는 가家 자로 끝나는 공무원, 회사원, 기업가 등입니다.

세 번째는 인류 사회를 위해 일하려는 큰 꿈을 추구하거나 학문적으로 기여하는 방향입니다. 예를 들어, 특정 분야의 공부를 오랜 기간 수행한 후 박사학위를 받고 대학교수가 되는 것은 이러한 선택 중의 하나입니다. 필즈상을 수상한 허준이 교수도 세 번째 방향의 길을 걸어간 분이죠. 앞의 두 가지 선택을 하면 20대 후반이나 30대 초반에 대부분 직업 세계로 들어가지만, 세 번째 선택은 40세 전후에 직장을 갖게 되는 경우가 많습니다.

서울대는 세 번째 선택을 추구하는 대학이라 할 수 있습니다. 대학원 중심 대학이라고 부르는 것도 이런 이유 때문이지요. 그래서 서울대에서는 세 번째 길을 추구하는 학생을 유심히 봅니다. 앞의 두 가지 길을 걸으며 지역사회의 자랑거리가 되는 것도 중요합니다. 하지만 여기서 나아가 인류의 자랑거리가 되는 길도 과감하게 선택해보세요. 중학교, 고등학교 시절에는 한 번쯤 세 번째 선택을 구체적으로 생각해보는 것도 좋은 경험이 되리라 봅니다.

네 번째는 나만의 행복을 추구하는 방향입니다. 굳이 '대학에 갈 필요 없이 나는 내가 하고 싶은 걸 하겠다'라는 생각으로 살아가는 것이죠. 이런 선택도 충분히 가능하고 존중받아야 합니다. 베스트셀러 『하마터면 열심히 살 뻔했다』라는 책을 읽어보면, 꼭 대학으로 우르르 몰려가는 길만이 다는 아니구나 하는 생각도 듭니다. 대학진학률이 70퍼센트가 넘는 시절에 다른 길을 선택할 수 있는 사람은 정말 자기 인생을 살아갈 용기와 배포를 지닌 사람이라 할 수 있지요.

이 책은 다른 길을 가다가 실패하더라도 그냥 잠시 후회만 하면 된다고 위로합니다. 후회는 누구나 하니 이를 두려워하지 말고, 남들이 가지 않는 길일지라도 자신 있게 도전해보라는 뜻이겠죠. 사실 남을 의식하지 않고 자기가 하고 싶은 일을 하는 사람이야말로 이 세상에서 가장 행복한 사람입니다.

진로진학 로드맵 4단계 :
우리 아이 맞춤 학습 계획 세우기

이렇듯 늦어도 고등학교 1학년 때까지는 진로 분야와 미래 삶의 방향을 생각해보는 게 좋습니다. 여기까지 했다면 이제 진로 분야와 삶의 방향에 맞춰 2학년부터 학업을 어떻게 계획하고 실행할 것인지 고민해야 합니다. 그런 고민을 토대로 어떤 과목을 이수할지 정해야 하죠. 이를 '학업 디자인'이라고 부를 수 있습니다. 우리나라는 이수 과목을 선택할 때 학업 흥미도나 난이도보다는 진로진학의 방향성에 맞추는 경우가 압도적으로 많습니다.

그런데 최근에 진로진학과 학업 수행 사이의 연관성에 많은 변화가 일어나고 있습니다. 전체적으로 연관성이 축소되는 부분과 확대되는 부분으로 뚜렷이 구분되죠. 축소되는 부분의 대표 격은 문·이과 과정의 폐지입니다. 예전에는 문과와 이과 과정을 두어 하나의 과정을 선택하면 자연히 진로에 맞는 과목을 이수했습니다. 그런데 지난 2015 개정 교육과정부터는 문·이과 과정에 따라 전공적합성을 맞추는 제도가 공식적으로는 폐지되었습니다.

그리고 두 번째로 축소되는 부분은 수능에서 선택과목을 통해 진로진학 분야의 연관성을 맞추는 방식입니다. 지금까지는 수학의 경우에 자연계 진학을 목표로 한다면 '기하'나 '미적분'을 택했지만, 이제는 수능에서 선택과목 자체가 없어져 그럴 수 없게 됩니다.

반대로 확대되는 부분은 진로진학에 맞춰 학생 개인이 과목 선택권을 행사하는 방식입니다. 이제는 학생이 과정을 선택하는 것이 아니라, 개별 과목을 자기 맞춤형으로 이수하는 체제가 일반화됩니다. 그리고 확대되는 부분의 두 번째는 대학이 발표하는 전공별 권장과목 제도입니다. 대학의 모집단위가 자신의 전공에서 공부하기 위해 필요한 고교 과목을 공개적으로 직접 발표하는 '핵심권장과목' 제도가 새로운 대안으로 떠오르고 있습니다. 이러한 상황 변화를 염두에 두고 자신에게 맞는 학업 계획을 세우고 전공적합성을 맞추어가기 바랍니다.

그런데 전공과 연관 지어 어떤 과목을 들어야 할지 잘 모르겠다는 의견이 많더군요. 학생에게 과목 선택권을 준다고 거창하게 말은 해 놨는데, 정작 학생들은 자기가 하려는 전공을 고려할 때 어떤 과목을 들어야 유리할지 잘 몰라서 막막해하는 경우를 자주 봅니다. 그래서 여러 기관에서 희망전공별 이수과목을 안내하는 가이드북을 만들게 되었죠.

가이드북은 학업을 디자인하는 데 참고자료 정도로 활용하면 좋은데, 마치 정답을 알려주는 절대적 지침서처럼 생각하는 경향도 없지 않습니다. 예를 들어 이런 식이죠. '가이드북에서는 경영학을 전공하려면 이런저런 과목을 이수하라고 했으니 그대로 해야 하나?' '가이드북에서 제시한 대로 선택과목을 이수하지 않으면 대입에 불이익을 받는 건가?' 이런 고민이 시작되면서 우왕좌왕하게 되고 더 혼란스러워진 듯합니다. 도움을 주기 위해 만든 것이 가이드북인데, 참조 수준을 넘어 여기에 과하게 의존하다 보니 오히려 족쇄가 되어버린 느낌이 듭니다.

가이드북의 정보에 너무 예민하게 반응할 필요 없습니다. 전공마다 열거된 10여 개의 과목들은 그냥 참고만 하세요. 일반 상식선에서 판단해 희망전공과 연관성이 있는 과목들과 개인적으로 관심이 가는 과목들을 두루 선택해 이수하면 됩니다. 과목을 선택할 때 이런 과목을 공부해두면 나중에 대학에서 희망전공의 학업을 수행하는 데 도움이 될 것이라는 마음가짐이면 충분합니다.

그러나 큰 줄기에서 보면 대학전공에 필요한 주요 과목들은 이수해두는 것이 좋습니다. 특히 자연계 진학 시에 수학과 과학 교과의 연관 과목들은 전공별로 확인해서 꼭 이수하도록 하세요. 경제학과에 지원하는 경우에도 관련 수학 과목 이수를 신경 써야 합니다.

성장을 촉진하는 결정적 바탕, 내면의 힘

부모님은 자녀가 대입을 넘어 사회에서 인정받는 훌륭한 인재로 성장하기 위해 어떤 점에 주안점을 두고 교육해야 할지 고민합니다. 제가 강조하고 싶은 점은 자녀의 '내적 근육'을 키워주자는 것입니다. 내면의 힘이 뒷받침되지 않으면 제대로 된 성장을 할 수 없으니까요. 특히 아이들의 경우 '학습 피드백 고리'가 작동되어야 합니다.

내적 근육을 통한 학습 피드백 고리

'피드백 고리feedback loop'란 양방향으로 영향을 미치는 순환 체제입니다. 보통은 원인 요소가 결과에 영향을 주는데, 결과가 다시 원인에 영향을 주는 형태죠. 그러면서 고리가 무한히 돌며 계속 상승합니다. 학습 피드백 고리는 학생 스스로 학습 의지를 갖춘 다음에 시간을 투자하고 바른 방식을 적용하면 성적이 향상되고, 덩달아 성취감이 올라서 열심히 공부하려는 학습 의지가 다시 상승함을 나타냅니다. 학습 의지가 더 많은 시간에 더 좋은 방식으로 공부하도록 자극을 주었는데, 다시 이들이 원인 요소인 학업 의지에 긍정적 영향을 주는 것이죠. 이러한 학습 피드백 고리가 끊임없이 돌면서 올라가면, 점점 나은 성취도에 이르게 되고 학업 영역에서의 성장이 촉진됩니다.

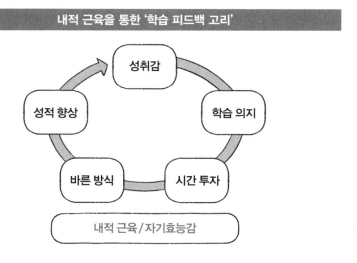

이처럼 학습 피드백 고리를 돌게 하는 힘은 무엇일까요? 자녀가 지닌 자기효능감이나 내적 근육이 대표적인 동력입니다. 이렇게 하면 '나도 잘 해낼 것 같다'는 느낌이 자기효능감이죠. 그리고 내적 근육은 자녀가 내부에 갖고 있는 단단한 힘을 말합니다. 예를 들면, 동기화 수준이나 끈기, 자기주도성이나 도전정신 등이 여기에 속하죠. 내적 근육이나 자기효능감을 갖춰 피드백 고리가 작동되고 있다면, 현재 성적 상황이 어떠하든 크게 걱정하지 않아도 됩니다. 언젠가는 눈에 띄게 성장할 잠재력이 내부에서 자라고 있을 테니까요.

그런데 중학생이 되면 아쉽게도 학습 피드백 고리가 작동되지 않는 아이들이 많아집니다. 그러면서 학업 이탈이 나타나는데, 주로 내적 근육이 약한 학생에게서 이런 현상이 발생합니다. 내적 근육은 자기주도성, 도전정신, 체계성, 실망 관리, 동기화 등의 요소들이 상황에 따라 상호작용하면서 자녀가 지속적으로 성장할 수 있게 하는 내면의 힘을 말합니다. 이러한 내적 근육을 갖추어야 스프링처럼 탄력성 있게 빙글빙글 돌며 점점 더 위로 올라가는 성장 곡선을 그릴 수 있습니다. 그러므로 자녀를 키울 때, 부모님이 가장 중점을 두어야 할 요소 중 하나는 내적 근육을 키워주는 일입니다.

아이가 매일 뿌듯함을 느낄 수 있도록

그렇다면 아이들의 내적 근육은 무엇을 통해 강화될까요? 바로 앞 장에서 설명해드린 행복을 구성하는 한 요소인 '뿌듯함'을 느낄 때입니다. 일상에서 '긍정 정서'를 갖추면 어떤 일이든 자발적으로 해보고 싶은 의지가 생깁니다. 그리고 이는 곧 자기효능감을 높이며 도전 의지를 강화해줍니다. 그러니 자녀가 매일 뿌듯함을 느낄 수 있도록 신경을 써주세요.

뿌듯함은 두 가지 경험에서 만들어집니다. 하나는 내 힘으로 무언가를 '완수'했다는 느낌이 들 때이고, 다른 하나는 내가 무언가에 '기여'했다는 느낌이 들 때입니다. '완수'와 '기여'의 느낌을 자주 경험하는 것이 핵심입니다.

여기서 완수는 이런 것을 말합니다. 계획한 일을 다 끝냈다거나 어려운 과제를 풀어냈을 때 우리는 완수의 희열을 느끼며 뿌듯해합니다. 학창 시절에 연필로 필기하며 오랜 시간 공부를 마치고 나면 연필을 잡은 손마디가 무척 아픈데도 뿌듯한 느낌이 들어 참 좋았던 기억이 있습니다. 최근 방영된 드라마 「이상한 변호사 우영우」의 마지막 장면도 뿌듯함에 관한 것이더군요. 회전문 통과를 어려워하던 우 변호사가 마침내 혼자 힘으로 회전문을 통과하고 '뿌듯함'을 외치는 모습이 정말 감동스러웠습니다.

기여의 느낌도 뿌듯함을 만드는 좋은 보약입니다. 내가 무언가에 도움이 되었다는 사실은 자존감과 자부심을 크게 키워줍니다. 기여를 하는 사람은 공동체에 필요한 사람이라는 뜻입니다. '사람들이 나를 좋아한다'는 사실과 '사람들이 나를 필요로 한다'는 사실 중 어느 것이 개인적으로 더욱 강렬한 느낌일까요? 앞서도 언급한 독일 작가 브레히트가 쓴 어떤 글에 "좋아하는 사람은 식탁으로 초대하고, 필요로 하는 사람은 부엌으로 초대한다."라는 묘사가 있더군요.

식탁에서는 즐거운 시간만 보내면 되지만, 부엌은 식탁의 즐거운 시간을 위해 꼭 필요한 일을 하는 곳입니다. 그러므로 '나를 필요로 한다'는 느낌이 세상에서 가장 뿌듯함을 유발하는 요소라고 합니다. 이러한 뿌듯함이 개인의 자신감, 자부심, 효능감을 키우며 내적 근육을 만들어줍니다.

자녀들도 마찬가지입니다. 아이들의 내적 근육은 사소한 일이라도 스스로 완수해내거나 특정 역할을 잘 수행해서 만족감과 자부심을 느끼면서 자연스럽게 강화됩니다. 물론 초등학생 때 내적 근육의 많은 부분이 형성되지만 중·고등학생 시절도 늦은 것이 아닙니다. 아이들이 매일 느끼는 뿌듯함의 총합이 자녀의 내적 근육이라 보면 됩니다. 그러므로 아무리 사소한 일이라도 자녀가 완수하는 느낌, 무언가에 도움이 되는 느낌을 가질 일들이 눈에 띄면 이를 자연스럽게 언급하며 격려를 아끼지 마시길 바랍니다.

자녀의 학업 의지를
확실하게 끌어올리는 법칙

자녀가 중학생이 되면 많은 부모님이 무척 힘들어합니다. 초등학생 때와 달리 학업 이탈이 일어나는 경우도 허다하고, 공부를 열심히 하는데도 효과가 나지 않는 사례도 흔합니다. 이야기를 들어보면, 아동기에서 초기 청소년기로 들어가는 변화에 제대로 대처하지 못한 것이 원인인 경우가 대부분입니다. 여기서는 청소년의 성장을 이끄는 주된 동력이 어떻게 변하는지, 이를 키워주려면 무엇을 해야 하는지 알아보겠습니다.

아이가 초등학교에 입학하면 좋은 습관을 기르는 것이 급선무입니다. 그러다가 고학년이 되면 점점 더 학습 역량을 강화하는 데 치중합니다. 하지만 중학생이 되면 좋은 습관이나 환경 조성만으로는 성장을 촉진하기 힘듭니다. 이제는 학생 자신의 의지와 경험이 성장의 핵심 바탕이 됩니다. 아동기 때는 '습관과 환경'이 성장의 동력이지만, 중학생이 되면 '의지와 경험'으로 바뀐다는 의미입니다.

그래서 중학교에 입학한 자녀를 둔 부모님이라면 의지력을 키우는 데에 주안점을 두어야 합니다. 습관과 환경으로는 이제 잘 먹히지 않습니다. 그럼 부모로서 어떻게 하면 아이가 의지력을 키우는 데 도움을 줄 수 있을까요? 다음 네 가지 요소에 주목하시면 됩니다.

공부가 하고 싶어지는 네 가지 학습 전략

진로 의식으로 미래에 대한 꿈을 갖게 하자

'장래에 뭐가 되고 싶다'는 생각과 열정을 갖게 하는 것입니다. 이를 다른 말로 '진로 의식'이라 합니다. 진로 의식이 중요하다고 강조하면, 부모님들은 하루라도 빨리 진로를 결정해야 한다는 조바심에 불안해합니다. 하지만 그런 의미가 아닙니다. 진로 의식은 하나의 진로를 결정하는 것이 아니고, 무엇이 되고 싶다는 생각, 이런 일을 하면 참 좋겠다는 꿈, 저런 일을 하려면 무엇을 준비해야 하는지에 대한 호기심 등을 말합니다.

아이들은 성장하는 과정에서 그때그때 '되고 싶은 것'이 있으면, 즉 진로 의식을 지니면 학업 의지가 더욱 강해집니다. 그런 이유로 학교에서도 기회가 있을 때마다 진로 의식을 강조하는 것이죠. 항상 뭔가 되고 싶은 꿈을 지닌 아이는 설사 진로가 바뀌더라도 금세 열정적으로 최선을 다합니다. 꿈을 가진 것만으로도 이미 삶은 가치 있어 보입니다.

스스로 선택하고 설계하는 자기결정성을 키워주자

부모님이 공부와 진로선택에 있어 일정 부분 자녀에게 도움을 주더라도, 결국엔 자녀 스스로 결정했다는 생각이 들도록 해주어야 의지가 만들어집니다. 청소년들에게 자기결정 경험은 의지력과 내적 근육을 키워주는 데 큰 역할을 합니다. 고교학점제를 도입하는 취지도 여기에 있지요. 사실 고등학생이 과목을 선택하면 얼마나 잘하겠습니까? 과목을 잘 선택하는 것이 핵심이 아니라 스스로 선택해서 과목을 공부한다는 자기결정성의 경험이 중요합니다. 이것이 학업 의지를 높여주기 때문입니다.

이수할 과목을 선택할 때 지원하고자 하는 대학과 전공을 고려해서 직접 결정하면 공부하는 태도가 달라집니다. 이러한 자기결정성을 가진 아이들은 확실히 의지가 남다릅니다. 초등학교 시절에는 이런 자기결정 경험을 해본 적이 거의 없겠죠. 그러나 중학생이 되면 자기결정을 통해 동기부여가 일어나도록 신경을 써주어야 합니다.

호기심과 탐구력으로 탐색의 경험을 늘려주자

알고자 하는 호기심과 탐구력도 의지를 키워줍니다. 호기심과 탐구 정신이 뛰어난 아이는 무엇이든 도전해보려 하며, 새로운 분야나 내용을 탐색하려는 의지가 생겨납니다. 대개 호기심과 탐구력은 흥미와 관심에서 나오지요. 따라서 일단 자녀가 가장 관심을 보이는 분야에서부터 호기심과 탐구력을 키워가도록 조언을 해주세요. 그리고 일정한 결과가 나오면 아무리 소소한 것이라도 여기에 대해 자부심을 느끼도록 해주어야 합니다. 이러한 탐색 경험에서 오는 자부심이 다른 부분까지 옮겨가면서 전반적인 학업 의지가 향상되기 때문입니다.

끈기와 노력에 따르는 보상의 맛을 느끼게 해주자

끈기와 노력을 기울이면 그에 따른 보상이 온다는 생각도 의지를 키우는 데 긍정적 역할을 합니다. 내가 지금 이렇게 노력하면 뭔가 좋은 성과를 얻을 것이라는 성공 기대감을 말하는 것이죠. 이것은 앞서 설명한 '피드백 고리'와도 관련된 내용입니다. '노력 – 기대 – 보상 – 더 큰 노력'과 같은 긍정의 순환 고리가 돌면서 자녀에게 노력과 보상의 높이가 점점 올라갑니다. 따라서 부모님도 자녀에게 노력하는 만큼 보상이 반드시 온다는 이야기를 자주 해주세요. 비록 보상이 당장 없는 경우라도 자녀가 더 큰 보상을 위한 성숙 기간으로 생각하도록 다독임이 필요합니다.

칭찬은 우리 아이 내적 근육도 자라나게 한다

자녀의 내적 근육이 단단하면 의지는 자동으로 만들어집니다. 그럼 학부모가 일상에서 자녀의 내적 근육을 키워주려면 어떻게 해야 할까요? 다양한 방법이 있습니다만, 그중에서 제가 실제로 아이들을 키우면서 중요하다고 생각한 몇 가지에 관해 이야기해보겠습니다.

자녀의 내적 근육을 키워주는 데 있어 칭찬만큼 중요한 것은 없습니다. 그런데 참 아쉽게도 중학생만 돼도 아이들은 말로 하는 칭찬을 잘 믿지 않으려 합니다. '부모님께서 관성적으로 하는 소리'쯤으로 치부하고 말지요. 그러므로 칭찬할 때는 자녀의 생각과 행동을 유심히 관찰하면서 진심을 담아 구체적으로 해야 효과가 있습니다.

두 번째는 몸동작으로 자녀와 교감하는 방법입니다. 아이와 대화할 때 머리를 끄덕끄덕 해준다거나 가끔 하이 파이브를 함께 하는 동작도 영양가가 아주 높습니다. 그게 무슨 효과가 있을까 하고 의문을 품는 분도 있을 테지요. 하지만 실제로 해보면 이런 제스처가 때론 말보다 훨씬 효과가 크다는 사실을 알 수 있습니다.

저는 초등학교 다니는 손주들과 함께 삽니다. 그래서 다시 육아를 하는 기분이 들기도 하죠. 저는 손주들이 어떤 일을 한 뒤 저희 방으로 들어오면 집사람과 번갈아 하이 파이브를 해줍니다. 그때마다 손주들은 신나서 좋아하며 엄청난 뿌듯함을 느끼는 것 같았습니다. '말은 가볍게 전하고 몸은 무겁게 전한다'라고 저는 생각합니다.

또한 아이들과 대화할 때 고개를 끄덕끄덕 해주는 것도 바람직한 모습입니다. 고개를 끄덕이다 보면 아이의 말에 집중하게 되고, 아이들은 부모가 자기 말을 경청하면서 공감하고 있음을 느끼며 더욱 자신 있게 생각을 표현합니다. 머리를 끄덕끄덕 해주는 것만큼 쉬우면서도 자신감을 크게 키워주는 소통 방식은 없습니다.

세 번째, 자주 안아주는 것도 좋습니다. 특히 말수가 적은 사춘기 아들이라면 더더욱 자주 안아주세요. 이것은 저의 경험입니다. 저희 아들은 중·고등학생 시절에는 공부에 별로 관심이 없었습니다. 하지만 지방 소재 대학교에 입학한 후로는 '공부에 저런 열정이 있는 아이였나?' 하고 놀랄 정도로 열심히 하는 모습을 보였습니다. 그러던 어느 날 둘이 술을 한잔하면서 이런저런 이야기를 나누었어요.

"중·고등학교 다닐 때는 그렇게 공부를 안 해서 걱정을 시키더니만, 대학 들어가서는 어떻게 정신을 차린 거니?"

"참 묘한 경험이었어요. 고2 때였죠. 어느 날 아침 학교에 가는데 현관문을 열기 전 아빠가 저를 부르더니 10초 정도 안아주셨죠. 그런데 아무 말씀도 하지 않으셨어요."

"평소에도 자주 안아주었는데, 그날은 좀 달랐던 모양이구나."

"네, 그날 아빠가 저를 말없이 안아주시는데 마음이 참 이상했어요. 학교 가는 길에 온갖 생각이 들더라고요. 저한테 실망이 너무 크신 건지, 아니면 아빠가 힘든 일이 있으신 건지…. 살면서 저와 우리 가족에 대해 그렇게 깊이 생각해본 적은 그때가 처음이었던 거 같아요."

당시 아들을 꼭 안아줄 때 무슨 마음이었는지는 정확히 기억이 나지 않습니다. 늘 하던 일이었으니까요. 하지만 아무 말 없이 안아준 것이 아들의 마음을 더 크게 움직인 것만은 분명했습니다.

"그런데 하지 않던 공부를 하려니 잘 안 되더라고요. 참 힘들었죠. 그래도 그 이후로 공부하려는 의지와 욕심이 조금씩 생겼어요."

그때부터 아들은 마음을 고쳐먹기 시작했고, 대학 입학 후로는 정말 열심히 공부해서 그 학구열로 남들이 부러워하는 대학원을 진학하게 되었습니다. 만약 그때 "공부 열심히 해!" 등의 말로 압박하면서 안아주었다면 별로 효과가 없었을 텐데, 아무 말 없이 안아준 것이 더 큰 메시지를 전달한 것 같습니다.

우리는 흔히 할아버지의 재력, 어머니의 정보력, 아버지의 무관심이 좋은 대학에 가는 비결이라 합니다. 하지만 저는 그렇지 않다고 봅니다. 아버지의 무관심은 사실 아버지만의 독특한 표현 방식 때문에 무관심으로 보일 뿐입니다. 흔히 어머니의 사랑은 숭고하고 아버지의 사랑은 신비하다고 합니다. 아버지의 사랑 방식은 사람마다 다르기 때문이죠. 그래서 아버지의 사랑은 때때로 사랑처럼 보이지 않을 때도 있지만, 자녀에 대한 사랑은 느껴지는 감각 그 이상으로 깊을 수도 있습니다.

성장의 동력인 내적 근육을 키워주려면 평소에 아버지와 어머니가 함께 자녀에게 살아가는 힘을 보태주어야 합니다. 일상에서 이런 긍정적인 관심과 경험이 누적되면 아이들의 내적 근육은 단단해질 수밖에 없습니다. 그러면 자신감과 자부심이 다져지면서 뭐든 해보고 싶어지고 잘할 수 있다는 의지가 자연히 생겨나게 됩니다.

우리 아이의
성공적인 입시를 위하여

자녀가 고교 입학을 앞두면 부모님들의 고민이 깊어집니다. 고교 선택부터 학업 관리까지 본격적으로 아이의 대학진학을 준비해야 하기 때문이지요. 더구나 아이들의 사춘기가 본격적으로 시작되어 부모 말을 귀담아듣지도 않고 잘 따라주지도 않습니다. 이때 멘토 같은 부모가 되어 자녀의 내적 힘을 길러주는 것이 가장 좋은 해결책입니다.

멘토 같은 부모가 되기 위해 잊지 말아야 할 것

그렇다면 이 시기에는 자녀의 내적 근육을 키워주기 위해 어떤 노력을 기울여야 할까요? 무엇보다도 부모가 멘토 역할을 하는 것이 중요합니다. 무조건 내 뜻대로 움직이려 하지 말고, 자녀를 이해하려는 노력을 기울이면서 아이가 스스로 의지를 다질 수 있도록 독려해주면 좋습니다.

고등학생이 되면 학업 스트레스가 아주 심해집니다. 이때는 자녀가 힘든 마음을 극복하고 자기 회복력을 바탕으로 계속 성장할 수 있도록 지원해주어야 합니다. 또한 구체적으로 진로 설계를 해야 할 시기이므로, 좋은 정보에 목말라하는 자녀의 갈증을 풀어주며 든든한 길잡이가 되어주세요.

멘토 같은 부모는 구체적으로 어떤 역할을 해야 할까요? 가장 먼저 아이가 자신의 강점을 인식하며 매사에 자신감과 자기효능감을 갖도록 도와주어야 합니다. 그러기 위해서는 비록 공부가 급하기는 하지만 너무 학업에만 매달리지 말고 운동이나 예술 분야 등에도 관심을 두며 취미 활동을 하도록 조언을 해주는 것도 좋습니다.

예·체능 수업이든지 동아리 활동이든지 아니면 개인적 취미 활동이든지 자신이 좋아하는 분야에서 자신감을 얻으면 학업에도 없던 자신감이 만들어집니다. 자녀들이 가장 듣고 싶어 하는 말 중의 하나가 "우리 ○○는 공부도 열심히 하고 운동도 잘하고 참 대단해!"와 같은 칭찬입니다.

반대로 자녀를 두고 "너는 어째 잘하는 게 하나도 없니?"라는 부정적인 말을 해서는 안 됩니다. 이는 아이의 내적 근육을 훼손시키는 최악의 푸념입니다. 학업성적이 좋지 않다고 그 점을 나무라지 마세요. 대신 다른 쪽의 강점을 찾아서 다독이고 칭찬해주는 게 훨씬 좋습니다. "너는 공부 쪽으로는 다소 부족하지만 농구는 정말 잘하잖니. 매일 아침 일찍 학교 가서 농구하는 너를 보면 엄마는 그렇게 대견할 수가 없어. 공부할 때도 그런 자세로 한다면 분명히 성적도 오를 거야."

이런 긍정적인 말을 해주면 아이들은 열심히 운동하는 자기 모습을 떠올리면서 자신감을 느끼기 시작합니다. 그리고 그 자신감이 다른 부분으로도 조금씩 옮겨가지요. 그러다 보면 좋은 기운이 공부 쪽으로도 전이되어 어느 순간 성적도 오를 수 있습니다. 이를 '대표 강점' 활용이라 합니다.

두 번째로는 아이가 '실망 관리'를 잘할 수 있게 도와주어야 합니다. 아이들은 누구나 공부를 잘하고 싶어 하죠. 겉으로 보기에는 노력도 안 하는 것 같고 공부 욕심도 없는 것 같지만, 실상은 성적이 잘 안 나와서 혼자 실망하며 어찌할 바를 몰라 괴로워합니다. 그러다 보면 자신감이 떨어지고 '나는 안 되는구나'라는 자괴감에 빠져서 스스로 한계를 인정해버립니다. 이럴 때 실망 관리가 필요합니다.

자녀의 성적이 신통치 않을 때도 "괜찮아. 실망하지 마. 우리 ○○는 공부하는 자세가 갖추어져 있어서 다음에는 잘할 수 있을 거야."라며 위로와 격려를 꼭 해주세요. 부모로서 안타깝고 속상한 마음은 가급적 숨기고, 성적이 떨어진 주된 원인이 무엇인지 차분히 알아보며 다음 기회를 중심으로 이야기를 해주면 좋습니다.

혹시 '그 므시라꼬'라는 말을 아십니까? 전 세계인의 사랑을 받는 BTS의 구호입니다. 무대 위에서 춤을 추다가 실수해서 절망한 친구를 위로하는 구호라는데, 경상도 사투리라서 더욱 낯선 느낌이 듭니다. '그게 뭐라고…(괜찮아)'라는 뜻이랍니다. 멤버 중 뷔의 아버지가 아들에게 힘이 되라고 한 말이라는군요. 실제로 뷔는 힘들 때마다 아버지의 '그 므시라꼬'를 떠올린다고 합니다. 부모님들도 아이가 힘들고 좌절할 때 자신에 대한 실망을 잘 관리할 수 있도록 힘이 되는 말을 자주 해주세요. 자기 회복력이 강한 아이로 성장하는 데 큰 도움이 됩니다.

세 번째로 아이 앞에서는 절대 외모, 성격, 실력 등을 비하하거나 걱정하는 말을 하지 말아야 합니다. 부모님 중 아이를 걱정하면서 "키가 안 커서 어쩌지." "왜 저렇게 매사 자신감이 없을까?" 등의 말을 하는 분들이 있습니다. 특히 자녀가 듣는 줄도 모르고 자녀에 대해 하는 노골적인 걱정은 아이를 위축시키고 내적 근육을 심각하게 훼손합니다. 차라리 아이를 앞에 두고 하는 걱정의 말은 이보다 훼손이 덜합니다.

그러므로 자녀에게는 걱정보다는 관심이 담긴 말을 자주 해주세요. 잘못한 것이 있으면 따끔하게 나무라야겠지만 혼내고 나서는 꼭 안아주는 것이 좋습니다. 그래서 자녀가 '나는 우리 집에서 참된 교육도 받고, 부모에게서 사랑도 듬뿍 받으면서 자란다'는 자부심을 스스로 느끼도록 해주어야 합니다. '나는 부모님에게서 바른 삶의 태도와 참된 사랑을 함께 받으며 자란 복덩이구나' 하는 깨달음이 누적되면, 학교나 사회에서 도전을 거듭하며 지속해서 성장하는 데 큰 힘을 얻게 됩니다. 이것이 바로 내적 근육입니다.

제가 아는 지인 중에서 훌륭한 업적을 많이 남기신 분이 있습니다. 그래서 한번은 그 비결에 대해 여쭈어보았더니 의외의 답변을 하시더군요.

"모두 사진 덕분입니다. 제가 어릴 때 우리 집 거실에 가족사진이 걸려 있었어요. 부모님과 누나 그리고 저, 이렇게 네 명이 함께 찍은 가족사진인데 다들 아주 밝은 표정으로 환하게 웃고 있어요. 늘 그 사진을 보면서 지내다 보니 저절로 긍정적인 마인드를 갖게 된 것 같습니다. 우리 가정은 늘 이렇게 화목하니 나도 이 화목함을 지키기 위해 노력해야겠다고 생각했지요. 그때는 학생이었으니 내 본분에 맞게 열심히 공부해야겠다는 다짐을 자연히 하게 되었던 것 같아요."

예상을 완전히 빗나간 답변이었습니다. 무슨 거창한 계기나 비법이 있을 줄 알았는데, 화목한 가족사진을 보고 더 열심히 공부에 매진했다는 말을 들으니 조금은 허탈하면서도 한편으로는 '이게 진짜 정답이다'라는 생각이 들더군요. 이 사례를 보면, 어린 시절의 내적 근육은 가족 간의 상호 믿음과 참된 사랑에서 자연스럽게 만들어지는 것 같습니다. 이렇게 사소한 계기를 통해서도 자녀가 세상을 살아가는 내면적 힘을 만들어간다는 사실을 잊지 않으셨으면 합니다.

자녀와 함께 극복하는 대학 입시의 불안함

"중학교 때까지는 끝없이 계단을 오르는 느낌이 들었는데 고등학교에 가니 혼자 철봉에 매달려 있는 것 같았어요."

제가 입학본부장으로 있을 때, 한 신입생이 제게 한 말입니다. 계단을 오르는 일은 힘들지만 그래도 단단한 바닥을 내디디며 한 걸음씩 올라가면 됩니다. 하지만 철봉에 매달려 있다는 것은 상상만으로도 너무 힘듭니다. 안간힘을 써서 매달려보지만 힘들어서 손을 놔버리면 바닥으로 끝없이 떨어져버릴 것 같은 느낌, 그런데 나를 아무도 받아주지 않을 것 같은 두려움, 입시를 앞둔 고등학생의 마음이 이렇습니다. 심리적으로 엄청난 불안감을 느끼고 있는 것이지요. 이런 불안감이 강하면 제대로 공부가 되지 않습니다.

그러므로 자녀가 최대한 편안한 마음으로 학업에 열중하도록 배려하고, 그런 환경을 만들어줘야 합니다. 불안감은 정보가 머릿속으로 들어오는 효율성도 떨어뜨리며, 두뇌 속 지식의 체계적 배열도 방해합니다. 그러면 외운 것도 잘 기억나지 않고 어느 것이 옳은 답인지도 헷갈립니다. 입시를 앞두면 누구나 불안감을 가질 수밖에 없습니다. 불안한 마음이 약간의 긴장감을 자극하는 수준이면 괜찮습니다. 자녀들은 금방 회복탄력성을 보이며 긴장감을 통해 학업에 더욱 집중할 테니까요. 그러나 불안한 마음이 사고력을 방해하고 당황함을 유발하는 수준이라면, 불안한 심리를 진정시키는 부모님의 위로와 격려가 꼭 필요합니다. 자녀를 위로하고 격려하는 효과적인 방법에는 어떤 것이 있을까요?

첫째, 자녀 앞에서 불안감을 보이는 말과 행동은 자제해야 합니다. 부모님이 자신에 대해 걱정하는 모습을 볼 때 자녀들은 가장 마음이 위축된다고 합니다. 그러니 걱정하는 대신 성적에 너무 연연하지 말고 편안한 마음으로 공부하라고 격려해주세요. 가장 불안할 때 듣는 격려의 말이 가장 오래 기억됩니다.

둘째, 미래 진로를 긴 호흡으로 설계하라고 조언하는 것도 도움이 됩니다. 대입을 앞두고 불안감이 증폭하는 것은 입시에서 최종 승부가 갈리는 것처럼 생각하기 때문입니다. 열심히 준비해 원하는 대학에 진학하면 좋지만, 여러 요인으로 그렇게 하지 못하더라도 얼마든지 다음 기회가 있다고 위로해주세요.

대학에만 초점을 맞추지 말고 좀 더 긴 시각으로 바라보면 대학원 등 좋은 기회들이 많이 기다리고 있습니다. 이처럼 긴 호흡으로 준비하면, 자녀의 마음이 훨씬 편안해집니다. 그리고 나중에 혹시 자녀가 원하는 대학에 입학하지 못해도 자책하면서 좌절하지 않고, 빠르게 새로운 길을 찾을 수 있을 것입니다.

셋째, 좋은 정보들을 바탕으로 자녀와 자주 대화를 나누세요. 불안감은 진로나 학업에서 어떻게 해야 할지 몰라서 생기는 경우도 많습니다. 요즈음은 대입과 고교 학업 모두 너무 복잡하고 관련 제도가 자주 바뀝니다. 그러니 부모님이 최신의 정보와 핵심 사항들을 숙지하시고, 이를 바탕으로 자녀에게 필요한 조언을 해주면 정말 큰 도움이 될 것입니다. 이 책을 펴낸 이유도 여기에 있습니다.

아이의 진로진학과 관련해서는 따끈한 정보를 제공하되 결정은 자녀가 직접 하는 모양새를 갖추기를 바랍니다. 내적 근육을 키워주는 뿌듯함의 핵심은 '자기결정'입니다. 간혹 "부모님이 정해주셔서 이 학과에 왔어요."라고 말하는 학생도 있습니다. 이렇게 부모에게 일방적으로 의존하다 보면, 어느 순간 자기결정력이 사라지고 맙니다. 그러면 힘든 상황을 스스로 헤쳐 나갈 동력이 사라지고, 어려워지는 공부를 견디어낼 수 없어 불안감에 휩싸이게 됩니다. 자녀가 스스로 판단하도록 기회를 주되 더욱 나은 결정을 할 수 있도록 옆에서 유익한 조언을 해주는 부모야말로 멘토 같은 부모입니다. 조금만 신경 쓰고 노력한다면 우리 모두 멘토 같은 부모가 될 수 있습니다.

반드시 주목해야 하는
입시 트렌드 TOP 3

① 무전공 선발

Q 대학 무전공 선발이란 무엇이며, 어떤 특징이 있을까요?

A 무전공 선발의 공식 명칭은 '전공 자율 선택제'입니다. 자기 적
성에 맞는지도 파악하지 못한 상태에서 하나의 전공을 정해 입
학하는 것이 바람직하지 않다는 판단에서 논의되었죠. 학생이
자신에게 맞는 전공이 무엇인지 1년간 탐색해볼 시간을 갖게
한다는 점에서 취지가 긍정적으로 보입니다.

　과거에도 여러 번 운영한 적이 있는데, 당시에는 '계열별 모
집', '광역모집', '학부제', '자유전공' 등으로 불렸습니다. 좋은 취
지와 현실론이 서로 충돌하면서 그동안 정부에 따라 도입되기
도 하고 폐지되기도 하는 등 특히 부침이 심했습니다.

무전공 선발에는 크게 두 가지 유형이 있는데, 제1유형은 의학계나 사범계를 제외한 모든 전공을 선택할 수 있는 통합 선발입니다. 서울대 자유전공학부도 여기 해당합니다. 제2유형은 단과대학이나 학부 내 전공만 선택하는 유형입니다. 이것은 기존의 계열별 모집 혹은 광역모집과 유사합니다. 대학마다 무전공 선발 방식이 다를 수밖에 없으므로 지원하려는 대학의 모집요강을 꼼꼼히 읽으며 무전공 제도의 운영 형태를 꼭 확인해야 합니다.

Q 무전공 선발이 확대되면 대학입시에 어떤 영향을 줄까요?

A 우선 수도권 대학의 경쟁률이 상승할 가능성이 큽니다. 그동안 지방 대학의 인기 학과를 지원하려던 상위 그룹들이 수도권 대학에 무전공으로 지원하게 될 테니까요.

그리고 지금도 자연계 선호 경향이 강한데, 제1유형처럼 통합 선발이 증가하면 자연계 과목을 이수한 이과 성향의 학생들이 합격할 가능성이 높아질 것으로 보입니다. 서울대 자유전공학부도 이미 그런 현상이 나타나고 있습니다. 자연계 진로를 찾는 학생은 수학에서 '미적분'과 '기하'도 학습하고, 과학도 더욱 심화된 수준의 과목을 이수함으로써 전반적으로 대학에서의 학업에 대한 준비도가 높습니다. 그리고 요즈음엔 이런 학생들이 국어와 영어에서도 성적이 괜찮더군요.

이런 결과는 이미 '문과 침공'이라는 말로 현실화되었죠. 인문계의 인기 학과까지 이과 방향으로 공부한 학생들이 합격하는 것은 융합의 시대에 어울리는 좋은 현상입니다. 그런데 문제는 일단 합격하기 위해 문과계 전공을 택했다가 반수를 하면서 원래 희망한 자연계 모집단위로 다시 옮겨가는 학생들이 많다는 점입니다. 그래서 문과 침공은 '점령지'가 아니라 '중간 기착지' 활용이라 말합니다. 교육적으로 바람직한 현상은 아니지요.

Q **무전공 선발에 지원하려면 어떤 준비를 해야 할까요?**

A 사실 대학들은 수시에서는 전공적합성에 맞춰 학과별로 뽑고 정시는 무전공으로 선발해 일정 기간이 지난 후 전공을 택하도록 하는 것이 바람직하다고 생각합니다. 물론 수시도 무전공 선발을 하니, 필요하면 적극적으로 활용하도록 하세요.

정시는 무전공 선발도 수능 점수에 맞추어 지원하면 됩니다. 하지만 수시는 무전공 지원의 장단점을 따져보아야 합니다. 개별 전공에 대한 확실한 신념이 있고 해당 과목을 이수하는 등의 준비를 해왔으면 당연히 전공 단위로 지원하는 것이 맞습니다. 전공적합성이 합격의 디딤돌이 될 테니까요. 이와 달리 일반적으로 공부를 열심히 해서 그냥 성적이 좋은 상황이라면 무전공 선발에 지원하는 것도 새로운 기회가 될 수 있습니다.

수시모집에서 무전공 선발은 당연히 전공적합성보다는 일반적 학업 역량을 중시할 것입니다. 하지만 면접에서는 전공 선택의 방향성에 대해 질문을 받을 가능성이 있으니 희망 전공을 몇 가지 생각해두고 그에 해당하는 과목들을 일부 이수해두는 것이 좋습니다. 예를 들어, 경제학 전공을 염두에 두고 있다면 '경제 수학' 등을 이수해놓는 식입니다. 대학에서 어떤 분야를 전공할지에 대해 아무 생각이 없는 것처럼 보인다면 무전공 선발에서도 좋은 결과를 얻기 힘들 겁니다.

② 2025 의대 정원 확대

Q 의대 정원 확대에서 특히 주목할 점은 무엇인가요?

A 의대 정원 확대는 사회적으로 큰 관심을 끌고 있는 이슈입니다. 주요 특징들은 다음과 같습니다.

첫째, 증원 규모가 대단히 크다는 점입니다. 사실 한꺼번에 너무 많이 늘어났습니다. 전국 39개 의과대학의 2024학년도 정원은 3,113명이었는데, 2025학년도는 4,610명이 됩니다. 문제는 2026학년도는 정원이 불투명하다는 점입니다. 정치적 차원에서 논의될 가능성이 크기에 2025년 5월 말에 각 대학이 2026 요강을 발표할 때까지 기다려봐야 하는 상황입니다.

둘째, 이번 증원은 지방 의대 중심으로 이루어졌습니다. 서울에는 여덟 개의 의과대학이 있는데 한 명도 증원이 없죠. 지방 중에서도 특히 충청권의 의대 정원이 가장 많이 늘어났습니다. 서울이 전체 826명인데 충청권은 970명이나 됩니다. 이런 상태가 유지되면 지역인재전형을 겨냥해 중1 때 수도권에서 충청권 소재 학교로 전학하는 학생들도 늘어나리라 봅니다.

셋째, 의대 정원이 지방 중심으로 확대되면서 지역인재전형이 의대를 진학하는 핵심 경로가 되었습니다. 지역인재전형은 2028학년도부터 지원 자격을 강화해 중1부터 해당 지역에서 학교를 다닌 학생만 대상자가 됩니다. 지역인재전형 전체의 수시와 정시 비중은 8 대 2 정도고요. 비수도권 학생들에게 지역인재전형은 정말 황금알을 낳는 거위와 같습니다. 지원 풀이 제한되어 있어 전국 모집에 비해 경쟁률이 상당히 낮은 수준이기도 하며, 합격선 등급도 전국 모집과 비교해 꽤 아래에 형성됩니다. 학생부교과전형은 대개 수능최저학력기준을 전형 요소로 두기 때문에 수능 준비도 철저히 해야 합니다.

넷째, 수도권 의대뿐 아니라 지방 의대에도 전국 모집 인원이 적지 않으니 적성에 맞으면 과감하게 도전해보길 권합니다. 의대 전체 수시·정시모집 비율은 67.6퍼센트 대 32.4퍼센트 정도로 수시가 두 배 정도 많습니다. 지역인재전형이 학생부교과전형에 치중하는 반면, 전국 모집은 학생부종합전형과 수능전형으로 균형 있게 선발하니 자기에게 맞는 전형 유형을 중심으로 준비할 수 있습니다. 특히, 서울지역은 수시 학생부종합전형, 정시 수능전형으로 양축이 형성되어 있으므로 두 가능성을 최대한 활용하며 합격의 기회를 높이도록 해보세요.

학생부종합전형으로 의대를 준비할 때는 학업 역량뿐 아니라 공감, 소통, 배려, 이해, 관찰력, 세심함 등 의사 직종의 핵심 가치들도 몸에 익숙해지도록 하면 좋습니다. 그렇게 하면 의대 준비에 더욱 집중력이 생깁니다. 이런 마음가짐과 태도를 확인하는 장치가 바로 의대 입시에서의 MMI 면접입니다. 이에 대해서는 책의 제3부 MMI 면접 부분에 상세히 설명해두었으니 참고하기 바랍니다.

Q 이번 의대 정원 확대가 향후 자연계 상위권 입시에는 어떤 영향을 줄까요?

A 의대 정원 확대 후, 자연계열의 입시 지형에 큰 변화가 올 것으로 예상됩니다. 지방의 많은 학교에서 내신 성적이 좋은 최우수 집단은 대부분 의대를 목표로 할 거예요. 그러면 수도권 자연계 인기 학과 합격선이 내려갈 수밖에 없죠. 예를 들어 전국 약대 정원이 1,700명 정도인데 의대 정원 1,509명이 늘어났어요. 그러니 이전에 약대에 들어갔던 수준의 지원자 그룹이 대부분 의대에 진학할 수 있게 됩니다.

수시 6회 지원을 활용해 서울의 인기 학과에 지원하더라도 지방 소재 의대와 중복 합격하면 거의 의대에 등록하겠죠. 그러면 수도권 자연계 인기 학과에서 미등록이 많아질 수밖에 없습니다. 특히 수도권 대학의 학생부교과전형에서 합격선 하락이 두드러지리라 예상합니다. 서울대는 학생부교과전형이 아예 없고 영재고와 과학고 학생들이 많이 지원해서 의대 영향을 덜 받을 겁니다. 실제 이번 2025학년도 수시 결과를 보면, 연세대와 고려대는 미등록 인원이 작년보다 증가했으나 서울대는 오히려 줄어들었죠.

그러므로 자연계 전공 지원을 염두에 둔 학생은 역발상의 전략을 한번 사용해보세요. 좋은 기회가 될 수 있습니다.

③ 새로운 전공의 등장:
'채용 조건형 계약학과'와 '첨단 분야 신설학과'

Q 대학의 '채용 조건형 계약학과'란 무엇일까요?

A 최근에 대학이 기업과 협약을 맺고 그 기업을 위해 하나의 학과를 운영해주는 '채용 조건형 계약학과'의 인기가 꽤 높습니다. 계약학과에 입학하면 학비 보조와 해외 탐방 및 실습의 기회들도 있고요. 가장 큰 혜택은 비교적 쉽게 해당 기업에 입사할 수 있다는 점입니다.

계약학과는 삼성전자와 SK하이닉스처럼 반도체를 비롯한 첨단산업 분야가 주류를 이루고 있습니다. 사실 원조는 성균관대와 경북대가 삼성전자와 협약을 맺고 운영한 계약학과입니다. 이들 대학이 큰 히트를 치면서 최근에 고려대(차세대통신학과, 반도체공학과), 연세대(시스템반도체공학과, 디스플레이융합학과), 서강대(시스템반도체학과), 한양대(반도체공학과) 등이 계약학과를 신설했죠. 또한 국방부 등에서 첨단국방기술과 관련한 계약학과를 대학과 운영하기도 합니다.

　요즈음엔 계약학과와 지방 의대 중복 합격자가 의대를 선택하는 현상이 강해지며 계약학과의 기세가 다소 꺾인 감은 있습니다. 그러나 한편으로 이는 계약학과 지원 학생들이 의대 진학이 가능할 정도로 최상위권이라는 방증이기도 합니다. 그 외 지방 소재 대학에도 다양한 채용조건형 계약학과가 개설되고 있으니 관심이 가는 분야가 보이면 적극적으로 활용하기 바랍니다.

Q 정부의 '첨단분야 인재양성 정책'은 대학 입시에 어떤 영향을 주고 있나요?

A 2023년 4월 정부는 '첨단분야 인재양성 정책'을 발표하면서 대학에 아주 특별한 조치를 취했습니다. 그동안 수도권 대학들은 입학정원 확대가 불가능했는데, 신설되는 첨단 융합학부에는 새로운 입학정원을 배당해주었습니다. 그 결과 전국적으로 1,829명이 늘었고, 서울대도 218명의 정원을 받았습니다. 대학 교육 정책 면에서는 파격적 변화인 셈입니다.

　이에 따라 서울대는 기존의 공대와는 별도로 첨단융합학부를 신설했습니다. 갑자기 단과대학이 하나 더 생긴 것이죠. 서울대 첨단융합학부에는 차세대지능형반도체, 지속가능기술, 혁신신약, 디지털헬스케어, 융합데이터과학 이렇게 다섯 개 전공이 있습니다. 학생들은 첨단융합학부에 무전공으로 입학해 세 개 학기를 공통으로 공부한 후, 이 다섯 개 전공 중에서 하나를 제1전공으로 선택해 집중적으로 학업을 수행합니다.

　모집 방식은 다른 전공들과 동일합니다. 같은 시기에 같은 방법으로 학생을 선발합니다. 첨단융합학부는 대한민국의 미래 먹거리를 책임질 첨단산업 분야의 최고 인력 양성을 목표로 합니다. 이런 분야에 대한 관심과 도전 정신이 강한 학생이라면 첨단융합학부 지원을 노려보세요.

　첨단융합학부가 만들어지면서 전체적으로 이공계 진로의 범위가 훨씬 넓어졌습니다. 비단 첨단융합 분야만이 아니라 기존의 공학 및 기초과학 영역에도 미래가 기대되는 전공들이 많습니다. 이전에는 SW인재 등 과학기술 분야 선발을 특기자전형으로 뽑았습니다만 지금은 대부분 학생부종합전형으로 변경 하여 운영하니 개인 입상 실적, 활동 증빙 서류나 포트폴리오 등이 필요하지 않습니다. 학교에서 꾸준히 관련 분야 학업만 열심히 해두면 충분히 합격할 수 있습니다.

　따라서 영재고나 과학고를 다니는 것도 좋은 기회가 됩니다만, 일반고의 과학중점반이나 일반 학급에서 이공계 분야를 충실히 공부해두어도 좋은 결과를 기대할 수 있습니다. 특히 과학중점반 학생은 일반고 소속이면서 수학 과학 과목을 집중적으로 이수하기 때문에 이공계 진학에 여러모로 유리한 점이 많습니다. 중학생이라면 인근에 과학고만이 아니라 과학중점학교(일반고)가 있는지도 확인해 보도록 하십시오.

학부모들이 가장 궁금해하는
입시 전략 11문 11답

입시 전략, 어디서부터 출발할까:
고교학점제와 전공 선택

Q1 고교학점제가 시행되면 고교 진학 시 영재고와 과학고, 외고와 자사고, 일반고 중 어느 고등학교에 가는 것이 좀 더 유리할까요?

A 자녀의 성향에 따라 개별적으로 판단해야 합니다. 다만 약간의 조언을 해드리자면 자기주도적 학습력이 강한 학생에게는 일반고를 추천합니다. 반대로 학업 분위기 의존도가 심한 학생은 특목고와 자사고 진학이 유리할 수 있습니다.

그 외에 수시와 정시 지원 기회를 어떻게 활용할 것인가에 따라서도 고등학교 선택은 달라집니다. 수시와 정시 모두 지원하고 싶다면 일반고가 좀 더 유리합니다. 영재고와 특목고는 거의 수시에만 집중하죠. 자사고는 수시와 정시 모두 지원하지만 정시에 상대적으로 경쟁력이 있습니다. 또한 미래 진로에 맞는 대입 전략을 고려해서 학교 유형을 선택해야 합니다. 가령 의대 진학을 목표로 한다면 지금으로선 자사고와 일반고가 더 유리합니다. 최근에는 지역인재전형이 확대되다 보니 내신점수의 대입 영향력이 더욱 커졌죠. 반면 공학자나 연구자를 생각한다면 영재고나 과학고, 그리고 법조계나 경제 분야라면 상대적으로 외고나 자사고가 좀 더 큰 기회를 줄 수 있습니다. 그러나 이것은 일반적 설명일 뿐이고 개인 특성에 따라 달라질 수 있음을 유념하기 바랍니다.

Q2 고등학교 때 진로를 수정할 경우, 전공적합성과 과목이 불일치하는데 대학은 이런 학생을 어떻게 평가하나요?

A 이 질문도 자주 받는데요, 사실 큰 의미가 없습니다. 진로란 항상 변경의 여지가 있다는 것을 대학도 이해하고 있으며, 진로를 수정했다고 해서 과목이 불일치하는 경우가 실제로는 많지 않기 때문이죠. 단, 인문계에서 자연계로 진로를 바꾼 경우에는 대학이 지정한 (핵심)권장과목이나 전공 학업에 꼭 필요한 수학, 과학 교과의 과목은 이수를 해놓는 게 좋습니다.

전공적합성을 고민할 때 너무 과목 위주로만 하지 말고 전공에 대한 관심과 열정, 전공 관련 진로 탐색 활동을 두루 고려해야 합니다. 즉 전공적합성에는 학업, 경험, 흥미, 열정, 활동 등 인지적·정서적·의지적 요소들이 다 들어 있습니다. 그래서 최근에는 좀 더 넓은 의미를 지닌 용어인 '진로 역량'으로 부릅니다.

희망전공에 대한 동기, 애착, 호기심을 갖는 것이 가장 중요합니다. 그러기 위해서는 희망전공과 관련된 책을 선정해 꼭 읽어보세요. 예를 들어 사범대를 지원할 경우 『죽은 시인의 사회』, 『평균의 종말』 등을 추천합니다. 그리고 교과별로 과제를 작성할 때 전공과 관련된 주제를 선정해 다루고 그 사실을 해당 과목의 세특에 기재하면 좋은 준비가 될 것 같습니다.

Q3 과목을 선택할 때 전공적합성과 내신성적 경쟁력 중 어디에 주안점을 두어야 할까요?

A 이 점에 대해 정말 많은 부모님과 학생들이 고민하고 있더군요. 하지만 정답이 따로 있지 않습니다. 각자 처한 상황에 맞춰 적절하게 대처할 수밖에 없어요. 만약 인문계 모집단위에 지원할 계획이면 전공적합성에 앞서 내신성적에 유리한 과목을 선택하는 것이 좋습니다. 이때도 지원 전공과 연관성이 큰 과목은 이수하도록 하세요.

자연계 모집단위에 지원할 계획이면 전공적합성을 더욱 세심히 관리해야 합니다. 우선 희망하는 대학교가 전공별로 '(핵심)권장과목'을 요구하는지 확인하고, 해당 수학, 과학 과목은 우선적으로 이수해두세요. 나머지 과목은 전공적합성과 내신성적

두 요소를 견주어 보며 자신에게 가장 유리한 선택을 하면 됩니다. 그리고 이수 과목의 수준이나 성격도 평가에 반영하니 이 점도 고려해 과목을 선택하기 바랍니다.

한 가지 주목해야 할 점은 의대 정원이 지방 대학 중심으로 늘어나면서 내신점수가 좋으면 합격할 가능성이 높아진다는 점입니다. 지역인재전형에서 학생부교과전형을 준비하려면 전공적합성보다는 내신성적에 초점을 두고 과목을 이수해야 합니다. 지방 학생들은 이 점도 유념할 필요가 있습니다.

Q4 대학입시에서 학과나 전공을 선택할 때, 특히 어떤 점에 유의해야 할까요?

A 대학교에는 '단과대학 – 학부 – 학과 – 전공'의 위계 속에 다양한 모집단위가 있죠. 전공 선택 시 특히 유의할 점들입니다.

우선 학과 명칭만 보고 막연히 나의 진로와 관련된 전공일 거라 단정 짓지 말아야 합니다. 최근에는 전공 이름이 아주 화려해졌습니다. 따라서 그 학과가 운영하는 홈페이지에서 교과과정과 개설 과목을 꼭 확인하고 자기 진로와의 연관성을 판단해야 합니다. 그다음에는 전공과 희망 직업에 대해 종합적으로 검토하세요. 자신이 꿈꾸는 미래 직업을 찾아가는 데 해당 전공이 어떤 역할을 할 수 있는지를 찬찬히 알아보기 바랍니다.

그리고 자신이 좋아하거나 잘하는 분야를 택하세요. 자신이 좋아하는 분야(흥미나 호기심)인지, 잘할 수 있는 분야(적성이나 소질)인지 구분해 검토한 후 전공을 선택해야 합니다. 또한 소신을 갖고 직접 결정해야 합니다. 사회적인 명성에만 의존해 전공을 결정하지 말고 자신이 꿈꾸는 미래 직업에 맞는 전공을 소신 있게 선택하되 최종 결정은 본인 스스로 해야 합니다.

마지막으로 전공을 하나로 고정하지 마세요. 하나의 전공을 택해 입학하더라도 그 대학의 모든 전공을 살펴보며 복수전공 이수 등 재학 기간의 학업을 종합적으로 설계하기 바랍니다.

Q5 특정 학문을 전공하고 싶을 때, 해당 학과에 직접 입학하는 것과 자유전공학부나 무전공 제도에서 해당 학문을 전공하는 것의 차이는 무엇일까요?

A 대학교마다 상황이 유사하기 때문에 구체적 사례를 들어 설명 드리면 이해하기 쉬울 것 같습니다. 예를 들어 서울대에서 경영학을 전공하고 싶다면, 다음 세 가지 가능성이 있습니다.

첫째, 처음부터 경영대학에 입학하는 방식입니다. 그러면 4년간 여기에 소속하며 경영학을 주전공으로 공부합니다. 물론 원하는 경우에 제2전공 학업도 가능하죠.

둘째, 자유전공학부 입학입니다. 자유전공학부는 하나의 작은 학부이지만 학생들이 선택하는 전공의 범위는 대학의 전체 학과에 걸쳐 있습니다. 가장 큰 특징은 경영학을 주전공으로 선택해도 소속은 여전히 자유전공학부라는 점입니다. 그러니 자유전공학부가 제공하는 강의(예: 주제탐구세미나, 전공설계 등)도

수강하며 경영학을 제1전공으로 공부합니다. 대부분 제2전공도 추가로 선택하며 상당히 융합적인 학업을 수행합니다. 반면에 여러 대학의 무전공 제도 중에는 경영학을 제1전공으로 선택하면서 소속 자체를 경영학과로 옮기는 경우도 있습니다. 그러니 대학별로 운영 방식을 사전에 확인해야 합니다.

셋째, 타 전공으로 입학한 후 경영학을 제2전공으로 선택하는 것입니다. 만약 일반 경영학이 아니라 특수한 분야의 경영학을 공부하고 싶으면, 여러 학과가 공동으로 운영하는 연합전공 내에 설치된 벤처경영학, 기술경영 등을 제2전공으로 선택해도 됩니다. 찾아보면 정말 다양한 기회가 있습니다.

놓치기 쉬운 대입전형의 디테일:
학생부종합전형

Q6 2025년 고1부터 9등급 상대평가가 5등급 상대평가로 바뀌면 변별력이 약해질 텐데, 학생부 위주 전형(종합, 교과)은 어떤 대책이 있는지요?

A 그동안 대학이 학생부 위주 전형(종합, 교과)에서 유용하게 활용한 9등급 상대평가가 없어집니다. 대신에 이제 등급 간격이 5등급으로 줄었습니다. 이전에는 1등급이면 100명 중에 4등 안에 들었다는 뜻이지만, 이제 10등 안에만 들어도 1등급을 받습니

다. 그러니 상위권 대학에는 대부분 교과에서 성취등급 A, 석차 등급 1을 받은 지원자가 속출할 겁니다.

그래도 학종은 부가 정보들이 많아 큰 문제가 없습니다. 두 가지 등급 외에, 개인의 원점수, 과목 평균, 등급별 학생 비율을 통해 지원자의 학업능력을 추론할 수 있습니다. 그리고 교과별 '세특' 기재 내용, 이수 과목의 내용 수준(기초, 심화), 전공적합성 등도 평가에 활용 가능합니다. 그래도 변별이 되지 않으면 다른 전형 요소(면접, 구술고사 등)을 추가할 수도 있습니다.

성취등급을 계량적으로 반영하는 학생부교과전형은 상위권 대학에서는 변별력을 잃을 가능성이 큽니다. 과목에 가중치를 두거나 동점자 처리 기준에 의거해 선발할 수 있겠지만, 아마 많은 대학이 새로운 전형 요소를 추가하겠지요. 교과전형이 어떻게 해결책을 찾을지 유심히 지켜보기 바랍니다.

Q7 학종에서 블라인드 평가가 대입 결과에 미치는 변화는 무엇인가요?

A 학종에서는 공정성을 높이기 위해 서류평가와 면접 모두 '블라인드 평가'를 합니다. 이제는 전형서류를 제출할 때 출신 학교명이 드러나지 않아야 하며, 학생의 성명, 수험번호, 부모의 직업 등 개인정보를 모두 블라인드 처리하고 평가를 진행합니다. 당연히 '학교 소개자료'도 제공할 수 없습니다.

선발에 영향을 줄 수 있는 정보들을 배제하고 학생의 개인 특성과 역량을 중심으로 평가하려는 목적이죠. 대학에서는 학생부와 해당 학교의 과목 리스트만으로 서류평가를 합니다. 그러나 과목 리스트만 봐도 특목고와 일부 특정 학교는 짐작 가능합니다. 하지만 일반고는 알 수 없습니다.

학교 이름을 가리는 것은 애초 일반고에 좀 더 많은 기회를 주기 위함입니다. 그런데 막상 시행해보니 효과는 반대로 나왔습니다. 특목고나 자사고 학생들은 별로 영향을 받지 않고, 오히려 일반고 학생의 합격 비중이 약간 줄어든 것이지요. 그래서 블라인드 평가를 왜 하는지 의문이 들고 있어요. 전면 재검토가 필요합니다. 서울대의 경우 수시에서 일반고 학생의 합격 비중이 줄어들고, 정시에서는 학생부를 반영하다 보니 일반고 학생의 비중이 늘어나 전체적으로 균형이 맞춰지고 있습니다.

Q8 학종 서류평가에서 세특의 영향력은 어느 정도인가요?

A 세특은 성적으로는 확인하기 어려운 학생의 학업 특성과 관심도, 성취기준에 따른 성취수준과 우수성, 자기주도적 활동과 경험을 보여주는 자료입니다. 학종이 교과 성적뿐 아니라 학생의 학업태도, 앞으로의 발전 가능성, 교과 관련 다양한 활동 경험, 교과 학업과 진로의 연관성 등을 중요하게 여기면서 세특의 영향력도 상당히 커졌습니다.

세특에는 이외에도 호기심을 갖고 수업에 참여하는 모습, 교과 공부에 대해 성찰하며 개선해가는 자세, 수업 중의 발표나 토론 및 협동학습에서 보여주는 적극성 등이 담기면 좋습니다.

세특은 '대입제도 공정성 강화 방안'으로 인해 교과 외 부분이 축소되면서 상대적으로 영향력이 점점 커지는 추세입니다. 개인별로 거의 1만 5,000자에서 2만 자 정도의 정보가 대학에 전달되는 것이죠. 입학사정관들도 꽤 꼼꼼하게 세특 정보를 읽어보며 지원자의 학업 및 수업 태도를 추론합니다.

상위권 대학의 경우 내신성적이 좋은데도 불합격한 사례들이 흔합니다. 어떤 경우들일까요? 대체로 쉬운 과목만 택해서 내신성적을 올린 경우, 혹은 지나치게 수동적인 학습만 하고 스스로 탐구하는 학습 활동을 거의 하지 않은 학생들일 가능성이 큽니다.

놓치기 쉬운 대입전형의 디테일 :
논술고사와 구술고사

Q9 '논술 위주 전형'을 어떻게 이해하고 활용할 수 있을까요?

A 현재 대입에서 논술은 '논술 위주 전형'으로 불리는 독립된 전형 유형이며 그 하부의 전형 요소이기도 합니다. 반면 구술고사는 전형 요소로만 활용해 '구술 전형'이 따로 없습니다.

대입에서 논술전형은 학종이나 수능에 자신감이 부족할 때 좋은 대안이 됩니다. 그리고 다른 전형들은 오랜 기간 준비가 필요한데, 논술전형은 비교적 단기간에 대비해도 도전해볼 만

합니다. 무엇보다도 학생부나 수능과 달리 전 과목을 신경 쓸 필요가 없어 매력적이죠. 지원 전공의 출제 경향과 기출 문제들 중심으로 잘 준비하면 뜻밖의 성과를 거둘 수 있습니다.

논술전형은 교과 지식, 독서 경험, 글쓰기 수준 등 대학 학업에 중요한 각 요소들을 동시에 확인할 수 있습니다. 논술의 핵심은 여러 자료에 근거한 종합적 분석력과 논리적 사고입니다. 논술에서 논증은 이치나 상황에 맞는 것이 무엇인지를 밝히되, 그냥 주장하지 않고 그 근거를 논리와 사례로 설명하는 행위죠. 따라서 어떤 주제나 자료들을 보며 ①주장 – ②근거 – ③정당화(논리) – ④뒷받침(사례) – ⑤반론과 재반론의 과정을 연습하면 좋습니다. 최근 대입 논술은 고교 교육과정 내에서 출제됩니다. 따라서 교과서를 통해 학습한 주제나 자료를 바탕으로 위의 5단계를 충실히 연습하면 그것으로 충분합니다.

Q10 구술고사는 어떻게 진행되며, 진행 중에 특히 유의할 점은 무엇인가요?

A 구술고사는 논술고사와 달리 평가자와 수험생이 같은 공간에서 구두로 양방향의 커뮤니케이션을 하는 평가 방법입니다. 대개 구술고사는 일반면접과 동시에 진행하는 경우가 많습니다. 그래서 서울대도 '면접 및 구술고사'라고 부릅니다.

지원자가 면접대기실에서 면접준비실로 오면, 출제된 문제지를 받아 미리 답변을 준비합니다. 서울대의 경우, 답변 준비시간은 인문계열은 30분, 자연계열은 45분 내외입니다. 답변을 준비할 때는 시간 관리를 하며 문항을 꼼꼼하게 읽는 것이 중요합니다. 문항마다 심지어는 문장마다 놓치면 안 되는 핵심 정보들이 들어 있으니까요. 저는 문제들을 먼저 읽어보고 무엇을 요구하는지 대충 파악한 다음에 제시문을 정독하는 순서를 권합니다.

면접장에 입장하면 대개 준비실에서 마련한 답변을 먼저 말해보게 할 겁니다. 답변이 끝나거나 답변하는 중에 꼬리 질문이나 추가 질문이 이어질 수 있습니다. 이렇게 질문과 답변이 이어지다 보면 15분으로 정해진 면접 시간이 금방 지나갑니다.

구술고사는 수능식의 정답을 찾기보다는 특정 문항이 제시하는 상황에 맞는 문제 해결력과 종합적 사고력을 측정합니다. 특히 문항의 내용을 바르게 파악하고 있는지, 각 내용 사이의 연관 관계와 맥락을 이해하는지, 요구하는 질문에 제대로 응답하는지 등을 확인합니다. 그리고 제기된 문제 사항을 자기 관점에서 이해하고 이를 언어로 올바르게 표현하는지도 평가의 대상이 됩니다.

면접장에서는 긴장을 많이 하겠지만 최대한 자신감을 유지하는 게 중요합니다. 자신감을 잃으면 답변이 논리적이지 않아 준비한 내용을 제대로 전달하지 못하게 됩니다. 대부분 처음에는 긴장하다가 질문과 답변을 계속하다 보면, 금방 평정심을 찾게 됩니다. 종종 예상하지 못한 내용의 질문을 받을 때도 있죠. 그럴 때도 긴장하지 말고 자기 경험과 가장 가까운 내용과 연결해 답을 찾아보면 슬슬 풀어나갈 여지가 생깁니다.

고등학생들은 논술고사와 달리 구술고사를 아주 낯설게 느낍니다. 그런 만큼 막연한 두려움과 심적인 부담이 클 것으로 예상됩니다. 그러나 출제 문항들이 그리 어렵지 않습니다. 고등학교 교과에 등장하는 수준의 주제들로 문항이 출제되니 학교에서 평소 학습한 내용만 충실히 이해해도 충분히 풀 수 있습니다. 따라서 구술고사에 대한 지나친 부담은 이제 버리셔도 됩니다. 평상시 공부하던 페이스만 잘 유지하면 구술고사도 충분히 대응할 수 있습니다.

Q11 구술고사를 잘 준비하려면 어떻게 해야 할까요?

A 먼저 대학의 입학처(혹은 입학본부) 홈페이지를 방문해 기존의 출제 문항들을 살펴보세요. 기출 문제들을 접하면 구술고사의 형태와 내용 체제들에 대한 정보를 얻고 문항 분위기를 느끼게 될 것입니다. 구술고사를 치른 학생들의 반응은 대체로 이렇습니다. 기출 문항들을 보니까 '이렇게 준비하면 되겠구나' 하는 방향성이 잡혀서 긴장한 마음이 풀리더랍니다.

둘째, 기출 문제든 새로운 문항이든 하나를 선택해 시간을 재면서 혼자 풀고 답변하는 모습을 영상으로 찍어보세요. 정해진 시간 안에 답변하는 장면을 녹화해서 확인해보면 자신이 잘한 부분과 부족한 부분이 잘 보입니다. 이때 면접관의 추가 질문도 예상하며 답변하는 연습도 함께 담으면 좋습니다.

셋째, 문항별 질문에 대한 답변을 준비할 때 자신이 적은 키워드에 의거해 대답하는 훈련을 꼭 하세요. 문항별로 핵심 키워드를 적어두고, 이를 바탕으로 주요 포인트에 살을 붙여가는 방식으로 답변하는 연습이 필요합니다. 그러면 답변할 때 상당히 여유 있어 보일뿐만 아니라 논리적인 대답을 하게 됩니다.

넷째, 구술고사처럼 문항에 제시문과 문제가 함께 있는 경우에는 ①문제의 요구사항과 ②제시문에 있는 관련 내용과 ③나의 견해 및 관점을 잘 연결해 짜임새 있는 답변을 구성하는 것이 가장 중요합니다. 이를 위해서는 나의 견해나 주장에 타당한 근거를 대는 것이 핵심입니다. 그러니 관심이 가는 교과에서 배운 몇몇 내용을 선정해 자신의 관점에서 견해를 제시하며, 왜 이것이 타당한지 근거를 설명하는 연습을 자주 해보도록 하세요.

다섯째, 구술고사는 여러 교과에 걸쳐 있는 넓은 범위의 주제를 다루므로 평소에 특정 주제에 대해 구두로 이야기를 나누는 훈련을 해두어야 합니다. 일반적으로 국어나 사회 교과의 주제는 말로 표현할 기회들이 있지만, 수학이나 과학은 주로 필기로 공부합니다. 앞으로는 '말문 학력'의 시대가 온다고 합니다. 이제 수학이나 과학도 글로 쓰면서 공부하되, 친구들과 주요 공식이나 논점에 대해 구두로 설명하는 연습을 틈틈이 해두기 바랍니다.

여섯째, 수학이나 과학을 말로 표현할 때는 칠판을 활용해 풀이 과정을 써가며 설명하는 것이 아주 유용한 훈련 방법입니다. 수학이나 과학의 경우에는 구술고사장에서도 칠판을 사용해야 할 상황이 생길 수 있습니다. 그러니 복잡한 공식이나 이론을 칠판에 시각적으로 표현하며 동시에 말로 설명하는 연습을 수시로 해두면 큰 도움이 됩니다.

내 자녀만의 강점이
입시의 경쟁력이 됩니다

지금까지 멘토 같은 부모가 되는 데 참고할 수 있는 다양한 내용들을 설명해드렸습니다. 멘토 같은 부모는 늘 곁에서 시대에 맞는 정보를 제공하고 조언을 해주며 자녀의 맞춤형 성장을 도와주는 부모입니다. 주요 사항들을 다시 한번 정리해보겠습니다.

맞춤형 성장을 만드는 자녀교육의 세 박자

앞에서 살펴본 바와 같이 자녀가 맞춤형 성장을 하려면 성장을 추동하는 힘을 두루 갖추는 것이 중요합니다. 특히 다음의 세 박자가 맞아야 합니다.

첫 번째 박자는 학교 교육을 우리 아이에게 꼭 맞게 잘 활용하는 것입니다. 학교에서 제공하는 수업과 활동들은 전문가가 오랜 연구와 논의를 통해 설계하고 도입한 영양가 높은 제도들입니다. 그러니 학교 교육을 최대한 성장에 활용하도록 조언을 해주세요.

두 번째 박자는 자기 관리의 힘을 갖추기입니다. 무엇보다 학생 본인이 자신을 관리해서 성장하는 힘을 길러야 합니다. 이런 힘이 바로 앞서 말씀드린 것처럼 자녀의 '내적 근육', 즉 성장을 추동하는 내부의 힘이라 합니다.

마지막 박자는 서로 벌어지는 경쟁에 도전하여 성과를 내는 일입니다. 병목이 심한 한국 사회에서는 경쟁에 도전해 성과를 내야만 합니다. 대입이 대표적 사례입니다. 그래서 학부모는 대입전형과 관련된 유익한 정보를 얻어 자녀가 활용할 수 있도록 도와주어야 합니다.

이러한 세 가지 요소를 '박자'로 부르는 것은 각 요소가 리듬 있게 연결될 때 자녀의 성장을 더욱 자극하기 때문입니다. 그러므로 이 삼박자가 조화를 이루며 아름다운 성장의 소리를 내도록 곁에서 격려하고 필요한 조언을 해주시기 바랍니다.

대입을 넘어 시대를 이끄는 인재로 키우자

오늘날 교육은 뛰어난 능력을 갖춘 사람보다는 그 능력을 사회적 맥락에 맞게 잘 실행하는 사람, 그리고 이를 통해 자신과 공동체에 도움이 되는 사람을 키우려 합니다. 이를 역량 기반 학력이라 부르죠.

그럼 역량이 뛰어난 사람은 어떤 사람일까요? 능력이 특정 분야의 탁월한 지식과 기능을 갖춘 상태를 지칭한다면, 역량은 그 능력을 바탕으로 사회적으로 유익한 결과를 만들어내는 자질을 의미합니다. 그래서 역량에는 지식, 태도, 동기, 가치관, 실천 의지 등 다양한 요소들이 포함됩니다.

학교에서 역량 기반 학력을 갖추려면 학생들은 선생님이 전해주는 지식을 수용하고 암기하는 데서 한발 더 나아가야 합니다. 자기 관점에서 더욱 깊이 생각하고 우리 사회의 맥락에 맞게 실천하는 데 익숙해져야 하지요.

이러한 역량 기반 학력이 성공적으로 정착하려면 평가 방법도 변해야 하는데, 사실 평가 방법을 바꾸는 일은 매우 어렵습니다. 역량 기반 학력은 교과 능력 중심의 성취도가 아니라, 다양한 핵심 역량을 균형 있게 갖춘 상태임을 진단하는 새로운 평가 개념을 요구합니다. 다시 말해 '교육적으로 얼마나 적합한가?' 그리고 '사회적으로 얼마나 의미가 있는가?'를 확인하는 종합적 접근 방식이 필요한 것이죠.

하지만 종합적 평가는 학교 내신이든 대입전형이든 정성적 판단을 거쳐야 하기에 우리나라처럼 병목 현상이 심한 사회에서는 국민의 신뢰를 얻기가 쉽지 않습니다. 그럼에도 이제는 수치를 근거로 타인과 비교한 후 전체를 한 줄로 세우는 서열 중심 평가에서는 차츰 벗어나야 합니다.

'자존심' 중심에서 '자존감' 중심으로

이렇게 평가의 기조를 바꾸는 것은 우리 교육이 타인과 비교하는 '자존심 중심'에서 벗어나 개인의 내적 성숙을 지원하는 '자존감 중심'으로 바뀌는 출발점이 되리라 봅니다. 『논어』에 "군자는 자기에게서 구하고 소인은 남에게서 구한다."라는 말이 나옵니다. 한자로 표기하면 '君子求諸己, 小人求諸人(군자구저기, 소인구저인)'이죠. 자기에게서 구하는 사람은 타인과 견주기보다는 스스로 끼를 개발하는 데 매진합니다. 반면 남에게서 구하면 주변과의 비교를 내밀히 진행하며 티를 내야 만족할 수 있습니다.

끼가 자기 존중과 계발에 충실함으로써 생성되는 자존감이라 한다면, 티는 타인과의 상대적 위치를 확인함으로써 만족을 느끼는 자존심이라 할 수 있습니다. 우리 사회에는 오랫동안 남을 통한 자기 확인만이 믿음직한 성과라는 심리가 굳건히 자리 잡아왔습니다. 학교와 대입부터 이런 사고와 비교 심리를 극복하는 데 앞장선다면 우리 교육이 한 단계 더 발전하는 데 큰 도움이 될 것입니다.

충실한 학교생활이 합격으로 이어질 수 있게

학생들은 이제 학교에서 자신의 참모습을 발견한 후 자기 맞춤형으로 진로와 학업을 설계하고 실천하는 역량을 길러야 합니다. 이는 미래 인재로 성장할 중요한 바탕이 되는 것은 물론이고, 학교에서 자연스럽게 학종을 준비하는 힘이 되리라 봅니다. 이를 위해 자유학기제, 진로연계교육, 창체, 학생의 과목 선택권, 깊이 있는 학습 등 우리 교육이 마련해둔 다양한 제도들을 적극적으로 활용하세요.

가장 중요한 것은 교실에서 이루어지는 수업입니다. 교실 수업을 통한 교과별 학업과 다양한 협동학습 및 탐구 활동에 적극 참여하고, 그 속에서 학습 과정과 평가에 효율적으로 대처하는 자질을 길러야 합니다. 그러면 학교에서 자기 맞춤형 성장을 이끌 내적 근육이 다져지고, 이는 나중에 학교 교육 기반으로 대입전형을 준비하는 데도 큰 도움이 될 것입니다.

물론 이를 위해서는 학교도 변해야겠죠. 수업과 평가의 체질 개선을 통해 학생 각자의 '고유한 모습'이 결국 가장 경쟁력 있는 모습이 되도록 지원하는 교육 생태계를 조성해야 합니다. 아울러 우리 학생들이 이러한 교육 생태계 조성에서 오는 혜택을 빠짐없이 모두 누릴 수 있기를 기원합니다. 이제는 교육을 통해 얻은 경험이 자연스럽게 평가에 대처하는 경쟁력이 되면 좋겠습니다. 교육의 힘이 곧 평가의 힘입니다.

(37p)   제프 콜빈 저, 신동숙 역,『인간은 과소평가되었다』, 한스미디어, 2016.

(59p)   조지프 피시킨 저, 유강은 역,『병목사회』, 문예출판사, 2016.

(75p)   김의진, [한-OECD 교육콘퍼런스]슐라이허 OECD 교육국장 "한국은 입시에 사로잡힌 나라…'입시 표준화=공정성 보장' 아니야", 한국대학신문 (2019.10.24).

(84p)   고등교육법 34조 2항

(178p) 버니 트릴링, 찰스 파델 저, 한국교육개발원 역,『21세기 핵심역량』, 학지사, 2012.

(191p) "표준화된 인재 말고 강한 개인 키워야" 서울대 미주동창회 회의 중앙일보 (2023.06.12.).

(222p) 2024학년도 서울대학교 학생부종합전형 안내

(234p) 2022 초·중등학교 교육과정(교육부 고시 제2022-33호), 2022.

(236p) 이찬승, 2022 개정 교육과정의 '교육 목표와 수업지도', 이런 면이 중시된다!, 교육을바꾸는사람들 (2021.12.02.).

(237p) Webb, Norman L.(2007), Issues Related to Judging the Alignment of Curriculum Standards and Assessments, In. Applied Measurement in Education 20 (1).

(242p) 키에란 이건 저, 김회용 역,『깊은 학습, 지식의 바다로 빠지다』, 학지사, 2014.

(263p) "한국인 낮은 행복감, 물질주의 때문", 동아일보 (2010.08.17.).

(271p) "표준화된 인재 말고 강한 개인 키워야" 서울대 미주동창회 회의, 중앙일보 (2023.06.12.).

(279p) 하완,『하마터면 열심히 살 뻔했다』, 오리지널스, 2024.

KI신서 13354

한 권으로 끝내는 입시 전략

1판 1쇄 발행 2025년 2월 5일
1판 2쇄 발행 2025년 3월 4일

지은이 권오현
펴낸이 김영곤
펴낸곳 (주)북이십일 21세기북스

서가명강팀장 강지은 **서가명강팀** 강효원 서윤아
디자인 STUDIO 보글
출판마케팅팀 남정한 나은경 최명열 한경화 권채영
영업팀 변유경 한충희 장철용 강경남 황성진 김도연
제작팀 이영민 권경민

출판등록 2000년 5월 6일 제406-2003-061호
주소 (10881) 경기도 파주시 회동길 201(문발동)
대표전화 031-955-2100 팩스 031-955-2151 이메일 book21@book21.co.kr

(주)북이십일 경계를 허무는 콘텐츠 리더

21세기북스 채널에서 도서 정보와 다양한 영상자료, 이벤트를 만나세요!
페이스북 facebook.com/jiinpill21 포스트 post.naver.com/21c_editors
인스타그램 instagram.com/jiinpill21 홈페이지 www.book21.com
유튜브 youtube.com/book21pub

서울대 가지 않아도 들을 수 있는 명강의! 〈서가명강〉
서가명강에서는 〈서가명강〉과 〈인생명강〉을 함께 만날 수 있습니다.
유튜브, 네이버, 팟캐스트에서 '서가명강'을 검색해보세요!

ⓒ 권오현, 2025

ISBN 979-11-7357-064-3 03370

『한 권으로 끝내는 입시 전략』
독자 한정 입시 설명회
비공개 강의 영상

권오현 교수님의 깊이 있는 입시 전략 내공을
생생한 강연 영상으로도 만나 보세요.